우울증의 대상관계들

Object Relations in Depression

트레버 루베 지음
양혜영 옮김

서두

이 이야기는 20대 중반의 젊은 여성이 우울증에 빠진 경험을 회고하며 쓴 것이다.

모든 것이 지루하다는 느낌으로 시작하였고, 그 다음에 지루하고 뚱한 느낌, 그 다음에 지루하고 뚱하고 피곤한 느낌, 그다음에 지루하고 뚱하고 피곤하고 불안한 느낌이었다. 그러더니 한숨이 시작되었다. 목욕탕에서 한숨짓고; 엘리베이터 안에서 한숨짓고; 디스코장에서 한숨지었다. 그러고는 집에 돌아와 싱크대에 있는 접시들을 보고 생각하기를, '나중에 하지 뭐'—며칠 후에도 그대로인 접시들을 발견할 뿐이었다. 어느 날 아침 공포 속에서 깨어났는데, 그것이 무엇인지 알지 못했다—나는 숨을 쉴 수 없었고 침을 삼킬 수도 없었다—내게 심장 발작이 온 건가? 그 다음에 가정의와 첫 번째 상의. 모든 것이 깨끗하였다—간, 심장, 혈압, 장, 감염의 어떤 증후도 없었다. 그러나 4주쯤 지났을 때, 일상생활이 엄청나지만 무의미한 노력이 되었다. 내가 오늘 아침 식사를 했나? 나는 진짜 배가 고픈 건가? 그것이 무슨 차이가 있나? 냉장고에 있는 멜론을 봐. 나는 그것을 놓을 접시를 찾아야만 해; 나는 멜론을 조각으로 잘라야만 해; 나는 그것을 씹어야만 해; 맙소사 나는 그것을 삼켜야만 해. 늦은 오후 쯤 당신은 슬퍼지고 당신 자신이 불쌍해진다. 그러고는 당신은 울며 완전히 무력하게 느낀다. 부정적인 생각들이 계속 떠오르고, 그리고 퍼져나간다. 영화를 보러 가고 싶지 않다. 헬스장에 가고 싶지 않다. 파티에 갈 준비를 해야만 한다; 기분이 별로 좋지 않다; 무엇을 입어야 할지 모르겠다. 나는 추하게 느껴지고; 끔찍해 보인다. 두 시간 후 집에 있기로 결심하고 '생존자'를 본다. 나는 이러한 일들이 나에게 벌어졌다는 것을 믿을 수가 없었다—나는 내내 안전부절 하였다! 그러나 그 다음에 당신은 망연자실해지면서, 당신은 약간 더 적게 느끼고, 약간 더 적게, 매일 매일 약간 더 적게 느낀다. 사람들은 당신이 가라앉았다고 말하며, 내일이면 좋아질 거라고 하지만, 모든 내일이 변함없이 반복되고 있다—새벽 3시에 깨면 공황 상태; 당신이 차를 끊일 때 외부 세상은 완전한 침묵; 그렇지 않은데도 직장에서 모든 것이 좋다고 위장; 그렇지 않은데도 친구들과 모든 것이 좋다고 위장; 그렇지 않은 데도 부모와 모든 것이 좋다고 위장한다. 그러고는 오후 쯤 당신은 기분이 나아지지만 집에 가는 것이 너무나 두렵다. 집에 가기보다는 다른 뭐든 하는 것이 낫다. 왜냐하면 집에서 당신에게 무엇인가 잘못되었다는 끔찍한 생각들과 마주해야만 하기 때문이다. 이렇게 계속 살 수는 없었다! 우울증은 나의 친구가 아니었다! 그러나 참으로 반복되는 형식에서 당신은 자러가면서 잠을 잘 자고나면 다음 날 아침에 깨면 우울증이 모두 사라졌을 것이라고 생각한다. 그러나 당신은 새벽 3시에 그 불쾌한 느낌으로 깨어나 CNN에서 세상이 붕괴하는 것을 보고 있다.

감사

이 책의 영감은 두 곳으로부터 왔다. 첫째, 2007년 7월에 비엔나에서 열린 제8회 국제 신경-정신분석 학회로부터 왔는데, 여기에 신경생물학, 신경해부학, 약리학, 임상심리학, 정신분석학의 전문가들이 현대의 학제간 사고의 관점에서 우울증이란 주제와 함께 씨름하고자 모였다. 이것은 아이디어들의 대단히 흥미로운 수렴이었고, 많은 상호 학습과 상호 교류를 이끌었으며, '우울증에 대한 정신분석적 접근'라는 개회사를 한 Mark Solms 교수에게 신세를 졌는데, 그의 허락 하에, 이 책의 이론적 토대를 놓는 발판으로 2장에서 사용하였다. 둘째, 나는 임상의로서 남아연방의 요하네스버그 지역의 소아정신과의사와 가정의들(GPs)의 무차별적인 처방 관행으로 청소년 우울증 치료를 위한 SSRIs(선택적 세라토닌 재흡수 억제제) 사용을 둘러싼 악명 높은 악영향에 긴장하였다. 그 결과, 아이들을 위한 항우울제의 안정성과 유효성에 대한 의문스러운 연구 결과를 고려하면서 이 관행들의 논리적 근거와 합리성에 도전하는 격렬한 비판이 나왔다(12장).

이 책의 전문적 측면에 관련성을 얻기 위하여 아동 심리치료 요하네스버그 학회와 정신분석심리치료 케이프 타운 협회의 일련의 강연과 세미나에서 몇 장들을 시험해 보았고, 내가 받은 그들의 코멘트와 의구심에 대해서 감사를 표한다. 소수의 친구들과 동료들에게, 내가 이 책을 배양하고 준비하고 완성하는 동안 그들의 지지에 감사할 뿐만 아니라 나의 부재와 부주의에 대해 사과하는 바이다. Spike Milligan이 말한 적이 있는 것처럼, 당신이 창의적이고자 할 때 혹은 우울증일 때 당신의 친구가 누구인지 알 수 있다. Jenny, Eric, Judy, Stu에게 감사하고, 편집의 명료성과 전체 원고를 읽고 해준 매우 유용한 제안에 대해 Frances Williams에게 특별히 감사한다. 나는 일단의 환자들에게 솔직하게 신세졌음을 표현해야만 한다. 그들은 우울증과의 어두운, 종종 불안정한 싸움, 그것이 사랑하는 사람들에게 미치는 영향을 이해하는데 있어 내게 커다란 겸손함과 인내심을 수년간에 걸쳐 가르쳐주었다. 마지막으로, 이 책을 나의 부모에 대한 기억에 바치고 싶은데, 그들은 내가 너무나 잠시 알았던, 그럼에도 불구하고 길에서 다음 궁극적인 굴곡을 만났을 때 지속적인 동행이 계속 되어준 사람들이다.

Dr. Hugo Bleichmar와 International Journal of Psychoanaysis에게 보다 감사해야만 하는데, 우울증의 다른 하위유형들로 이끄는 경로들의 도식을 싣도록 허락해주었다. 유사하게 나는 Random House Inc.에 감사하는네, Theodore Roethke의 시, 'Lull'의 발췌를 허락해주었다.

끝으로 Psychology Press와 Routledge Mental Health (Taylor & Francis Group)의, 내내 지지해준, Kate Hawes, Sarah Gibson 그리고 그들의 팀과 함께 작업을 하여 아주 즐거웠다. 또한 자문가들에게 감사해야만 한다. 우울증에 대한 오늘날 인기 있는 그리고 대중화된 치료에 관한 케케묵은 생각에 도전해야 할 때, 그들의 논평이 도움이 되었으며 정곡을 찔렀기 때문이다.

1장

우울증의 현재: 이해와 치료의 임계점

도입

우울증은 몸이 아프다는 느낌으로 구별된다. 병의 느낌은 거의 온종일 낙담, 피로, 눈물 자아냄, 흔히 하는 즐거운 활동의 흥미 상실, 아무 것도 상관없는 것 같은 내적 기분의 특징을 나타낸다. 이 기분들은 보통 내부 신체의 공항과 수면, 활동, 식욕, 소화의 다른 신체적 방해에 의해 일어나며, 그 다음에 이어서 종래의 임상적 양상을 채워나간다. 내부의 혼란을 제외하고, 외부 세계의 모습과 소리 역시 공격처럼 느껴질 수 있다. 그래서 우울증은 단절의 질병이다 — 개인의 내부 그리고 외부 삶과의 정상적 접촉이 끊어진다.

개인적인 상실이나 비극을 꼭 겪지 않아도 많은 사람들이 이런 식으로 아플 수 있다. 그래서 각 우울증은, 불안처럼, 숨은 양식을 가지며 개인적 의미의 관점에서 이해되어야야만 한다. 이것이 근본적으로 우울증에 대한 정신분석적 태도다.

1980년대 후기 이후 우울증의 성공적인 치료는 양면 협공작전에 의해 크게 고통받았는데, 협공작전은 결국 힘을 합쳐 이 분야에 있는 연구자들, 서비스 공급자들, 임상의들에게 가장 큰 도전을 가져왔다. 새로운 종류의 항우울제가 발견되고 표준화된 단기 심리치료와 연계하여 검증된 후에, 우울증 치료가 완전히 바뀔 것이라는 낙관주의와 확신이 널리 퍼졌다. 불행히도 현재의 암울한 소식은 우울증이 전 세계적인 장애의 두 번째로 가장 큰 원인이고(WHO, 2001), 현재의 우울증 치료 과정들이 관해률(remmision rate)에서 50퍼센트 정도의 성공 밖에 거두지 못하고 있다는 것이다.

첫 번째 반응은 우울증의 본질적인 복합성을 인정하고, 가장 유해한 임상적 특징들을 확실히 밝히자는 것이었다 – 만성과 재발의 취약성. 이런 목적을 위해, 오래된 두문자어 TRD(치료저항성우울증 treatment resistant depression)이 두 일련의 항우울제들이 듣지 않는 환자들을 위해 부활하였다. 이전에 TRD는 전기 치료법으로 치료하였다. 견디기 보다 어려웠던 점은 주류의 치료 양식이 환자 집단에게 작동하지 않았고 필시 재발의 문제를 악화시켰을 것이라는 불편한 현실이다.

우울증을 성공적으로 치료하는 데 있어 어려움이 한동안 약해지다, 치료 결과 연구에 대한 두 개의 중요한 보고서로 막을 내렸다(Corvelyn et al., 2005; Roth & Fonagy, 2006). 보고서에서 로스(Roth)와 포나기(Fonagy, 2006)는 "평소대로 치료"[1]받은 우울증 환자들에서 다음 사실을 발견하였다 – 가벼운 우울증의 79 퍼센트(기분부전장애 ‹dysthmic disorder›) 가 심한 우울증(주요우울장애, major depressive disorder: MDD)으로 발전할 수 있었다. 주요우울장애와 중첩된 기분부전장애의 경우(이중 우울증) 임상적 결과는 더 나빴다. 치료에 반응하였던, 특히 항우울제에만, 기분부전장애 환자들 중에서도 잔여 증상들이 지속되고, 재발의 가능성이 증가하고 있었다. 다시 말해서 항우울제 단독치료만으로는 그들의 조건이 약해지지만 만성이 되었다.

1 "평소대로 치료"는 일차 진료 의사에게 받는 모든 치료를, 약물 포함하여, 의미한다.

기분부전장애가 주요우울장애의 통계 수치를 증가시키지 않으려면, 효과적인 치료가 기분부전장애을 위하여 얼마나 필수적인지 밝혀야만 한다. 그러나 MDD는 이미 미국의 15 – 44세 연령 집단에서 장애의 주요 원인이다. 확실히 전망은 좋지 않다: 15년 넘게 추적한 MDD 환자들의 85% 그리고 10년 넘게 추적한 MDD 환자들의 75%가 재발할 것이라고 한다(Roth & Fonagy, 2006, p. 103).

코벌린 등(2005)은 자신들의 보고서에서 30 – 35%의 위약 반응과 비교하여, 항우울제의 긍정적 결과는 유효성에서 겨우 50%를 달성하였다고 덧붙였다. 더욱이 발표되지 않은 연구들이 포함되면, 그들은 약물 / 위약의 차이는 의심스러운 임상적 유의 수준에 도달하였다고 전한다. 항우울제의 장기치료가 재발을 지연시킬 수 있다는 만족할만한 증거도 있지만, 약물 치료와 재발의 가능성의 상관이 약물을 중단하자마자 사라진다. 다시 말해서 당신이 우울한 환자들을 석 달 혹은 삼 년을 치료하든 약물을 중단하면 재발이 확실하다 – 실제로 재발의 위험은 장기 치료 후에 현저하게 더 크다(Fava, 2002). 대체로 이 보고서는 불활성 물질에 관하여 통계상으로 SSRIs의 이점에 대해 현존하는 회의론의 흐름을 예측한다.

약물치료의 기록에 관한 평가에 더하여, 코벌린 등(2005) 은 인지행동 치료(cognitive-behavioral therapy CBT), 대인관계 치료(interpersonal therapy IPT), 혹은 단기 역동치료(brief dynamic therapy BDT) 같은 단기 치료의 불규칙한 결과를 평가한다. 실제로 결과는 약물치료의 결과와 흡사하다: 시험 환자들의 약 50% 정도가 증상의 관해률이 좋지만(특히 가벼운 우울증에서), 일 년 추적하면 회복한 사람들의 50%가 재발할 것이다. 저자들은 유명한, 자주 인용되는 연구를 언급한다 – 미국 국립정신건강연구소(NIMH) 우울증 치료 공동연구 프로그램(Elkin 1994에 요약된) – 이것은 그때 단기 치료를 옹호하는 많은 사람들에게 경고적인 가르침이었다. 이 연구는 차후 수많은 부차적인 혹은 메타 분석들을 받았는데, 일반적인 결론은 단기 형식의 구조화된 치료(16주 기간)는 분명한 이익을 보이지만(어떤 치료방식에도 유리하지 않다), 이 개입들은 대부분 환자들의 기능을 유지하는 데는 충분하지 않았다. 이 상황을 바로잡기 위하여 '촉진제'나 '유지요법(maintenance therapy)'이 재발을 피하는 가장 좋은 보호수단으로서 추천되어 왔다(Roth & Fonagey, 2006).[2]

우리는 이 참담한 발견들에서 어떤 결론을 내려야만 하는가 – 우울증은 치료 방법이 없는 기분장애이다? 혹은 일단 당신에게 우울증이 발생하면, 그저 이것에서 저것으로 단지 탈바꿈하며 끊임없는 문제가 되는 것인가? 로스와 포나기(2006)는 재발은 임상적 과정에서 본질적이고, 최상의 치료에서 일시적인 완화만을 초래할 수 있다고 시사 하는 듯하다. 이런 경우 임상적 질문은 주류의 치료들의 가치에 대해 확실히 제기되어야만 한다. 그 치료들은 소위 치료저항성우울증의 급증하는 발생률에서 어떤 역할을 하여 왔는가? 두 보고서의 속뜻을 읽으면, 관례적인 치료 체제는 우울증의 구조의 핵심에 기의 영향을 주지 못 한다는 인상을 받지 않을 수 없다 – 이것은 우울증의 중요한 구조적 요소는 형편없이 무시되었거나 혹은 역사적으로 과소평가되었다는 의구심을 갖게 한다.

그래도 이 상황은 연구자들과 임상의들을 위해 DSM-IV 형태로 영향력이 큰 체계의 발달을 초래하였다 – 이론적으로는 세 개의 결정적 영역에서 실증적 기능을 확립하는데, 이상적인 조작적 도구를 제

2 효능에 관한 이 포괄적인 보고서에도 불구하고 CBT와 컴퓨터화된 CBT(CCBT) 개입은 2007년 개정된 UK NICE 가이드라인에서 기분부전장애를 위해 계속 추천되고 있으며, 중간의 혹은 심한 우울증의 경우 SSRIs와 집중적 심리적 개입(CBT 혹은 IPT)의 결합이 주요하게 추천되고 있다는 것이 두드러진다. 그러나 2009년 보도 자료는, 치료 가이던스를 갱신하고, 개인에게 맞추는 보다 전반적인 접근을 추천하고 있다.

공하였다: 진단 기준의 타당도와 신뢰도 검증; 정신 병리학 이론의 발달; 표기된 장애들의 모든 측면에 관한 임상적 연구들의 거대한 제국의 생성. 이 도구에도 불구하고, 지금까지 우울증과 작업하는 임상의들은 MDD와 기분부전장애간의 구별이 신뢰로운지를, MDD안에서의 변형들을 같은 범주로 넣는데서 겪는 어려움은 말할 것도 없이, 확신하지 못한다(McCullough et al., 2000). 더욱이 웨스턴(Western) 등(2002) 은 기분장애의 DSM 분류법에는 성가신 두 개 문제가 지속되고 있다고 하였다 – 임계이하(sub-threshold) 증상과 동반질환(comorbidity)의 문제들.

그러므로 많은 분명한 이점을 제공하지만 비논리적인 질병 분류 접근을 가진 현재의 진단 체계로 인해, 뜻밖에도 우리는 우울증에 관한 지식에서 별로 안심하지 못하고, 연구와 실제 간의 관계에 대해 별로 확신하지 못한다. 이런 이유로, 두 개 보고서에서, 이런 관심을 공유하며, 저자들이 결론에서 세 주요 영역에서의 지속적인 연구를 권장하는 것이 놀랍지 않다.

그들이 공통적으로 추천하는 첫 번째는, 발달적 혹은 전 생애 틀 안에서, 즉 정상 발달의 맥락 안에서, 우울증을 개념화하는 것; 둘째, 기질 특성 혹은 성격 변인들에 보다 비중 두기; 셋째, 재발과 만성 문제를 검토하기. 이 권장들은 질병으로서의 우울증은 우울한 개인을 고려하여야만 한다는 것을 시사한다.

이 권장들에 대한 나의 생각은 이론으로 돌아가야 할 긴급한 필요가 있다는 건데, 이것은 우울증의 자연사와 명백히 다루기 힘든 성질에 대한 암울한 연구 결과들을 보다 잘 이해하기 위해서다. 나는 우울증에 대한 과거와 현재의 정신분석적 이론들로의 귀환이 위에서 거론한 모든 권장들과 특히 관련 있다고 생각한다. 이론은 임상가에게 자기발견적 학습의 강한 가치가 있다. 이해하기 곤란한 자료들로 어리둥절하거나 불안할 때, 이론은 임상가의 상상력에 접촉할 수 있도록 해준다. 더욱이, 새로운 아이디어가 떠오를 뿐만 아니라, 기존의(혹은 과거의) 이론의 파묻힌 측면들을 재발견할 수 있다. 이런 이유로 이 책의 한 가지 중요한 의도는 어떻게 정신분석 이론 안에서 한 특정 사고의 가닥이 – 영국 대상관계 이론 – 우울증의 구조에 대한 다른 개념화를 가능하게 하는지, 결국 이 장애의 다루기 어려움뿐만 아니라 재발의 골치 아픈 문제와 관련하여 어떤 대안적인 생각을 가져올 수 있는지 보여주고자 한다. 그러므로 정신분석적 관점의 기여를 추가하려는 목적으로 이 과제는 당연히 앞에서 거론한 권장들에 대한 간단한 논평으로 시작하려고 한다.

발달적 틀

첫째, 연구 공동체들에게 특히 유용한 것은 우울증이, 불안처럼, 자연적인 정신생물학적 산물인 근본적인 정동으로 유아기와 청소년기 발달 단계의 살아있는 부산물이라는, 정신분석적 이론의 기본적 가정이다. 이 단계들에서 불안과 갈등의 심리적 상태를 촉진하는 성숙의 과정과 과제들이 있으며, 흔히 우울증은 이에 대한 건강한 반응이다. 이 반응이 규준으로부터 갈리지는 곳에서 어떤 갈등과 방어가 표면화되면서 이러한 발달적 작업의 성공적인 극복를 약화시킨다. 이렇게 하여 정신 기능의 성질과 형태가 부적응적이고 병리적이 되도록 촉발될 수 있다. 갈등과 방어 같은 요인들에 덧붙여, 지체, 정지, 불일치, 결함, 억제, 퇴행, 조숙 등등 같은 분석적 발달적 개념들은 모두 발달에서의 이러한 좌절들을 개념화하는 방식이었다. 병리적 우울증은, 자신만의 특질과 힘을 갖고, 이 일탈들이 심리적 표출로 드러날 수 있는 하나의 경로다.

영국 대상관계 이론들은 전문가들에게 대인관계의 현실과 심리적 현실간의 상호작용에 초점을 둔 발달 이론의 개념적 설명을 제공한다 – 이론에서, 그리고 치료의 본질과 모델에서 모두. 미국에서 대상관계 이론가들은 이 상호작용을 설명하기 위하여 '대상 표상(object representations)'이라는 개념을 활용한다. 이 이론 안에서 정상적 우울증이라는 관점에서 병리적 우울증을 변별적으로 설명하고 있으며, 이것들의 실례들이 4장, 6장, 7장에서 요약되고 제시될 것이다.

성격 변인들의 영향

우울증에 대한 성격 구조나 성격 유형의 소인성 영향은 오랫동안 고려되어왔지만 지금까지 증거들은 일관적이지 않다(Rosenbluth et al., 2005). 예를 들면, 일반적 통념은 성격 병리가 치료를 찾고, 참여 혹은 순응하는 환자의 능력에 영향을 줄 수 있다고 말하지만, 멀더(Mulder, 2002)는 그의 포괄적인 보고서에서, 축2의 성격장애를 가진 우울한 환자들은 최상의 약물과 심리치료가 적절하다면, 치료에 대해 더 나쁜 반응을 보이지 않는다고 결론지었다.

어려움은 임상적 관찰에 있는 것이 아니라 성격 장애와 관련된 요인들을 우울증과 관련된 요인들로부터 구분하는 방법론적 도전에 있는 것 같다(Ross & Fonagy, 2006, p. 192). 그래도 아직 연구들을 기술하는데 있어 설명과 예측의 가치를 갖는, 성격과 우울증 간의 공통 사항을 설명하는 모델들이 발전해왔다. 이 모델들은 소인, 병리형성(pathoplasty), 복합증, 분포 범위 같은 요인들을 다룬다(Clark, 2005).

프로이트, 아브라함, 아들러, 라이히 이래 정신분석 영역에서, 정신분석의 이론가들이 특질 혹은 성격 유형들, 그 장애들에 관한 질병 분류학적 기술을 제시하였다. 신경증적, 강박적, 편집적, 연극조의, 건강염려증적, 우울한, 의존적 같은 성격 유형의 생성은 이 선구자들 덕이며, 정신분석자들은 계속해서 성격의 적응적 그리고 부적응적 측면에 관한 기본적인 임상적 이해에 애썼다 — 분열적, 편집적 성격(Fairbairn; Klein); '마치-인양(as-if)' 성격과 순환성 성격(Deutsch); 자기애적 성격(Kohut; Rosenfeld); 의사성숙(pseudomature)성격(Meltzer); 경계성 성격장애(Kernberg) 등등. 더욱이 우울증 분야에서 '신경증적(neurotic)'과 '내생적인(endogenous)' 하위유형의 초기 분리는 성격 특성에 근거한 것이었다. 실제로 '신경증적 성격(neuroticism)'과 우울증 간의 비교는 대체로 두 개의 성격 측정도구를 사용한다: 모즐리성격검사(Maudsley Personality Inventory ‹Eyseck, 1959›)와 아이젱크성격검사(Eysenck Personality Questionnaire ‹Eysenk & Eysenk, 1975›).

현대에 우울증에서 치료 저항에 대한 성격 특성의 영향을 연구하는데 가장 활발한 정신분석자는 시드니 블래트(Sydney Blatt)이다(Blatt, 1974; Blatt & Blass, 1992; Blatt & Ford, 1994; Blatt et al., 1996). 정신분석가로서 그는 또한 가장 전반적이고 협력적인 연구자로 탁월하다 — 인지적-행동적 임상의들만이 아니라 약리적 치료를 사용하는 동료들과 공동으로 작업. 초기에 그는 어떤 성격 특성에 — 인지적, 감정적 모두 — 이론적 주목을 하였는데, 그것은 단기 치료에도 살아남고 그래서 병의 완화를 방해할 정도였다. 이것은 우울증의 병인, 치료, 예후와 연결된 결정적인 인과적 변인으로서 두 개의 뚜렷한 성격 차원을 확인하도록 하였다. 이 차원들은 강한 의존/만족에 대한 욕구를 가진 환자들 그리고 과도하게 관념적, 자기 비판적, 완벽주의적인 환자들을 기술한다. 연구 도구로서 이 성격 군을 — 의존/사회병질 그리고 자기비판/완벽주의 — 이용하여, 블래트와 그의 많은 동료들은 준 임상적 그리고 임상적 우울증 연구에서 다루지 않은 측면이란 없었다.

예를 들어, 블래트는 우울증의 외래환자 치료에 대한 주요한 연구—미국 국립정신건강연구소(NIMH)에서 지원한 우울증 공동연구 프로그램의 치료(TDCRP)—에 기여하였는데, 블래트 등(1995, 1996)은 우울증의 단기 치료는, 약리적이든 심리적이든, 치료 전에 자기 비판과 완벽주의가 높다고 평가된 환자들에게 비교적 효과가 없다는 것을 확인하였다. 반면에, 완벽주의가 낮은 환자들은 연구된 네 개의 모든 치료 양식에 보다 반응적이었다. 자료에 대한 분석을 좀 더 하였더니 선택된 치료 기간의 임의적 특성에 대한 의구심이 생겼다—완벽주의 혹은 자기비판이 높은 환자들의 ⅔의 경우 치료적 진전이 치료 과정(9 – 16주)의 하반기에 멈추었다.

성격이나 성격 특성에 대한 연구가 치료 반응 그러므로 예후를 평가하는데 필수적이지만, 정신역동 치료자들은 목적이 우울증이 아니라 개인을 치료하는 것이기에 이 변인들에 우선적으로 관심을 갖는다. '성격은 그 사람이 무엇을 가졌는가보다 그 사람의 됨됨이다'(PDM Task Force, 2006). 임상적 철학의 이러한 진술은 성격적인 우울증을 위한 치료로 장기역동 심리치료를 권하는 가장 중요한 논리적 근거라고 할 수 있다.

만성과 재발의 문제

재발(relapse)은 완화 후에 이전 증상으로 퇴행하는 것이라면 반복(recurrence)은 우울증의 새로운 삽화를 나타낸다—둘 다 우울증이 만성적 형태를 가질 수 있다는 것을 시사한다. 실제로 재발은 만성만이 아니라 다른 요인들과 연결되어 있는데, 예를 들어, 삽화의 역사; 최근 외상이나 스트레스; 빈약한 사회적 지지; 치료의 중단과 우울증의 순수한 복합성이다. 요즘에 재발은 종종 치료 후 일 년 혹은 이년 후에 보고되고 있지만, 역사적으로 이것과 이전의 재발 기간의 비교는 흥미로운데, 우울한 사람들의 초기군의 경우 반복된 삽화들이 십년에서 이십년 후에 일어났다(Beck & Alford, 2009). 이것은 우울증이 한때는 삽화적 질병이었다면, 요즘은 수많은 가능한 과정들을 가진 질질 끄는 문제로 보통 평가되고 있음을 의미 한다. 이것은 정신건강학계에서 완화가, 회복이 아니라, 치료의 목표가 되어야 한다는 요즘의 견해에서 실증되었다. 인간으로서 생물학적 구조가 100년 전의 과거에 비해 별로 변하지 않았다는 점을 고려해보면, 이 발달을 어떻게 설명할 수 있을까?

부적절한 치료 접근에 대한 의문은 별로 비판적으로 탐구되지 않았는데, 무작위 대조군 연구(randomized controlled trial ‹RCT›) 같은 인기 있는 연구 설계와 긴밀히 연결된 어떤 치료 양식에 이해관계를 가진 사람들에 의해서 특히 그렇다. 이 실험상의 형식에서 효능을 위해 가장 광범위하게 시험되는 치료는 CBT, IPT, BDP 그리고 물론 항우울제 같은 구조화된 단기 치료들이다. 장기 정신역동치료의 유효성의 비교 검사 결과는 작업이 천천히 진행되고 있지만, 유익하고 잘 통제되고 관련된 연구들이 점점 가동 중이다. 예를 들면, 스틸스(Stiles) 등(2008)은 보다 큰 표본을 사용하여 CBT, 인간중심의 치료(PCT), 그리고 정신역동치료(PDT)를 비교한 이전 연구를 재현하였는데, 이전 연구가 발견하였듯이, 이론적으로 다른 접근들이 같은 결과를 가져온다는 것을 발견하였다. 단기와 장기 PDT를 비교하는데서, 크네크트(Knekt) 등 (2008)은 우울증 집단에서 단기 PDT는 보다 빠른 이익을 창출하지만, 이것은 3년의 추적 동안 장기 집단에서 더 나은 결과가 나옴으로써 의미 있게 뒤집어진다고 하였다. 유사하게, 23개의 심리치료 결과 연구의 메타 분석에서 라이흐센링과 라붕(Leichsenring & Rabung, 2008)은 단기 PDT가 만성적 정신장애나 성격장애 같은, 복합적인 정신장애를 가진 환자들에게는 충분하지 않으며, 장기 PDT가 보다 우수한 효과를 생성한다고 하였다.

지금까지 가장 잘 시험된, 주류의 치료 양식에 의문을 가져야만 한다. 이것이 인기 있는 움직임은 아니지만, 우울증이 전 세계적으로 급속히 확산되고, SSRIs(심지어 유지 약물요법까지), 단기 치료 형식 혹은 둘 다를 사용하는 최근 치료들이 관해률에서 50% 이상을 넘지 못하고 있다는 사실에 설명이 필요하다. 물론, 이 놀라운 국면에 대한 이유들이 다양할 수 있지만 – 가능한 사회적, 경제적, 물론 예를 들어, 결정적인 대규모 치료 옵션에 대한 의존 같은 이념적인 요인들 – 그러나 치료 방법들 그 자체에 어떤 책임을 돌려야만 하는가? 테일러(2008)는 모든 심리적 질병들 중에서, 우울증은 단기 무작위 대조군 연구를 통하여 치료의 유효성을 평가하기에 가장 적절하지 않다고 주장하였다. 광범위한 범위의 증거들을 고려할 때, 테일러는 두 개의 강력한 추세가 분명해졌다고 결론지었다: 단기 정신역동치료(PDT)를 포함하여 모든 단기 치료들은 모두 비슷한 이득을 보인다. 그러나 이 이익들은, 사회적, 개인적, 그리고 작업-기반 장애들을 모두 흡수하여 보다 지속적인 효과를 보이는 장기 정신역동 치료와 비교할 때, 최대 한계에 도달하였다.[3]

항우울제 치료로 옮겨서, 다른 연구자들은 우울증에 대한 생화학적 치료의 대중화는 철저한 재앙이라고 생각한다. 키르슈(Kirsch, 2009; Kirsch et al., 2002, 2008)는, 예를 들면, 우울증이 뇌의 화학적 불균형으로 일어난다는 이론은 위기에 처했다고 확신한다. 그는 다수의 관념적이고 경험적인 요인들을 인용한다: 우울증 치료의 커다란 위약 효과, 특히 처음으로 심각한 우울증을 보인 환자들의 약물 반응에

3 이 추론들은 난치의 우울증에 초점을 둔 Tavistock Adult Depression Study로부터 나왔다. 책임 연구자: Peter Fonage 교수(이전의 책임 연구자는 Phil Richardson); 임상 책임자: David Taylor 박사

서; 제약 회사에서 기금을 지원한 발표된 약물 시험들에서 부정적 결과의 보류로 인한 연구 결과의 중대한 왜곡; 하나 이상의 SSRI이 처방되거나 혹은 세라토닌을 증진시키는 다른 약물과 함께 복용되는 경우 '세라토닌 증후군'의 위험; SSRE '티아넵틴(tianeptine)'이 세라토닌을 감소시키지만 우울증을 유발하지 않는다는 사실이 발견되면서 모노아민 불균형 이론의 무효화 입증; 마지막으로 SSRI 단독 치료 후에 잔여 우울증의 높은 비율.

이제는 그 자체만의 연구 영역을 가지면서 우울증으로 진단된 사람은 누구든 재발 예방이 치료 권고에 곧 통합될 것이다. 왜? 이 추세는 초기 SSRI와 CBT의 결합에 의해 세워졌는데, 처음에 아이들에게 항우울제를 처방할 때 안정성을 고려하기 위해, 그 다음에 IT과 함께, 성인들의 재발 예방 조치를 제공하기 위해 도입되었다. 완화를 위한 임상적 목표가 벽에 쓰여졌고, 곧 의구심이 가는 증거들에 의해 지지되었고, 재발이 우울증 과정에 내재한 요인일 수 있다는 취지의 연구들의 결론 부분에 일반적인 추측이 슬그머니 들어가기 시작하였다. 논리적으로, 이것은 모두 SSRI 치료가 선택된 치료 동반자일 때 재발은 임상적 과정에서 중요한 변인이라는 것을 시사한다. 약리적 치료는 대답해야만 하는 문제들이 많은데, 특히 재발 방지를 위해 제공할 수 있는 최고의 해결책이 무한정 기간 동안 최고의 복용량을 취하거나, 혹은 평생 유지 기간에 들어가야 한다면 말이다(Kupfer et al., 1992). 1990년 대 중반부터 떠오른 다른 요인은 SSRI 금단으로, 가끔 'SSRI 중단 증후군'으로 완곡하게 정의된, 이것은 치료의 중단이나 정지 혹은 복용량의 감소에 뒤따라오는 신체적, 정신적 반응들을 말한다. 이 반응들은 보통 치료에 의해 생긴 요인이라는 인식 없이 약물을 재개하는 결과를 가져온다.

연구자들과 학계는 치료저항성 우울증의 의미를 합리적으로 설명할 의무가 있다. 우울증의 구조에 대한 이해가 너무 단순했던 것이 아닐까? 치료저항성 우울증은 우울증의 하위유형인가? 말하자면 이것은 알코올이나 약물 중독에서와 같이 동일한 당연한 과정을 따르는 것인가? 분명한 것은 이론으로의 돌아가자는 요구가 재발 문제에서 가장 시급하며, 재발 현상의 이해에 관한 시험적인 기여는 대상관계 틀 안에서 9장에서 다루어질 것이다.

끝으로, 치료의 한 모델이, 미국에서는 이미 확립되었지만 현재 영국에서는 조사 중인, 우울증의 만성적 성질을 강조하는, '협력 관리(collaborative care)'로, 임상의와 환자 교육의 결합, 일차적 그리고 이차적 관리 임상의들 간의 협의 연락, 그리고 사례 관리로 구성되는데, 일차적 관리와 정신 건강 전문가들 간을 연락하는 사례 전문가에 의해 모두 유지된다(Richards et al., 2009). 불행히도 영국 건강과 임상 우수 국립연구소(NICE)의 가이드라인은 그들이 상담과 정신역동 치료에 하였던 것처럼, 이 협력 관리에 고압적인 자세를 취하고 있다 – 그들은 이것이 항우울제나 단기 심리적 개입을 거절하거나 혹은 단기 심리적 개입, 항우울제 치료 혹은 둘의 결합에 반응하지 않는 환자들을 위한 제한적인 옵션이라고 주장하였다. 숨겨진 이유는 이 옵션에 대해 추정되는 비용 때문임에 틀림없지만, 이것이 솔직히 공표되지 않고 있다.

2장

프로이트의 우울증 이론

미해결의 난제들에 풍부한 사건들이 있다! (Freud, 1933)

기술적, 역동적, 유전적 차원에서 우울증의 발달적 경로는 초심리학적으로, 어느 정도는 임상적으로, 프로이트와 아브라함에 의해 1900년대 초에 설정되었다. 그때 정신분석이 관여한 거의 모든 의학적, 임상적 실제가 흥미롭고 획기적인 심리학적 결과를 가져왔으며, 오랜 세기동안 마음의 고뇌로 알려졌던 우울증도 예외는 아니었다. 이러한 초기의 기여를 출발점으로 삼아, 이 장에서 우울증의 현상과 의미를 어떻게 정신분석적으로 이해할 수 있는지 논의할 것이다. 나는 우울증이 발달에 관한 정신분석 이론에 내재하는 특성이라는 프로이트의 초기 의견으로 시작하려고 한다. 즉, 우울증은 정신분석 이론에서 설명한 것처럼, 유아기와 청소년기의 발달 단계의 자연적 발생이며 살아있는 부산물이다. 다시 말해서, 우울증은, 불안처럼, 정신적 성장의 구조물의 부분이다. 이것은 프로이트의 고전적 충동이론의 맥락에서 놓고 보아야 하는데, 이 이론은 어떻게 정신이 충동의 요구와 현실의 요구 간의 지속적인 긴장을 통하여 충동에 의해 작동하는지를 설명한다. 나의 목표는 성숙의 과정 동안 우울증이 자기애에서 대상 사랑으로 변형되는 데 따른 이차적 효과임을 부각시키고, 나아가서 대상관계의 틀 안에서 이 변형을 설명하려고 한다. 또한 나는 어떻게 이론이 정상적 우울증과 병리적 혹은 임상적 우울증을 구별하는지 보여줄 것이다. 간단히 말하면, 정상적 우울증은 자기애에서 대상 사랑으로의 흔히 예상할 수 있는 이행에 근거하는데, 복잡한 문제가 발생 시 이것은 신경증적 우울증이 되고, 병리적 우울증은 자기애 단계에서 대상 사랑으로의 과정에 심각한 장애를 반영하며, 그 결과는 자기애적 우울증이다. 사실상 이런 분석은 프로이트가 '애도와 우울증(1917)'에서 제시한 것으로 그는 여기서 우울증의 두 형태의 정신역동적 이해를 위한 기본 원리들을 기술하였다. 이 고전은 기본적인 정신분석 텍스트로, 그리고 우울증의 발달적 경로에 관한 정신분석학자들의 차후의 모든 저작과 혁신의 출발점으로 기여하였다.

어떻게 우울증이 발달에 관한 정신분석적 이론의 본질적인 특성으로 이해될 수 있을까? 이 이론을 전개하는 데 있어 정신분석의 어떤 근본적인 개념들, 아마도 독자들에게는 친숙한 어쩌면 너무나 친숙한 개념들을 참조해야만 한다. 그러나 나는 '성욕에 대한 세 편의 에세이(1905)', '억압, 증후 그리고 불안(1926)'에 기술된 프로이트의 충동이론으로부터 시작하여, 불안처럼 우울증은 심리적 발달의 근본적인 특성이라는 많은 정신분석학자들의 일반적 가정을 전개하는 방법으로서, 이것을 '애도와 우울증(1917)'의 우울증에 대한 프로이트의 논지와 연결하고 싶다.

충동과 일차적 자기애에서의 치환

프로이트에 따르면, 인간 유기체는 만족을 원하는 내성적 요구로 이루어진 계통 발생적 혹은 생물학적 자질을 가지고 태어난다. 프로이트는 타협을 모르는 이 요구들을 충동이라고 하였고 이것을 두 집단, 즉, 성적 충동과 자기 보존 충동으로 나누었다. 자기 보존 혹은 자아 충동은 생존하고 생명을 유지하는 데 주력한다. 성적 충동은, 프로이트가 정의한 데로, 모든 인간 활동의 근간이 되는 내성적 힘을 말한다 — 성적 자극과 환상을 만족시키고자 하는 유기체의 리비도의 동기에서 반영된다. 1920년에 프로이트는 이중 충동 이론을 성적 충동과 공격적 충동으로 수정하였다. 공격적 혹은 죽음 충동은 정신에서 정체의 세력을 가리키며, 잠재적으로 모든 행위들, 세상과의 상호작용에 영향을 준다. 프로이트는 죽음 충동을 예측불허(entropy)의 세력으로 정의하였고, 또한 죽음 충동의 자기 파괴성의 범위를 강조하였다. 실제로 두 충동은 정신이 존재하고 그것이 기능하는데 일익을 담당한다.

개인은 '삶의 위기'에서 성장하는데, 그것은 외적 현실의 침해와 요구에 관한 충동의 압력과 요구를 말한다. 충동은 어떤 신체적 필요가 충족되어야 한다고 몸에 신호를 보내는데, 문제는 필요한 것이 내성적으로 존재하지 않는다 — '외부(without)'에 존재한다. 그러므로 '내부(within)'에 있는 신체적 요구와 이런 요구를 충족시켜줄 수 있는, '외부'에 있는 원천을 짝지어야만 한다.

이로 인해 유아는 믿기 힘든 상황에 처한다. 유아는 절박한 신체적 필요를 경험하는데, 그것을 만족시키데 필요한 것이 '내부'에 있는 것이 아니라 '외부'에 있는 것이다. 유아는 무엇을 할 수 있을까? 프로이트는 정신이 아메바 같다고 하였다:

> 쾌락 — 자아는 좋은 것은 모두 자신 안으로 내사하기를 원하고 나쁜 것은 모두 밖으로 쫓아내고 싶어 한다. 나쁜 것, 자아에게 이질적인 것, 외적인 것은, 처음에는 같은 것이다 (Freud, 1925, p. 236).

이것이 유아가 상황을 해결하고자 적용하는 정확하게 경제적 해법이다 — 소망 환상. 유아는 단순히 '외부'로부터 필요한 것은 무엇이든 이미

'내부'에 있다는 환상을 갖는다. 이런 환상에서, 생존하기 위해 실현되어야 하는 모든 생물학적 요구들을 '자기'에게 귀속시키고, 동시에 '내부'에서 충족되어야 할 아프고 동요되는 것은 무엇이든, '외부'에 존재한다고 상상한다. 이런 식으로 환상의 해법은 내적인 긴장, 불안 혹은 갈등의 '대상'을 긴장, 불안, 혹은 갈등을 경감하는 또 다른 대상으로 치환하도록 한다 – 등치에 의해. 프로이트는 이 과정에 개인적인 것은 전혀 없다는 것을 설명하려고 조심하였다. 앞에서 언급한 상황의 해결이 절박하여 유아는 어떻게든지 긴박한 신체적 요구를 해결하려고 시도할 것이다 – 이 목적을 위하여 자신의 신체 일부를 이용해서라도 말이다.

첫 번째 치환(Substitution)

이것은 순수한 쾌락자아가 지배하는, 프로이트(1911)가 일차적 자기애라고 기술한 발달 단계다. 이것은 소멸의 위협에 대한 유아의 기발한 해결책이라고 볼 수 있다. 과대망상증의 신랄한 말로 바꾸면, 쾌락자아는 양육의 모든 원천은 자기와 함께 공존하지만 양육에 대한 모든 요구들은 대상 안에 존재한다고 결정한다. 이런 거짓된 연합은 내사와 투사 기제를 사용하여 외적 현실을 내적 현실로 치환하는데서 생긴다 – 모든 좋은 것은 내사하고 모든 나쁜 것은 투사한다(Freud, 1915b, p. 135).

유아의 환상의 뛰어난 사용을 살펴보면, 비록 이것이 생존을 위한 것일지도 위험한 선례가 만들어졌다는 것이 확실하다. 환상의 해법은 내부와 외부, 그리고 암암리에 자기와 대상간의 잘못된 개념에 의거한 것이다. 멜라니 클라인(Melanie Klein, 1935)이 후에 그런 것처럼, 일상적인 유아기의 심리학에 심하게 망상적인 면이 있다는 이론을 세우고 싶을지도 모른다.

두 번째 치환

충동에 대한 이야기는 계속된다. 일차적 자기애의 해법이 단순함 그 자체의 한 예지만, 그것은 불가피하게 곤란에 빠지는데, 그 이유는 현실의 판단에 직면하여 유지될 수 없기 때문이다. 되풀이하여 쾌락자아는, 예상과 달리, 자신이 '외부'로부터 보호받거나 강화되지 않음을 발견하고, 공급에 실패하면서 경계 신호를 재개한다. 그러나 이러한 신호들은 신체적 충동의 절박함을 그저 증가시켜, 어떤 의미로는 결국 내적 현실과 외적 현실의 치환에 대한 유아의 의존을 고갈시켜버린다.

그러나 유아의 새로운 해결법은 역시 획기적이다. 유아는 이전의 경제적 해법을 새로운 방식으로 단지 알맞게 사용한다. 유아는 새로운 치환을 창조하는데, 앞서와 같이 외적 현실과 내적 현실 간이 아니라, 대신 유아는 전에 '내부'에 있는 '좋은' 대상을 이제 '좋은' 것과 '나쁜' 것으로 분열시킨다. 전과 같은 방식을 적용하여 '좋은' 것은 '자기'안에 보유하고 '나쁜' 것은 '외부'에 둔다. 새로운 치환으로 유아는 모든 '좋은' 것은 자기 안에 있고 – 지금은 자기의 한 부분 – 모든 '나쁜' 것은 밖에, 다른 편에 있다고 계속 믿을 수 있다. 이것은 프로이트 용어로 하면 이차적 자기애라고 할 수 있다. 클라인과 페어베언의 경우, 나중에 논의하겠지만, 이것은 유아의 발날에서 편집 - 분열적 차원이다. 그러나 양쪽의 설명에 의해 심리적 기관 – 자아 – 이 충동 갈등을 심리적 용어로 이제 표현할 수 있는 장소로서 확립되었다.

이제 우울증에 대한 프로이트의 이론이란, 정상과 비정상의 차원에서, 현실 원칙의 영향의 증가아래, 자아의 발달 과정에서, 주관적으로, 일어나는 일에 불과하다.

다음에 일어나는 일을 설명하기 위해, 시작한 것처럼 나는 단지 계속하려고 한다 – '삶의 위기'에 맞선 안정 장치로서 외부 현실을 내적 현실로 치환하는 발달적 과정에서 추가 단계를 말하려고 한다. 그러나 이것은 두 유형의 우울증의 정신 역동에 관한 프로이트의 설명을 궁극적으로 명확하게 해줄 것이다.

'정신분석적' 우울증

지금까지의 주장은 우울증은, 불안처럼, 현실 원리에 적응하는데 치러야 하는 대가로서 자기애를 점차로 버려야 하는 데 따른 이차적 효과다. 그러나 이 발달적 움직임은 확립된 대상과의 거짓 연합으로 인해 방해받는데, 먼저 외부의 현실을 내부 현실로 치환하기 때문에, 차후에 '좋은' 내적 대상이 둘로 분리되어 '좋은' 것이 자아에 의해 내적 현실을 치환하기 때문이다.

발달이 만족스럽게 진행되기 위해서, 유아는 대상이 '자기'가 아니고, 독립적으로 존재한다는 것을 확실히 인식해야만 한다. 유사하게, 유아는 모든 좋은 것이 '자기'와 동일한 것이 아니고 그리고 실제로 좋은 것은 '외부'에 존재할 수 있다는 것을 알아야 한다. 이 인식과 함께 '내부'에 있는 것이 모두 좋은 것이 아니라는 점을 상호보완적으로 깨닫는다. '내부'에서 오는 자극, 욕구, 감정, 환상, 사고는 그렇게 유익하지 않을 수 있다; 실제로 그것들은 '외부'에서 문제를 일으킬 수 있으며, 결과적으로 당혹과 수치심의 상태를 가져온다. 이런 이유로 외적 현실을 내적 현실로 대체하는 것을 역전시키고, 모든 좋은 것이 '자기' 안에 있고 모든 나쁜 것이 '대상' 안에 있는 자아의 이차적 분리를 수정하는데서, 어떤 슬픔이 자아 안에서 자연스럽게 생기는데, 프로이트는 애도라고 부른 정상적 자기제한 질병(normal self-limited illness)을 발견하였다. 분석적 관점에서 애도는 자기애가 대상 사랑으로 변형하는 데 필수적으로 수반된다.

대상 사랑

그러나 자기애에서 대상 사랑으로의 이행이 유아를 새롭고 긴박한 일련의 문제들로 이끈다. 첫째, 사랑하는 대상이 독립적이라는 인식은 무서운 위험을 안고있다. 대상은 죽을 수 있거나 달아날 수 있고 혹은 당신과의 사랑을 버릴 수 있고, 다시 말해서, 분리된 대상으로서 외부 세계의 최소 법칙에 따른다. 둘째, 양가감정의 갈등이 있다 – 동일한 대상을 향한 사랑과 증오의 정반대 태도들의 충돌 – 이 충돌은 특히 죄책감을 일으킨다. 그러므로 정신분석 이론에서 우울증과 하위 유형들에 관한 이해는 개인이 이 두 문제를 어떻게 극복하느냐를 중심으로 돌아간다 – 자기와 대상의 독립성 문제와 양가감정 갈등의 문제.

이제 프로이트의 유명한 논문 '애도와 우울증(1917)'으로 넘어가 보면, 여기서 프로이트는 이 질문들을 깊이 조사하였다. 이 논문은 사랑하는 대상의 상실에 대한 프로이트의 명확한 진술을 담고 있는데, 후대의 정신분석학자들이 다양한 형태의 상실들을 추가하면서 확장되었다. 그의 저작은 완전한 초심리학적이고 임상적 자료는 없지만, 그러나 기술된 과정과 분위기는 우울증에서 발견되는 확실한 지속적 역동과 매우 관련있다. 나는 앞서와 같이 치환 과정의 다음 단계를 추적하여 계속 나아가려고 한다.

'애도와 우울증'

프로이트는 대상 상실(실제적 혹은 관념적인)과 양가적 사랑 대상이라는 이중적 문제들과 타협을 이루는 방법이 어떻게 환자를 두 개의 방향으로 이끌 수 있는지를 설명한다. 첫째, 애도의 과정에서 애착 과정을 역전시켜—감정적으로 큰 대가를 치루며—대상의 죽음을 점진적으로 수용한다. 이것은 '현실에 대한 경의'에서 대상에 대한 감정적 투자의 단계적 포기를 통해서다. 프로이트는 이 경험의 몹시 괴로운 측면은 상실의 충격 즉시 뒤따라오는 대상에 대한 자연발생적인 과도한 애착뿐만이 아니라 익숙한 환경과 꿈에서 대상을 빈번하게 상기시키는 것에서 온다고 하였다. 프로이트는 사별로서의 상실을 강조하였지만, 그는 마음속에 실제적인, 관념적인 상실 같이 다양한 상실들을 생각하고 있었다—사랑하는 대상의 상실, 대상의 사랑의 철수, 자유와 같은 이상의 상실, 조국의 상실 등—이 모든 상실들은 개인의 자기애적 통합을 근본적으로 우울적 방식으로 흩트린다.

애도의 길은 '정상적' 우울증을 나타내는 것으로 분류할 수 있는데, 무언가 이루어지는 중이라는 의미에서 그러하다. 프로이트에게 애도에 대한 최적의 결과는 대상의 죽음으로 자아에게 드리운 그림자로부터 자아가 해방되는 것이다—환자가 다른 내적 대상뿐만 아니라 외부 세상에 관심을 다시 갖기 시작한다. 다른 목표는 자아 안에 상실한, 사랑했던 대상을 기억으로 확립하는 것이다.

다른 말로 바꾸어 표현하면, 애도는 자아의 질병으로, 환자가 무슨 수를 써서라도 마치 주물처럼 대상의 유령에 매달리는 것이다. 자아의 모든 에너지가 대상에게 돌려지고, 자아는 소진되어 버리는데, 애도 동안 정신적, 리비도적, 신체적 기능의 감소로 나타난다(Freud, 1917, p. 249). 자아의 빈곤은 또한 우울증의 전형적 증상에서 나타나는데, 그것은 가장 두드러지고 전반적인 무쾌감증이다.

다시 말해서, 애도 동안 자아의 빈곤은 퇴행의 발생반복을 수반하며, 이 퇴행은 일차적 자기애의 유아기 해결책의 일환으로 일어난다. 환상에서 상실한 좋은 대상과 그 대상으로부터 필요한 모든 것이 다시 '자기'에게 돌려지고, 그리고 대상의 상실에 관한 괴롭고 고통스런 모든 것이 '외부'로 돌려진다. 자기애적 동일시로의 복귀는 애도 기간에 정신적, 신체적으로 자기 몰두의 고조된 상태에서 보통 드러난다. 프로이트의 개념에서 필요한 '애도의 작업'은 대상과의 자기애적 동일시로부터 자아의 대상과의 내사적 동일시로의 이행에 근거한, 상실의 현실에 점진적으로 동화하는 것을 포함한다(Freud, 1917, p. 249).

그 다음에 우울증의 길이 있다 — '흑담즙'을 의미한다. 우울증 환자의 곤경은, 프로이트가 말하기를, '한 가지를 제외하고는' 애도하는 사람의 반응에 비교할 만하다(Freud, 1917, p. 244). 애도하는 사람과 나란히 우울증 환자는 '깊은 고통스러운 실의, 외부 세계에 대한 관심의 폐기, 사랑하는 능력의 상실, 모든 활동의 억제, 자존감의 저하'를 경험한다(Freud, 1917, p. 244). 그러나 이런 '격심한' 애도의 유형에서, 프로이트가 서술하였듯이, 비탄의 반응에 의미 있는 병적이고 강박적인 특성이 있다. 그렇지만 정상적인 우울증의 경우에서처럼, 격심한 우울증에서 상실을 극복하려는 수단으로 대상과의 자기애적 동일시로의 유사한 복귀가 일어난다. 그래서 상실한 대상으로부터 필요한 모든 '좋은' 것이, 환상에서, '자기'에게 돌려지고, 동시에 상실한 대상과 관련된 '내부'의 모든 고통스러운 것이, 환상에서, '외부'로 돌려진다. 따라서 대상은 상실되지 않고 환자는 전과 같이 동일한 방식으로 대상과 계속 관계할 수 있다. 이런 이유로 우울증에서 대상의 복권은 일차적 자기애의 복권에 달려있다.

그러나 '예외'는, 보통의 애도하는 사람의 경우, 이것은 애도의 작업에 의해 끝나는 일시적 상태인데 반해, 우울증의 경우 상실한 대상과의 자기애적 동일시로의 퇴행이 고착된다. 이것은 현실의 매력이 대상에게 매달리는 환자의 자아를 거의 흔들지 못 하고, 그런 이유로 우울증의 괴로움은 결코 완전히 끝날 수 없다. 프로이트는 사랑 대상의 무의식적 상실에 매달리는 또 다른 이유를 — 우울증의 자기애로의 퇴행과는 구별되는 — 간접적으로 언급한다(Freud, 1917, p. 245). 그러나 대체로, 예외적 요인을 활용하여, 프로이트는 우울증의 심리역동과 애도의 심리

역동을 구별하였고, 게다가 우울증의 순환적 하위유형을 잠시 동원하였다.

세 번째 치환

우울증 환자의 비탄의 병리적인 특성에 대해 프로이트가 주목한 두 번째 요인은 자기 존중에 관한 것이었다. 자기에 대한 강렬한 집중에도 불구하고, 자존감의 극적인 상실이 일어난다 — 자기애적 붕괴의 한 유형. 개인은 자신이 무가치하고, 정직하지 못하고, 비난받아 마땅하고, 도덕적으로 혐오스럽고 그리고 모든 사람들에게 이러한 한탄의 소리를 알리고 싶어한다. 이 부정주의는 우울증에서 본능적 삶의 극적인 쇠퇴와 함께 가는데, 그의 고전적인 해석에서, 프로이트는 자책과 자기 비난이 우울증 환자의 사랑 대상을 향한 강한 무의식적 양가적 태도와 얽매어 있다고 하였다. 이런 이유로 자아로 향하는 비난은 실제로 죽은 사람을 향한 것이지만, 비난이 피학적으로 자아에게 옮겨졌다. 이것은 대상을 향한 양가감정을 숨김없이 느낀다면 표면화될 수 있는 고통스런 죄책감을 피하기 위해 비난이 옮겨진 것이다. 이 두 요인들은, 대상과의 복귀된 자기애적 동일시의 '예외', 전도된 공격성으로 인한 무가치하다는 섬망 상태와 결합하고, 프로이트는 이것이 우울증의 진단, 즉 병리적 우울증을 정당화한다고 여겼던, 상실에 대한 분명한 반응이다. 우울증 환자들이 공공연하게 자신을 공격하는 이유와 방법을 설명하기 위해, 프로이트(1917)는 이전의 분리와 비슷한 방식에서 또 다른 독창적인 치환을 기술하였다. 기억해보면, 외적 현실대신에 내적 현실로 하는 최초의 치환이 있었고(일차적 자기애), 두 번째 경우 '좋은' 내적 대상을 두 개로 분리하였다 — 하나는 좋은 것 다른 하나는 나쁜 것(이차적 자기애). 이제 프로이트(1917, p. 247)는 자아 자체가 분리하여 자아의 대안적인 부분 – '초자아'라고 지명한 – 의 상태에 이른다고 주장한다. 초자아는 성격상 자아의 나머지 부분들과 소원해지고, 초자아의 성향은 자아를 관찰하고, 모든 점에서 그렇지만 주로 도덕적 근거에서 비난한다. 그래서 정상적 우울증에서, 주관적으로 세계는 절망적이고 공허하지만, 병리적 우울증에서는 자아는 활력을 잃어버리는데, 자아가 둘로 나뉘면서 – 자아와 초자아 – 반쪽이 다른 반쪽과 다투기 때문이다. 이런 이유로, 요약하면, 초자아는 우울적 과정의 부분으로 출현하며, 발달적으로 말하면, 그것의 최초의 기능은 애도하는 사람의 상실 대상을 향한 억압된 분노를 전도하는데, 죄책감의 부인을 표출 하기 위해 자기에게 돌린다.

초자아라는 새로운 기관과 함께, 프로이트가 우울증에서 자책의 역할과 죄책감에 대한 방어를 중심 위치에 둔 것이 명백해졌다 – 대상의 사랑의 두려운 상실과 관련된 죄책감; 진행 중인 양가감정과 관련된 죄책감; 자기에게 공격성을 돌린 죄책감에 대항하는 특정한 방어. 우울증의 심리역동에 관한 19세기의 많은 견해가 오늘날의 생각에 아직도 많이 유지되고 있는데, 특히 기분저하증(dysthymia)과 주요 우울증의 발병과 자기 파괴성의 가능성에서 죄책감과 공격성의 역할에 관해서 그러하다. 흥미롭게도 우울증 환자의 특이한 몇몇 증상들은 DSM-IV에 '멜랑콜리아 양상이 있는 우울증'이라는 하위유목으로서 계속 유지되고 있다.

죄책감 직시하기: 두 가지 위험

양가감정의 내적 갈등의 인식으로 조금씩 다가서면서 두 개의 커다란 위험이 우울증 환자를 기다리고 있다. 첫 번째는 자살의 위험으로, 상실한 대상에 대한 뜻밖의 분노를 의식의 경계 아래 두어서는 안된다 – 죄책감을 이끈다. 자살 행위 혹은 자살 시도는 대상과의 자기애적 동일시를 유지하려는 우울증 환자의 집요함의 최종적인 행위라고 할 수 있다 – 자신의 존재를 희생해서라도. 이 자포자기 행위는 유아에 의한 불합리한, 위험한 해결책(일차적 자기애)이 성공적으로 실연되어 내적 현실과 외적 현실의 차이가 완전히 없어져 버렸을 수 있다는 것을 의미한다. 이것이 왜 전문가들이 종종 자살이 망상 혹은 정신병적 상태에서만 일어날 수 있다고 주장하는지를 설명한다.[4]

두 번째 커다란 위험은, 죄책감이 의식에 접근하면, 조증으로의 전환 가능성이다. 병리적 우울증에서 초자아가 자아에 대한 무자비한 지배를 차츰 줄이기 시작할 때 조증으로의 전환이 발생한다. 상실 대상을 향한 실재하는 분노가 의식에 들어오는 시점에 한 번 더 죄책감과 슬픔의 일을 떠들어대지만, 그러나 이런 행위가 조증의 상승을 위한 방아쇠로 작용하는지 거의 의식하지 못한다. 조증으로의 도피는 그 놀라운 결과로 인해 자기 비하로부터 대상 비하로의 전환을 교묘하게 완화시키고, 결과적으로 우울증 환자는 다시 한 번 곤경을 면한다.

이것은 이 상승이 이제 해방된 엄청난 양의 에너지에서 모든 고통(혹은 거짓 고통)으로부터 자아를 기적적으로 풀어주는지에 의해 분명히 보여진다. 지금 자아는 본능적 삶의 상실과 두 개로 분리된 탓으로 궁핍해졌는데 이런 새로운 에너지가 가능해지면서, 반복해서 수단을 가리지 않고 자아를 보충하는데 몰두한다. 우리는 이 강박적인 메우기 혹은 부풀기 과정에서 조증의 어떤 전형적인 마음 상태를 인식한다 – 압도적인 구강적 상태: 과도한 수다스러움, 주제의 변화, 다른 관

4 Melanie Klein(1934, p. 27)은 자살에서 개인은 이중의 이익을 얻는다고 덧붙였다 – 그는 대상을 향한 양가감정을 행동화하면서, 동시에 자살 행위에서 자신을 대상에 영원히 결속시키는 것을 보장한다.

점의 비수용, 정신없이 돌아가는 생각, 과대망상, 술, 약물 남용 같이 모조리 삼키는 과도한 탐닉, 자기 혹은 타인에 대한 관대함의 변덕스러움 – 프로이트(1921)는 이것을 '조증의 축제(feast in mania)'라고 한 적이 있었다. 이러한 정신은 피상적이지만 불타고 있으며, 모든 가볍고 허황된 것들에 경솔하게 사로잡혀, 중대하거나 심각하거나 혹은 힘든 생각은 참을 수 없다. 우울증 상태에 초자아가 부인한 것을 모두 조증 시기에 자아가 움켜잡고 있다.

이렇게 하여 조증 상태에서 자아는 초자아에게 형세를 역전한다. 프로이트(1921)는 자아와 초자아가 실제로 결합되고, 그래서 개인은, '환희와 자기만족의 기분에, 어떤 자기 비난에도 방해받지 않고, 금지의 폐지를 즐길 수 있다'고 하였다. 이 환희는, 특히 양가적으로 사랑하는 상실 대상에 대한 의식적인 죄책감 측면을 덮어주고, 그리고 방어로서 조증의 대단한 간결함은 솜씨 좋게 죄책감의 문제를 근본적으로 자르는 방식에서 드러난다. 대상의 중요성을 평가절하, 대상에 대한 어떤 사랑도 의존도 평가절하 함으로써 그 대상의 필요에 대한 의식을 모두 피할 수 있다. 이 진취적인 상황에서 양가감정은 마침내, 의기양양해서 군림할 수 있다! 사람은 벌을 받지 않고 대상을 취하거나 떠날 수 있고, 순식간에 잡아 먹고 토해낼 수 있고, 거짓말하고 대상을 속일 수 있다 – 누가 상관하겠는가, 불안, 병리적 비탄 혹은 죄책감이 없다는 것을 알고 당신은 안심하여 대상에 대한 이러한 모든 공격들을 마음껏 할 수 있다.

그러나 불행한 종결부는, 프로이트가 그의 뛰어난 논문의 끝에 덧붙인, 격심한 조증에서 외부 현실과의 관계의 분리는 보다 중대한 결과를 가져올 수 있다고 경고한다. 조적-우울적 정신증이 그 결과로, 빨라진 정신이 현실로부터 보다 분리되면서 사고의 붕괴를 반영한다.

끝으로 실제든 관념적이든 중요한 상실을 다루는 우울한 사람에게 열린 두 개 통로에 관해 확실한 개요를 이제 제시할 수 있다. 정상적 애도에서 상실을 다루기 위해 이차적 자기애로의 퇴행이 있고, 자아의 분리 때문에 애도하는 사람은 내사적 동일시를 통해 앙가감정의 문제를 해결할 수 있다. 한편으로 우울증 환자는 애도하는 사람이 상실을 다루는 것과 유사하게 대처할 수 있지만, 내적 현실과 외적 현실 간의 분리 때문에 양가감정의 문제를 해결할 수 없다 – 일차적 자기애로의 퇴행. 여기서 오직 가능한 동일시는 투사에 의한 동일시다. 초자아로부터 자아의 단절과 함께 '예외적인' 요인은 우울증 환자의 자아가 처한 위험한 곤경을 강조한다. 대상 상실과 양가감정이 갈등의 부인을 통해, 큰 확신으로 외적 현실로의 대탈출이 일어난다; 그러나 내적 현실로의 도피 또한 실현가능하여, 외적 현실과의 접촉의 상실과 일치하는 이인증(depersonalization)의 상태가 온다.

애도와 우울증 간의 프로이트의 초심리학의 연관성은, 메타이론의 한 부분으로서, 근본적이고, 정신분석적 사고의 가장 중요한 공식으로 지속되어 왔고, 정신분석적 설명의 다양한 개념적, 임상적 분야들 속으로 퍼져나갔다. 프로이트의 분석에서 가장 두드러진 점은, 대상 상실이나 분리에 대한 유아기의 독창적인 해결책 – 일차적 자기애의 환상 – 의 탁월한 간결함이 대상 상실 혹은 제거로 고통을 겪는 성인에서 모르는 사이에 진행되는, 잠재적으로 치명적인 방식으로 재출현하는지 보는 것이다.

프로이트의 유명한 논문의 유산은 우울증을 신경증적 우울증과 자기애적 우울증으로 분류하고, 동시에 몇몇 공통적인 특성에 그러나 분명한 구조적 차이에 근거하여 둘 간의 관련성을 제안한 것이다. 현대식 명명법에 의하면, 프로이트의 두 개 하위유형은, 대상 상실과 우울증의 연결에 동의하는, DSM-IV의 기분부전장애, 주요 우울증과 중복된다고 할 수 있지만, 이러한 비교가 생산적이지 않은데, 왜냐하면 정신분석은 '신체의 과정' 혹은 '공포증의 과정'처럼 기간, 지속성, 혹은 증상의 목록과 관련 없는 '우울적 과정' 혹은 '우울적 갈등'에 관해 말하고 있고, 특정한 기제들에 근거한 다양한 임상적 현실을 다루고 있기 때문이다.

이론화에서 추가적 경향이 프로이트와 아브라함에 의해 확립되었는데, 그것은 초자아의 공격적 에너지의 주요한 의미와 함께 구강적 가학증이 우울증의 발병에서 일차적 역할을 한다는 것이다. 이 결합에 관하여, 우울증에서 초자아의 역할(후에 자아 이상으로 명명)에 관한 프로이트의 공식화에서 어떤 불일치를 젯첼(Zetzel, 1953)이 지적하였으며, 그는 어떻게 생식기의 오이디푸스의 갈등에서부터 나온 초자아가 우울적 초자아의 전 생식기적 특성에 존재할 수 있는지 이의를 제기하였다. 하나의 가능한 답은 죄책감의 보다 초기 역사를 제안하는 무의식적 죄책감에 대한 프로이트의 개념에 있다. '죄책감의 의미에 관해서, 우리는 그것이 초자아 전에, 그래서 또한 양심 전에 존재한다는 것을 인정해야만 한다'(Freud, 1930, p. 136).

3장

칼 아브라함의 우울증 이론

우울의 감정은 불안의 감정처럼 모든 형태의 신경증에 폭넓게 퍼져있다. 불안과 우울은 공포와 비탄처럼 서로 관련되어 있다(칼 아브라함).

어떤 독자들도 우울증에 관한 아브라함의 글의 순수한 규모, 명료성, 지적 철저함에 대비하지 못하는데, 예외라면 프로이트 자신의 글들로 보다 자유 분망하고 탐구적인 독특한 개별적 특성을 갖는다. 아브라함의 글을 구별 짓는 것은 임상적 실제에 근거한다는 점이다 – 이런 이유로 그의 공식은 오랜 세월에도 불구하고 건재하고 지금까지도 우울증에 대한 분석적 지식의 전반적인 체계에 남아있다(Zetel, 1960).

1911년의 첫 연구에서 아브라함은 일련의 기분 장애를 다룬 6개의 사례를 보고한다. 그는 28세에 경조증(hypomania)이 처음 발발하고, 이어서 우울증으로 급락한 청년에 대해 설명하면서 독자들을 우울 상태의 세계로 빠르게 입장시킨다. 그의 설명은 특히 환자의 증상을 기술하는 데 환기적이다 – 무감동, 리비도의 상실, 자기 증오, 부적절하다는 뚜렷한 느낌, 자살 생각, 그리고 '나는 침대에서 가장 행복하다'라는 환자의 병리적 의견으로 요약되는 야행성 자위(Abraham, 1911, p. 143) 아브라함의 설명은 우울증 분야에서 작업하는 현대의 임상의들의 심금을 울리는 것 같다. 아브라함은 곧장 본론으로 들어간다 – 환자의 증상들은 억압된 증오 속에 묻혀 있으며, 환자의 사랑 능력을 마비시키는 지독한 죄책감을 낳는다. 단호하게 아브라함은 우울증을 신경증으로 정의하며, '채울 수 없는' 가학증으로 명명한 것의 억압에 뿌리를 둔다고 하였다.

한때 프로이트의 논문 '애도와 우울증(1917)'을 거론하고 흡수하였지만, 아브라함은 1924년에 다시 도전하며 우울증과 강박 신경증의 유사성으로 움직이기 시작하였다. 상실과 관련된 우울증 동안, 아브라함(1924)은 환자가 상실한 대상을 보유하고 통제하려는 목적으로 항문기에 속하는 강박적 방어를 사용한다고 분명히 말하였다. 이것을 통해 환자는 대상에 대한 일종의 강박적 소유권을 주장하여 정상적 애도의 어떤 단계를 회피한다. 그러나 만약 항문기의 가학적 성향이 이긴다면 – 대상을 축출하고 파괴함으로써 대상을 통제하려는 시도 – 우울증의 증상들로 이끌 수 있다. 보유하거나 축출하는 행위는, 아브라함의 상상을 구사한 견해에서, 내사와 투사의 기제를 사용한다(Abraham, 1924, p. 443). 그는 또한 우울증이 회복중일 때 양가적 갈등의 부활은 우울증의 재출현 혹은 조증으로의 전환을 가져온다고 설명한다. 그러나 만약 강박적 기제가 이용 가능하다면 조증으로의 전환은 피할 수 있다.

아브라함은 한 차례 급성 우울증 후에 완화 단계로 들어간 한 환자의 사례를 언급한다. 당황한 환자는 새로운 증상을 보고하였다 – 거리를 산책하다 거리에 놓인 대변을 먹고 싶은 충동으로 압도된 상태. 아브라함은 이것이 '무의식은 대상의 상실을 항문의 과정으로, 내사를 구강의 과정으로 간주한다는 정확한 확증'이라고 결론지었다(Abraham, 1924, p. 444). 그는 대변을 먹으려는 환자의 환상은 대변과 동일시하여 밖으로 축출한 사랑 대상을 자신의 몸 안으로 다시 들이고 싶은 그의 욕망이라고 하였다. 증오 속에서 항문으로 축출된 것을 구강으로 함입하지만 좋은 대상으로서 정착하는데 실패한다 – 대신 그것은 항문으로든 구강으로든 다시 축출해야만 하는 박해 대상이 된다.

'애도와 우울증'에서 프로이트(1917)는 다음과 같이 질문한다. 애도 작업을 성공적으로 수행한 사람이 왜 조적 상태로 빠지지 않는가? 아브라함은 조증으로의 전환이 우울증 관해 기간에 보다 일어나며, 우울증이 환자의 기분이 좋아지는 시점까지 나아간 때라고 강조한다. 이 기간은 새로 회복된 에너지가 나타나면서, 자신의 삶을 찾고, 새로운 일로 신이 나고, 가족과 친구들에게 대한 관심이 다시 시작된다. 프로이트에 대한 그의 응답은 이것은 자기중심적인 충만이라는 정상적 상태로, 과도한 경우 임상적으로 조적 상태와 같다. 그러나 이때 강압적 항문 성향 때문에 자아가 사랑 대상과의 격심한 갈등을 재개한다면, 그 다음에 에너지의 급증이 반동적인 조적 과정을 뒤따를 것이다.

조증에서 나타나는 '자유의 광란(frenzy of freedom)'에서, 아브라함은 우울증에서 구강기로의 더 한층 퇴행하는 증거를 발견하였다. 그는 이것을 두 개의 구강적 성향으로 표현하였다 – 대상을 보유하기 위한 함입과 대상을 파괴하기 위한 수단으로써의 식인적 함입. 또한 대상을 방출하거나 토해내는 것이, 환상에서, 가학적으로 실행될 수 있다. 아브라함은 조적 상태에서 나타나는 다양한 형태의 구강적 집착으로부터 이것을 제시하였다. '환자는 자신에게 다가오는 모든 것을 삼켜버린다'(Abraham, 1924, p. 472). 더 나아가 대상과의 가학적 구강의 초기 갈등으로의 퇴행은 상실 대상을 향한 무의식적 양가감정의 엄청난 격렬함을 유발하고, 보다 고통스럽고 심신이 쇠약한 형태의 우울증을 가져온다.

우울증의 무의식적 의미를 파악하는데 있어 아브라함의 중요한 통찰은 다음과 같다:

- 조증은 모든 종류의 우울증의 해제에 대한 습관적인 반응이다.
- 우울증 완화 뒤에 조증이 부재하면 그것은 억압된 것이다.
- 우울증과 조증은 모두 같은 병인론을 갖는다 – 상실 대상의 적대적 방출과 적대적 합입, 예외라면, 조증에서 이 순환이 강박적이고 엄청난 속도로 이루어진다.
- 우울증과 조증 모두에서 작용하는 기제들은 연속으로, 과도하게 사용되는 내사와 투사
- 항문-가학적 그리고 구강-가학적 리비도 단계들은 우울증과 그 하위유형들과 관련되어 있다.
- 조증으로의 전환은 우울증의 해제 뒤에 오는 '자유기간' 동안 분석을 제공하면 임상적으로 미연에 방지할 수 있다.

1924년 논문의 결론에서, 아브라함은 리비도 발달의 단계들에 대한 그의 확장된 견해와 어떻게 이 단계들이 정상적 발달에 장애와 방해를 제시하는지를 묘사하는 인상적인 표를 생성한다. 여기서 그는 자신을 완벽한 프로이트 학파로 제시한다. 구강적 그리고 항문적 대상관계의 리비도 측면은 두 단계로 나뉘어야만 한다 – 초기의 전 양가적 단계와 후기의 양가적 단계. 전 양가적 단계에서 유아는 '부분적' 대상과 '부분적' 사랑을 할 수 있지만, 양가적 단계에서는 '부분적' 대상을 '부분적' 증오로 처리할 수 있다. 재분할은 다양한 종류의 대상관계의 순열들을 위한 여지를 남기는데 상당히 뛰어나며, 좋든 나쁘든, 추후 생식기의 우위에 전 생식기의 충동과 이마고들의 흔적이 어떻게 배어있는지 알아내는데 이것들의 관련성은 말할 것도 없다.

결론적으로 말하면, 우울증에 관한 정신분석적 문헌들 중 아브라함의 글을 거론하지 않는 글을 발견하기는 거의 불가능하다. 젯첼(1960, p. 480) 은 "근본적인 청사진은… 우울의 질병에 관한 정신분석의 이해를 위해 프로이트와 아브라함이 저술한 고전적 논문들에서 놀라울 정도로 정확히 도출되었다" 고 주장한다. 아브라함의 유산은 그의 짧지만 예외적으로 생산적인 삶보다 더 오래 지속되는 듯하다. 그의 독창성은 아버지가 아니라 어머니에 초점을 두고, 공격성과 죄책감에서 유래한 기분 장애의 근원을 이해하는 데 있었다. 이 강조점은 어머니-유아 관계에 관한 정신분석적 탐사의 새로운 장을 열었고, 우울증에 관한 통찰력과 관련해서, 라도(Rado, 1928), 도이치(Deutsch, 1951), 제이콥스(Jacobson, 1946) 그리고 물론 멜라니 클라인(Melanie Klein) 같은 다른 저자들에 의해 열성적으로 받아들여진다. 확실히 그들이 모두 그의 피분석자들이었다는 것이 우연의 일치는 아니다.

아브라함이 이론화하는데 '대상'보다 '환자'와 보다 연관되었다는, 즉 그의 통찰과 영감의 주요 원천으로서 환자의 임상적 현상학과 질병을 결정하는 기제에 보다 집중했다는 인상을 받는다. 그가 개인적 경험으로 우울증에 대해 저술했을 것 같지는 않은데, 만약 우리가 그를 '불치의 낙관주의'를 가진 사람으로 정의한 존스(Jones, 1927)의 견해를 진심으로 받아들인다면 말이다. 그러나 그가 48세라는 나이에 일찍 죽었을 때, 그는 멜라니 클라인의 정신분석 훈련자로서 9개월이 되었고, 그녀의 삶은 우울증이라는 주제에 아주 익숙하였다.

아브라함에 대한 클라인의 '친밀'에 관한 의문은 분명히 복잡한 문제지만 고려할 만한 가치가 있다. 그는 그녀의 어머니의 죽음 후 우울증이 다시 돌아오면서 그녀가 가장 필요로 했을 때 그녀의 분석가였다. 그들의 글들을 나란히 읽으면, 둘 간의 시너지를 부인할 수 없으며, 그녀의 사고에 미친 그의 영향과 게다가 그의 이론화에 대한 그녀의 영향 면에서 그는 그녀의 전 잠재기 아동들과의 작업을 통해서 분명히 노출되었다. 그의 영향과 지지 그리고 그녀가 평생 표현한 그에 대한 강한 감사에 관해서, 가장 흥미롭고 핵심적인 예들의 일부를 요약할 가치가 있다. 이 영향들은 누구나 아는 것이지만, 시걸(Segal, 1979, p. 204)을 제외하고, 일반적인 문헌에서 자세히 언급한 적이 별로 없다. 자세히 보면 아브라함에 대한 클라인의 강한 동일시는, 실은 그에 대한 경쟁, 아마도 그의 이른 죽음에 대한 반응으로 보다 깊고, 지속적인 동일시를 뚜렷이 드러낸다.

아브라함은 그가 세운 베를린 모임에서 임상적 정신분석에 중점을 둔 것으로 알려졌다(Roazen & Swerdloff, 1995). 그는 그의 작업을 내놓고 그의 해석을 제공하고 그 다음 모임이 토론할 수 있도록 개방하였다. 다른 사람들이 뒤를 이었다. 그의 글을 읽으면 그는 조심스러운 메모나 숨김없는 경고를 붙이지 않고는 이론적 추측을 거의 하지 않는다는 것을 알 수 있다. 임상적 학문으로서의 정신분석에 대한 이런 역점은 클라인에게 강한 인상을 주었음이 틀림없는데, 왜냐하면 사례 자료로 그녀 자신의 과학적 기고문을 꾸미는 것이 그녀의 저술만이 아니라 그녀 학생들의 저술의 뚜렷한 특징이 되었다. 그러나 그녀는 미로처럼 뒤얽힌 이론화에 대한 그의 경계를 흡수하는 데는 크게 성공하지 못 한 듯 한데, 그도 그럴 것이 그녀는 결코 그녀의 스승에게 솔직하게 터놓고 말하지 않았다.

그의 1924 논문에서 아브라함은 조증의 발작이 자체적으로 일어난다면, 이것은 '순수한' 조증의 예로서, 근원은 유아기에 극복되지 않은 '원초적 감정도착(primal parathymia)'에 있다고 하였다(Abraham, 1924, p. 475). 그의 이 서술에는 전 생애를 통해 모든 추후의 우울적 상태들의 유전적 요인으로 유아기의 우울적 질병에 대한 클라인의 개념의 기원이 있다. 나아가, 우울증과 밀접하게 관련된 조증에 대한 클라인의 견해는 아브라함의 개념과 동일하고, 그녀는 모든 우울증에서 조증의 만연하는 역할을, 특히 조증의 의기양양한 측면, 끌어내는데 아주 야심찼다. 비슷한 기세로 우리는 그의 1924년 논문 2부에, 특히 '대상 사랑의 기원과 성장'이라는 제목의 항목까지, 클라인의 나중 다양한 공식을 소급할 수 있다. 다음 진술을 고려해 보면:

> 완전한, 구속받지 않는 식인은 구속받지 않는 자기애의 근거에서만 오직 가능하다. 그러한 수준에서 개인이 고려하는 전부는 쾌락에 대한 자신의 욕망이다. 그는 대상의 흥미에 주의하지 않는다… 부분적 식인 수준에서 개인은 대상을 약간 걱정하는 첫 징후를 보인다…(비록) 그의 욕망이 아직 대상의 신체 일부를 제거하고 그것을 함입하는 쪽으로 향하고 있지만(Abraham, 1924, p. 488).

부분 대상에 관한 이러한 사고는 클라인의 모든 이론에 스며들었고, 편집-분열적 자리와 우울적 자리의 개념적 구별에 보다 직접적으로 영향을 주었다. 나아가 클라인의 '부분' 혹은 '전체' 대상의 개념은 어린 아이들의 '부분적 사랑' 혹은 '부분적 증오'에 관한 아브라함의 언급에 기원을 두고 있다 – 페니스, 젖가슴, 대변 같은 '부분적 대상'과 관련해서. 그는 또한 우울증에서 대상은 '전부(in toto)' 내사될 수 있다고 주장한다(Abraham, 1924, p. 497, 490).

영향력에 관한 의문은 이 실례들에서 자명하지만, 나는 '양방향성의' 영향이라는 오그덴(Ogden, 2003)의 용어로 가장 잘 요약할 수 있다고 생각하며, 그런 점에서 클라인을 이해하는데 아브라함이 필요하고 마찬가지로 아브라함을 이해하는데 클라인이 필요하다.

4장

클라인의 우울증 이론

뒤얽힌 공포증들이 자라고 있다
각 악의에 찬 소망으로부터
집단의 삶을 망쳐 놓으려고
(Theodore Roethke)[5]

멜라니 클라인은 주기적인 우울증에 시달렸다. 그녀의 우울증은 그녀의 어린 시절과 청소년기에 여러 번의 사별로 시작되었다 – 그리고 그녀의 삶 속으로 지속적으로 퍼져 나갔다(Segal, 1979). 이 경험은 당연히 우울증에 관한 친숙한 이해를 이끌었고, 그 때문에 그녀의 이론적 탐구의 방향뿐만 아니라 전체적으로 그녀의 창조적인 생산에 결정적 역할을 하였다. 이 경험은 생활주기 동안 우울증의 심리적 기질에 관한 그녀의 가장 잘 알려진 개념에 확실히 영감을 주었을 것이다.

'애도와 우울증'에서 프로이트(1917)는 감질나게 답이 나오지 않는 세 개의 질문을 남겼다 – 한 개는 이론적인, 두 개는 실제적인 것. 그는 정상적인 비탄에서 상실 대상으로부터 리비도를 점진적으로 분리

5 "Lull", copyright 1940 Theodore Roethke, Collective Poems of Theodore Roethke by Theodore Roethke. Doubleday의 허가 하에 사용, a division of Random House Inc.

하는 것이 왜 그리도 고통스러운지, 고통 받는 사람이 그런 고통의 완화를 왜 유보하는지 이유가 분명치 않다고 말하였다. 또한, 그는 부수적으로 우울증 환자와 관련하여, 고통의 정도가 의식적인 상실뿐 아니라 어떤 무의식적 상실과 관련된 것이 아닐까 생각하였다(Freud, 1917, p. 245). 끝으로 그는 애도의 작업을 통해 상실을 극복한 정상적인 애도하는 사람이 왜 조증을 발전시키지 않고 그렇게 할 수 있는지에 당황하였다.

클라인(1940)은 '애도 그리고 조적-우울적 상태와의 관계'를 '애도와 우울증'에 비견하는 것으로 저술하였다. 그녀는 이러한 질문들을 제기하고 그것들에 대한 반응으로써 자신의 글을 창출하였다. 그녀는 모든 애도에는 의식적, 무의식적 상실 둘 다 있는데, 비정상적 애도에서는 더욱 그러하고, 프로이트가 언급한 현저한 고통은 현실에서 대상을 상실하는 것뿐만 아니라 대상의 내적 표상을 상실하는 위험과 연관되어 있다고 주장하였다. 그녀는 이것이 유아의 죽음에 대한 공포에 비교할만한 내적 두려움의 상황을 이끌고, 본래의 저장된 대상 표상의 상실과 연결된 원초적 불안이 애도에서 분리가 왜 그리 가슴 아픈지를 이해할 수 있도록—그리고 그처럼 자주 무력감이 나타나는지—설명하였다. 다시 말해서, 공포는 가장 사랑하는 것을 잃어버리는 것이고 그것을 영원히 잃어버리는 것이다.

클라인(1940, p. 362)의 지대한 영향을 미칠 견해에 따르면, 성인기의 상실에 대한 애도는 유아기와 아동기에 자아가 사용한 방식과 비슷하게 나아가며, 이것은 상실과 비탄 후 상실 대상의 복원을 성인이 '처음으로'하는 것이 아니라는 의미다. 그녀는 이 재앙에 실제적 상실만이 아니라 관념적 상실을 포함한다는 점을 강조할 필요가 있다—상실의 예견 역시. 그녀의 글들은, 누구보다도, 우울적 질병의 현상이 자연발생적인 것이고 유아기와 청소년기 발달의 부산물이라는 것을 확고히 한다.[6] 그녀는 유아기의 자기애로부터 대상 사랑으로의 여정을, 이 여정에 동반되는 불안, 갈등, 방어와 함께, 설명하기 위해 '유아기의 우울적 질병'라는 일반적인 개념을 만들어냈다. 이런 이유로, 그녀의 견해에서, 성인의 정상적 우울증과 병리적 우울증의 차이들 중 하나는 역사적 전례에게 떨어졌다 – 긍정적 발달 결과에 근거하여 아이가 과거에 좋은 내적 대상을 형성할 수 있었는지 혹은 없었는지 에게(Klein, 1940, p. 369). 그녀는 자신의 아이디어를 입증하기 위하여 이유, 아동기 분리, 사랑하는 대상의 상실 같은 경험을 강조하였고, 아브라함, 라도, 나흐트처럼 그녀는 어머니와의 초기 관계에 우울증의 기원을 부과하려고 노력하였다. 이것은 그녀가 성인기에 내사적 동일시를 통하여 특정한 상실 대상의 복원이 한 대상을 회복하는 것 이상으로, 아동기에 획득한 내적 대상들의 회복이라는 결론을 보여준다.

모든 정신분석 저자들은, 프로이트로부터 시작하여, 우울증에서 자기애의 기본적인 위치를 강조하여왔다(Rosenfeld, 1959). 프로이트(1917)는 우울증 환자의 '격심한' 애도의 곤경은, 자아의 대상과의 자기애적 동일시에 의해 부인된 상실을 통해, 일차적 자기애로의 퇴행으로 특징지어진다고 하였다. 죽은 대상과의 이러한 동일시는 우울증 환자의 자존감의 끔찍한 상실과 자아의 고갈에서 가장 확실히 입증된다. 우울증에 관한 클라인의 이론을 검토하는 데 있어, 그녀의 자기애에 대한 생각과 우울증에서의 그 역할에 대한 이해를 분명하게 하는 것이 중요하다. 자기애는 유아기에 이르며, 클라인이 우울적 질병이 유아 발달의 특정 단계에 내재한 부분으로 보았기 때문에 그녀의 대상관계 이론의 세부 사항들은 중요하다. 나아가 이러한 탐구를 통해 어떻게 클라인이 우울증에 관한 두 개 이론을 수립하였는지 볼 수 있을 것이다 – 편

6 Enrique Pichon-Riviere(1971)는, 존경받는 아르헨티나 분석가, 초기의 우울증이 정신병리의 모든 유형들의 기저를 이루는 구조라고 옹호하였다 – 그는 다른 증후들은 그저 이런 중심 상황을 가공하거나 분리하려는 시도에 지나지 않는다고 하였다.

집-분열적 자리의 우울증과 우울적 자리의 우울증.

자기애에 관한 클라인의 이론: 편집-분열적 자리

클라인은 일차적 자기애와 이차적 자기애를 구별할 이유를 찾지 못 했다. 그녀에게 '외부의' 대상은 신체적 고통만이 아니라 고통스런 마음 상태의 저장소다. 그러므로 그녀의 이론적 도식에서 자기애는, 분리와 연결된 죽음 불안이 정신에게 강요한 원초적 대상관계로 이루어진다. 방어로서의 자기애적 대상관계의 개념은 그녀의 이론화 내내 중심축이며, 우울증에서 그 역할을 세 개의 시점에서 고려할 수 있다 — 내적 역동에 대한 외부 역동, 내적 역동 그리고 변증법적 역동.

내적 역동에 대한 외부 역동

클라인은 대상들 — 초기 부분대상들 — 과의 경험과 관련된 모든 감정 상태를 두 개의 유목으로 나누었다. 그녀는 외부 대상과의 리비도적, 공격적 경험에 근거하여 마음 안에 두 개의 독립된 자기애적 대상을 — 좋은 대상과 나쁜 대상 — 형성하도록 이끈다고 하였다. 하나는 긍정적 경험의 저장소, 다른 하나는 부정적 경험의 저장소로 기능한다. 게다가 상황은 두 개의 원리에 의해 조절된다 — 쾌락-불쾌 원리와 대상들이 사랑-증오 속에서 내재화되는지의 여부에 따른 원리. 모든 불쾌한 경험은 나쁜 대상들과 연결되고, 즐거운 경험은 좋은 대상들과 동맹한다. 유사하게, 증오 속에서 내재화된 모든 경험들은 나쁜 대상들 속에 거주하고, 사랑 속에서 내재화된 모든 대상들은 좋은 대상들을 위한 안식처를 발견한다. 이 두 개 대상의 창조는 1장에서 설명한 동일한 자기애적 과정에 근거한다 – '내가 필요하고/사랑하는 모든 것은 나(me)이고(좋은 대상), 내가 필요하지 않고 사랑하지 않는 모든 것은 내가 아니다(나쁜 대상)'. 이 과정은 클라인의 구조에서 자기애가, 너무나 무서운 혹은 의존할 수 없는 대상관계에 대한 방어로써, 유아가 자신의 대상들을 건설하는 방식의 특징을 나타낸다. 이것이 기본적으로 편집-분열적 자리의 외부적 역동이다.

내적 역동

좋은 내적 대상 안에서 부정적 경험이 생길 때마다 전능 환상에 의해 이것은 분리되어 나쁜 대상(다른 것)에 투사된다. 이것은 항상성의 목적만이 아니라 생존, 성장의 목적을 위한 것이다. 또한, 긍정적 경험은 전능성 안에서 활기를 주려는 듯이 나쁜 대상에게 투사될 수도 있다. 이후로 나쁜 대상은 외부 대상과 연결된 부정적 경험에서 오는 어떤 종류의 환경적 실패의 정신에 독립적으로 작용한다. 좋은 대상으로부터 얻는 것을 제외하고, 나쁜 대상은 주로 나쁜 대상을 먹여 살린다. 이렇게 나쁜 대상의 성장과 정신적 우위를 위해 자신만의 조건들을 충족시키는데, 여기에는 나쁜 대상을 좋은 대상에게 투사하는 것을 포함한다. 그러므로 좋은 대상과 나쁜 대상은 정신적 조직의 지배권을 놓고 부단한 몸싸움을 한다 – 양심이라는 기관의 성장과 통제를 위하여. 이 몸싸움은 개인의 내적 대상관계의 운명을 궁극적으로 결정한다. 이것이 기본적으로 편집-분열적 자리의 내적 역동이다.

좋은 대상과 나쁜 대상의 발생은 두 종류의 자기애에 따라

자궁 밖의 삶에 대한 유아의 적응에서 나온 것이다 – 리비도의 지배받는 긍정적 자기애와 공격성의 비호 하의 파괴적 자기애.

변증법적 역동

공격성의 우세 속에서 자기애는 파괴적 측면을 갖으며, 긍정적 자기애를 건설하는 투사 - 내사 과정의 왜곡을 초래한다. 클라인(1932, p. 150)에 따르면 결정적 요인은, 아브라함(3장 참조)이 제시한 길을 따라, 통제할 수 없는 증오의 상태에서 대상의 함입과 축출이다. 이것은 투사 - 내사 순환에 해로운 면을 부가하는데, 이 순환은 박해 불안의 분위기에서, 나쁜 대상들이 자신을 재생하는 것과 관련 있으며, 특히 안심시키는 좋은 외부 대상을 가져올 수 없는 상황에서 그러하다. 이 내적 상황은 과잉의 나쁜 대상들로 나타나는데, 우울증의 발병에 종종 앞서는 전형적 공황 발작과 연관 있다.

이런 이유로 정신에서 나쁜 대상의 우세는, 대상에 대한 리비도의 연결에 등을 돌리는 것으로 표출된 파괴적 자기애를 만족시킨다. 최악의 시나리오는 나쁜 대상들의 재순환 작용은 유아가 외적 세계에 관심을 점점 덜 갖는 방법을 통해서만 탈출할 수 있는 편집증적 세계를 창조한다. 이것은 완전히 애착 기제를 변형시키는 데, 어린 아기들에서 무감동의 형태로 우울증의 초기 신호를 유발시킬 수 있다(Klein, 1936, p. 305).

편집-분열적 자리의 전 양가적 단계에서 긍정적 그리고 부정적 자기애의 역동은 이제 병리적 우울증의 구조를 이해하는 데 적용될 수 있다. '좋은' 대상이 사랑 대신 증오 속에서 내사될 때 무슨 일이 발생하는가? 이 질문은 아브라함(1911, 1924)이 '좋은' 우울증이 '나쁜' 우울증으로 전환되는 방법을 서술하려고 시도하던 중 아주 깊이 있는 연구가 이루어졌다. 그는 환상 속에서 대상이 항문으로 축출되고, 대변과 동일시된 대상은 평가절하 되고, 그리고 나쁜 대상으로 자아에게 재내사 되는, 순환하는 부분대상 관계의 구조를 우울감으로 돌렸다(Abraham, 1924, p. 444). 이 기제는, 그는 지적하기를, 대상을 식인적으로 합입하는 두 번째 구강기의 보다 초기 특성을 가지며, 우울증 환자의 지속적인 괴로움이 또한 거기서 온다고 할 수 있다.

클라인은 구강적 가학증의 보다 초기 단계에 중점을 두고, 환상에서 대상이 증오 속에 내사되면, 그 다음 내사 경험과 관련하여 힘의 균형은 내적으로 즉시 위험한 상황으로 향한다고 하였다. 이것은 심한 불안 상황을 가져온다. 그녀는 스승 아브라함처럼 유사한 재순환 역동을 말하며, '외부'의 '좋은' 대상이 반입시 '찢기고' 혹은 '물어뜯기며' 내사의 실패를 이끄는데, 내사된 대상이 너무나 '나쁜' 무엇으로 경험되어 '외부'로 축출되어야만 할 정도로 아주 박해적으로 경험되기 때문이다. 다시 말해서, 구강적 대상이 내사되고 동시에 공격되면, 강한 불안이 올라오며, 나쁜 경험들이 과도한 증오에 기인할 때마다, '나쁜' 경험의 투사와 재내사의 유해한 순환을 작동시킨다. 이 순환은 실패한 내사를 낳는 것으로 보는 것이 올바른데, 이유는 내사들의 효과가 좋은 내적 대상을 별로 강화해주지 못 하기 때문이다 — 실제로 그 반대가 발생하여, 좋은 대상의 점진적 박탈이 지속적 황폐 상태에까지 이른다.

이 상황은 우울증 환자에게 일종의 절망을 가져오며, 황폐한 내적 대상과의 동일시를 인정하는 박해적 죄책감에서 환자는 결코 자유롭지 못하다.[7] 이것이 황폐함의 중요한 한 근원을 이루는데, 프로이트(1971)가 발견하였듯이, 황폐함의 또 다른 근원이 있다. 그는 상실 대상으로 인한 부정적 감정을 피하기 위해 어떻게 우울증 환자의 자아의 한 부분이 분리되어 '초자아'가 되는지를 설명하였다. 그러므로 자학과 자기 박해가 상실 대상에 대한 통상의 원망과 분노에서 오는 고통스런 죄책감을 대체한다. 클라인에게 초기 초자아는 초기의 독립된 부분대상으로, 부분대상은 나쁜 경험 – 그 이름의 시조인 '나쁜' 대상 – 에 대한 반응으로 정신 안에서 자신을 구성한 것이다. 이것의 명백한 기능은 파괴적 자기애의 목표를 위해 일하는 것이다 – 여기서 자기는, 좋은 대상의 경우처럼, 사랑받지 못 하고, 아주 미움 받고 부당하게 괴롭힘 당한다. 잔혹함의 특성을 가진, 자아의 적대적인 부분은 관련된 모든 대상에서 박해 불안과 공포의 근원을 이루며, 편집-분열적 우울증을 박해적 우울증으로 구분짓는다. 프로이트는 초자아의 가학적 측면을 '죽음 본능의 순수한 산물'의 상징으로 설명하였다.

이 상황에서 클라인(1935, p. 27)은 조적 방어의 출현이 흔하다는 점을 열심히 알리고 싶어 하였다 – 편집 상태로부터의 도피. 이것은 편집적 인간이 외부 대상에 의심을 갖는데서 '식욕을 잃는' 것으로 나타난다. 그러나 조증에서, 내사적 투사는 아주 무분별하다 보니 내사(그리고 투사)와 연결된 모든 형태의 불안을 잠재울 수 있다 – 박해적 불안만이 아니라 우울적 불안. 클라인은 조적 방어를 편집-분열적 그리고 우울적 자리 우울증 모두에 영향을 미치는 유일한 기제로 간주하였다 – 비록 후자의 경우 그것은 회복의 형태를 취한다.

7 재순환의 이 공식은 우울증 환자가 자아 안에 상실 대상을 수립하는데 어떻게 결코 성공하지 못하는가를 설명한다. 또한 이것은 자기애적 동일시의 강박적이고 전능한 특성이 어떻게 반대 집중(de-cathexis)의 고통스런 작업을 회피하는지를 보여준다(Klein, 1941, p. 350).

이것은 편집-분열적 자리의 본질적인 변증법적 역동으로, 두 개의 자기애를 나타내는 원초적 좋은 대상과 나쁜 대상이 함께 어우러지는데 실패하는데, 그것은 정신에서 대상들의 자리다툼에 대한 경쟁 때문이다 — 삶과 죽음 충동 간의 확산 상태를 반영한다. 요컨대 전 양가적 편집-분열적 자리의 우울증은 다섯 개의 근원에서 비롯된 것이다; 첫째, 나쁜 대상들이 지배하는 환경에 좋은 대상들이 투사될 때, 둘째, 좋은 대상이 투사된 나쁜 대상들과 동일시할 때, 셋째, 대상들이 증오 속에서 내사되거나 제거될 때, 넷째, 좋은 대상들이 유해한 내사-투사 순환에 의해 불안정해질 때, 그리고 마지막으로, 유해한 순환이 투사적 동일시의 부재를 통하여 엄마에 대한 반대 집중(de-cathexis)을 일으킬 때이다. 이 원인들은 편집-분열적 자리에서 작용하는 특징적인 기제와 어떤 식으로든 연결되어 있다 — 분리, 이상화, 투사, 그리고 투사에 의한 동일시.

클라인은 편집-분열적 자리에서 좋은 대상의 고통을 박해와 편집 불안으로 언급한다 — 박해는 나쁜 대상과의 동일시 후에 온다면 편집 불안은 손상된 혹은 죽은 대상의 거처가 된 데서 오는 공포를 나타낸다. 두 종류의 고통으로부터 오는 우울증은 박해 불안과 박해적 죄책감으로 구별된다.

그래서, 클라인의 판단에 우울증 환자는 파괴적 자기애의 특징을 가진 편집-분열적 우울증을 겪는다. 이런 형태의 우울증은, 박해적 우울증, 상실 대상에 대한 무의식적 공격에 근거하고, 동시에 상실 대상은 투사에 의한 동일시를 통해 보존된다 — 상실에 대한 부인을 통해 애도의 정서적 작업을 피하는 부정적 자기애적 술책의 한 형태. 우울증 환자의 고통이 끝없이 지속되는 것은 영구한 고통 속에 있는 내적 대상과의 동일시에 기인한다. 박해적 죄책감의 특징을 보이는 대상의 고통은 첫째, 투사 혹은 내사 과정 동안 가혹한 대우에서, 둘째, 대상의 상실 후 피학적 행동이 위장되어 강박적으로 지속되는 무의식적 공격에 의해, 셋째, 좋은 대상의 공급을 강화하려는 자아를 약화시키고 현실과의 접촉을 감소시키는 위험한 내사 - 투사 순환에서 온다.

마지막으로, 나는 편집 - 분열적 자리의 전 양가적 단계와 연결된 우울증의 전형적 증상을 다음과 같이 분류할 수 있다고 제안한다. 대상이 내사되고 동시에 공격받으면, 자아의 황폐화는 빈번하게 신체적 고통의 형태로 나타난다. 이런 이유로 편집- 분열적 우울증은 대개 식물성(vegetative) 우울증인데, 그 이유는 그 근원이 신체적 흥분과 긴장을 완전히 흡수할 수 없는 미숙한 정신에 있기 때문이다. 우울증 모델에서 고통 속의 신체는 상실 대상을 위한 대체물을 제공한다. 신체적 장애와 관련된 증상들이 지배적이다 – 건강염려증적 두려움, 에너지의 상실, 묵직한 다리들, 요통, 변비, 소리와 밝은 빛에 대한 과민, 체중 손실, 생물학적 주기의 장애, 불면증 혹은 수면 과잉, 탈진을 가져오는 신체적 긴장 등등(4장 참조). 이 증상들은 대개 불안이 공황 발작까지 이르면 뒤따라 일어나는데 – 임상적 우울증의 전형적 발병 – 이것은 나쁜 대상과의 동일시나 생명 없는 또는 죽은 대상을 담는 공포로부터 오는 박해적 혹은 편집적 상태와 관련있다. 다른 한편으로, 자아가 초자아의 손에서 가혹한 대우를 받아 황폐해지면 증상 특성은 정신운동 장애 쪽으로 보다 기운다 – 흐릿한 뇌, 동요, 저조한 주의력, 기억 상실, 딱딱한 신체 움직임과 느린 말.

우울적 자리의 우울증

특징상 우울적 자리는 대상을 사랑받는 소중하게 아끼는 대상으로 여긴다. 그러나 대상은 주관성을 소유하며, 유아안에 두려운 발견을 일깨우는 내적 기분과 느낌을 가져온다 – 어머니의 돌봄은 그녀의 사랑에 달려 있다. 이것으로 지배적인 불안이 대상의 두려운 상실만이 아니라 대상의 사랑의 상실로 옮아가고, 우리는 이제 확실히 애도의 차원에 있다는 것을 의미한다. 대상에 대한 관계에서 이런 변화는 외적으로, 내적으로 정서적 위기를 예측한다.

내적 역동에 대한 외부 역동

독립된 대상으로서의 '실제' 대상은 이제 관련된 대상의 역동을 규정한다. 대상의 혹은 그 사랑의 거부 혹은 위협하는 거부, 혹은 상실 혹은 위협하는 상실이 중심으로 오고, 우울적 효과는 완전히 달라진다. 불안의 진원지 역시 변한다 – 대상과의 유대 유지가 무엇보다 중요하고, 이것은 대상을 눈앞에 두려 하고 대상의 안녕을 살핌으로써 안심하려는 요구를 포함한다. 이것들이 우울적 위치의 외부적 역동이고, 내상 사랑의 방향으로 자기애적 대상의 조절을 분명히 보여준다.

내적 역동

양가감정은 편집-분열적 우울증의 대상관계의 특징인 가학성과 다르다. 이제 죄책감은 우울적 자리의 특유의 우울증, 사랑과 증오간의 갈등, 그 해소에서 근본적인 요인이고, '우울적 죄책감(depressive guilt)'이라고 부르는 것에서 결정적 역할을 한다. 우울적 죄책감의 독특한 속성은 대상관계 과정에서 대상에게 가해진 모욕에 동요, 염려, 공감의 느낌을 갖는다 – 이러한 손상을 개선하려는 시도에서 불안하게 반응한다. 충동은 이 상황을 천천히 검사하고 바로잡아서 개선하려고 한다. 그러나 주요한 감정은 성숙하게 애도하는 사람이 경험하는 감정과 유사하다 – 대상 제거의 현실에 따라서, 감정, 걱정, 슬픔, 긴 고통, 죄책감의 숨막힘. 이런 이유로 이런 형태의 우울증의 환자는 환상과 현실간의 차이를 보다 분명히 볼 수 있다 – 우울적 사실주의의 형태.

변증법적 역동

'전체' 대상 환경에서는 나쁜 대상들에 몰두할 필요가 덜하다. 나쁜 대상들은 계속 투사의 대상이 되지만, 그들의 수정이나 또 다른 대상으로 보관을 위한 목적으로 변화한다. 예를 들어, 급성 우울증의 환자가 치료 시간에 약이 든 침대 옆 서랍을 가져와 절망으로 그가 많은 약을 섭취하고픈 마음이 들 경우를 대비해서 치료자에게 맡겼다.

절망에 대한 이 반응은 감소된 분열적 기능의 특징을 가진 내적 상황을 암시하고, 나쁜 대상의 투사가 공격성으로 덜 오염되어, 내적 박해와 외적 박해의 점진적인 감소를 이끈다. 그러나 내적 상황은 갈등이 없는 것이 아니고, 이제 상반되는 자극에 대한 갈등의 형태를 취한다. 보다 온화한 성질의 새로운 순환이 인식될 수 있는데, 그것은 사랑과 증오의 다툼에 보다 중점을 둔다. 이 느낌들은 아주 가까이 있어서 갈등이 증오의 방향으로 가면, 손상에 대한 실제적인 염려와 상황을 바로잡으려고 한다. 조증이 부정적 결과를 부인하려고 개입할 때, 복원 작업은 때때로 피상적으로 이루어질 수 있지만, 만약 그렇지 않으면 복원하려는 욕망이 대상관계에 새로운 기운을 불어넣고 사랑의 방향으로 나아가도록 이끈다. 이것이 우울적 자리의 변증법적 역동이고, '전체' 대상의 출현으로 인한 양가감정의 갈등의 해소에 필요한 적응을 형성한다.

나는 우울적 자리의 우울증의 증상 모습이 대체로 양가감정의 갈등, 죄책감과 연결된 정신적 고통의 특징을 갖는다고 제안한다 — 병리적인 불안, 과도한 반추와 자기 의심, 절망감, 슬픔, 비통, 무쾌감증, 철수, 양심의 엄습(죄책감), 피학증, 자살생각. 물론 모든 우울증에서 마음과 몸에 모두 장애가 오는데, 정신적, 신체적 증상의 결합물로 나타난다. 이것은 전형적 주요 우울증에서 편집-분열적 그리고 우울적 자리 우울증의 특징들이 왔다 갔다 할 수 있다는 것을 의미한다. 조증이 정신적 혹은 신체적 고통에 대한 방어로서 개입할 때, 이 움직임은 순환 현상의 토대를 형성하고, 이런 식으로 우울증은 만성이 된다. 이것이 기본적으로 우울증의 숨겨진 구조로, 우울한 사람의 분석적 치료에서 대단히 신뢰롭게 발견된다.

요컨데, 우울적 자리에서 발생한 우울증은 세 개의 근원에서 나온다: 첫째, 양가감정이 내적, 외적 환경에서 우세한 경우 대상에 대한 불안, 비애, 비통의 상태, 둘째, 상반된 충동들에 대한 갈등으로부터 나온 우울적 죄책감, 셋째, 조적 방어에 의해 대상과의 안정된 내사적 동일시의 취소. 이 근원들은 우울적 자리에서 작용하는 특징적인 기제들과 직접적으로 연결된다 — 내사적 동일시, 부인, 조증으로의 발전.

조적 자리

우울적 자리의 우울증에서 벗어나기 위해 가장 흔한 방식은 전체 시나리오를 극복하는 수단으로 조적 방어를 배치하는 것이다(Klein,

1935). 프로이트는 애도 작업을 성공적으로 수행한 사람이 왜 조적 상태로 빠지지 않는가를 물었다. 아브라함을 따라 클라인의 답변은 조적 상태가 예외이기보다 규칙이고, 정상적 애도에서조차 슬픔과 고통 사이에 의기양양 상태가 들어간다는 것이다. 그녀는 모든 우울증 기간과 우울증 후에 조적 상태로의 전환이 반복되고, 그리고 이것이 우울적 질병의 구조의 구성요소라고 주장하였다.

클라인은 확실히 편집증, 우울증, 그리고 조적 상태들 간에 상호의존적 관계에 관해 초심리학적으로 이론을 제시한다. 이것이 기본적으로 순환성 상태의 수정된 이론을 구성하는 그녀 이론의 가장 두드러진 특성이다. 클라인의 마음에 든 의문은 어떻게 우울증 환자가 조증으로 변화하는가보다 어떻게 조증이 우울증으로 돌아가느냐 이었다. 이 질문에 답하는 데 있어 클라인은 다시 아브라함의 가정을 따랐는데 그것은 조증이 우울증을 억압하고 그래서 우울증의 진정한 회복은 조적 방어를 성공적으로 해체하는데 달렸다는 것이다. 클라인은 조적 방어들이 만연하다고 보아서 그것들을 '자리'로까지 승격시키며, 우울적 과정의 단계는 아니지만 사실상 편집-분열적이든 우울적이든 유아기 갈등의 전체적 해소에 내재된 부분이라고 보았다.

마지막으로 그녀의 이론을 보다 일관성 있는 틀로 조직화하면서 보편적인 유아기의 우울적 자리의 개념은 그것의 특징인 불안, 갈등, 방어와 함께, 클라인의(1940) 주요 특징이 되었다. 따라서 그녀의 이론은 유전적 이론이 되어, 우울증은 생활주기 내내 발생하며 그것의 뿌리는 유아기까지 뻗어있는 정신적 투쟁으로, 각색된 형태로 성인에서 되풀이될 수 있다. 더욱이 우울증과 불안은 불가분의 관계로 자연적으로 발생하고, 자기애로부터 대상 사랑으로의 여정에 수반하는, 유아기와 청소년기 발달 단계의 이차적 효과다. 여정의 반대쪽 끝은 편집-분열적 우울증과 우울적 우울증이다. 병리적 우울증에서 중심 요인은 첫 번째 사랑 대상들을—부모—정신 안에 안정된 내적 대상으로 형성하는데 실패한 것으로, 안정된 내적 대상은 부모의 사랑에 대한 신뢰를 통해 아이에게 내적 안전감을 준다. 이것은 또한 아이에게 외로움의 경험을 완화시키는 내적 동반자의 느낌을 준다.

발달적 생활 사건이 우울증을 일으킬 수 있다는 주장은 기본적으로 프로이트와 아브라함이 시작하였고, 우울증에 관한 정신분석적 이론의 한 부분을 구성하며, 다양한 정신분석의 저자들, 예를 들면 라도(Rado, 1928), 제이콥슨(Jacobson, 1946), 스피츠(Spitz, 1946), 도이치(Deutsch, 1951), 위니캇(1954), 그리고 볼비(1960)가 수용하고 확장하였다. 다른 정신분석학자들은 우울증에 아주 다르게 접근한다. 예를 들면, 비브링(Bibring, 1953)은 우울증이 공격성의 변동에 반응하지 않는다고 주장하였는데 반해, 나제라(Nagera, 1970)는 분리에서의 우울증과 실제적 상실에서의 우울증 간의 중요한 차이를 강조하였다.

5장

몸이 우울해질 때: 헨리 레이

이 짧은 장은 우울증에서 신체적 증후의 무의식적 의미에 대한 대상관계 체계화를 제시하려고 한다.

우울증은 종종 심신의 위기로 나타난다. 신체의 육체적 고통과 부동화는 – 신체 체계와 그 기관들 – 우울증이 나타나는 방식으로 상세히 기록되어 있으며, 그리고 실제로 치료를 위해, 특히 건강염려증에서, 드러난다. 프로이트(1917, p. 253)는 우울증 환자의 기분이 저녁 시간경 어떻게 고양되는지 의식하는데 있어 중요한 신체적 요인에 주목하였다 – 우울증의 생물학적 주기 형태에 관해 처음 거론한 분석적 문헌들 중 하나다. 급속히 퍼지는 이 증상들은 예외 없이 식물성 상태와 정신운동의 형태를 취하는데, 이것들이 어떻게 분석적으로 이해될 수 있을까? 4장에서 우울증의 전형적 신체 증상들이 정신의 가장 깊은 층, 즉 편집-분열적 자리에 속하는 대상관계 갈등과 연결되어 있다고 하였다. 신체는 고통의 주된 장소로, 자아가 아직 충분히 발달하지 못하여 신체적 흥분과 긴장을 완전히 흡수하지 못 하기 때문이다. 또한 나는 자아와 초자아 간의 갈등이 우울증에서 중요한 요인인 경우 증상들은 정신적 장애로 주로 나타난다고 제안한다.

프로이트(1892)는 우울증을 '내적 출혈(internal haemorrhage)'이라고 표현하였다. 신체에 관해, 이 누수는 우울증과 관련된 전통적인 증상들에 따라 항목별로 작성할 수 있다 – 중증의 우울증: 피로,

나태, 흥미와 즐거움의 광범위한 상실, 식욕의 상실, 새벽에 잠 깨기, 입에서 금속성 맛, 즉흥적인 울음, 동기의 상실, 건망증, 빛에 민감한 눈, 이리 저리 서성이기, 가슴 혹은 위에 불안. 덜 심각한 우울증: 과식과 체중 증가, 과도한 수면, 육중한 다리들, 얼얼한 팔들, 요통, 흐릿한 뇌, 절망감, 과민. 우울증의 이 징후들을 결정하는 내적 대상관계의 상태는 무엇인가? 나는 헨리 레이(Henri Rey, 1986, 1994a, 1994b)의 의견을 선택하였는데, 그는 우울증의 신체 증상들에 관한 대상 관계적 설명에 특별한 것을 부가하였다. 그의 의견은 멜쩌(Meltzer, 1960, 1963)의 이론적 분석으로 보완될 것이다.

정신의 고통과 기관의 고통

레이(1944a)는 우울증은 자기의 정신적 조직에 격심한 변화를 반영한다고 생각하고, 개인의 심리적 상부구조를 고려하지 않고 우울증을 생의학적 모델로 치료해야만 한다는 의견에 반대한다. 환자가 우울하면 더 나쁘고, 우울하지 않으면 더 나은 것으로 보는 것은 순진한 오류로, 그는 변화의 이유가 환자를 의학적으로 관리하는 것과 우울증에 관한 환자의 개인적 이해와 불가분의 관계이기 때문이라고 제안한다(Ray, 1994a, p. 203).

레이는 우울증에서 식물성 증상들의 무의식적 의미를 파악하고, 증상들의 의미를 탐구하는 데 특히 관심이 있다. 그의 논점은 우울한 사람이 덜 활기찰수록 보다 더 철수하고, 환자의 심리적 상황이 특정 유형의 대상관계 구조와 유사하다는 것이다. 레이는 대상 상실에 대해서 이것은 방어의 구조로, 이는 정신분석학계가 전에 내놓은 일관적이고 확고한 진술이었다고 지적하였다.

프로이트(1917), 아브라함(1911, 1924)은, 예를 들면 핵심 청사진을 확립하는 데 다른 중점을 두었지만, 우울증을 한편으로는 자기애적 동일시로의 퇴행의 특징을 갖는 대상 제거에 대한 반응, 다른 한편으로는 대상에 대한 깊은 무의식적 양가감정에 대한 반응으로 규정하였다. 이것은 기본적으로 우울증의 방어적 구조를 말하며, 애도와 양가감정을 모두 의식화하는 과제는 중요한 분석적 목표다. 프로이트의 경우 대상과의 방어적인 자기애적 동일시가 뒤따르는, 상실 요인(대상의 사랑의 상실을 포함)이 중요한 초점으로, 덧붙여 자기비판으로 위장한 상실 대상에 대한 지칠 줄 모르는 공격이 있다. 아브라함에게 함입/축출 과정은 대단히 중요하며, 특히 구강적, 항문적 가학증이 영향을 미칠 때 그러하다. 임상적으로 내적 대상들 무리가 손상될 때 개인의 기분은 우울해진다.

우울증에서 신체적 차원을 논할 때, 레이 역시 양가감정 상태에서 상실 대상의 함입과 방출의 기제에 주목하며, 이것이 내적 대상을 나쁜 건강 상태나 죽음의 상태에 있게 만든다고 하였다. 그는 구강적 가학증을 통한 파괴적인 함입과 항문적 가학증을 통한 방출에 대한 이중 이론이 특별히 식물성 과정과 관련 있다고 주장한다. 왜냐하면 식물성은, 특히 위장 체계를 수반하는 경우, 구강적, 항문적 가학적 공격의 황폐한 혹은 죽은 결과물과 우울한 사람의 자아의 동일시로 인한 필연적인 결과다.

이렇게 하여 레이(1994a, p. 195)는 우울증에서 정신적 갈등이 어떻게 기관의 고통으로 나타나는지 설명하고자 한다. 그러나 그는 갈등의 두 측면을 대변하려고 노력 한다 – 동일시의 측면뿐만 아니라 회복시키는 측면. 그는 우울증에서 신체 증상은 우울한 사람이 동일시한 대상에 대해 환상에서 가한 손상의 결과라면, 우울한 사람의 기능적 둔화는 대상에게 더 이상 고통을 주지 않으려고 파괴성을 완화하고자 자아의 부분에 대한 시도를 나타낸다. 따라서 신체적 기능의 장애는 나쁜 건강 상태에 처한 대상과의 동일시를 반영하지만, 이것은 마찬가지로 우울한 사람이 상실한 대상을 향한 더 이상의 구강적, 요도적, 남근적, 생식기적 공격을 제한하려는 시도를 나타낸다. 다시 말해서 신체의 움직임의 침체, 구강적 활동의 감소, 과도한 수면, 변비를 통한 파괴적 배설물의 유출 방지, 성행위 동안 가학증을 회피하고자 성적 충동 감퇴; 우울증의 이 교과서적인 식물성 증상들은, 레이(1994a)가 제안한 것처럼, 회복을 가져오려는 시도에 더하여 더 이상 대상의 나쁜 건강을 야기하지 않으려는 심리적 시도라고 하겠다.

우울증의 몇몇 형태에서 상실 대상에 대한 양가감정의 역할은 파괴적인 그리고 보상적인 환상을 모두 포함하는 보다 심층적이고 복합적인 역동을 암시한다. 이것은 우울증이 병인론적으로 우울적 자리와 그 갈등에 해당한다는 클라인의 후기 견해와 일치한다. 대상에게 더 이상의 폭력이 가해지지 않도록, 환상에서, 우울한 개인들은 우울증을 넘어 절망으로 가지 않으려 노력한다.

다른 논문에서, 레이(1994b)는 '조울적 상태의 심리발생론에 대한 기고문'에서 클라인(1935)이 논의한 사례의 흥미진진한 임상적 자료를 참조하여 이 이중 과정을 보여준다. 이 사례는 뚜렷한 건강염려증적 불안을 가진 심하게 우울한 남자에 관한 것이었다. 나는 어떻게 그녀가 공격성, 우울증, 기관의 고통, 회복 간의 연결을 이해하였는지 끌어내기 위해 이 사례 연구의 세부 사항들을 소개하려고 한다.

클라인은 환자가 돌봐야 하는 (노령의) 부모와 함께 객차를 타고 여행하는 꿈을 설명하였다 (Klein, 1935, p. 279). 꿈에서 그는 사발에 오줌을 누는데 그의 커다란 성기 때문에 아버지 앞에서 누는 것이 불편하고 아버지에게 굴욕감을 주는 것처럼 느낀다. 그러나 동시에 그는 아버지가 침대에서 나와 오줌을 누는 곤란함을 모면하게 한다고 느낀다! 두 번째 꿈에서 신장이 프라이팬에서 지글거리는 소리를 내는데, 환자는 지글거리는 소리가 생명체가 산 채 타고 있는 소리처럼 몹시 신경이

쓰여 서둘러 어머니에게 그것에 주의를 돌리도록 애쓴다. 꿈에서, 튀기는 것은 끓이거나 오븐에 굽는 것보다 분명히 더 좋지 않았다. 환자는 튀기는 것을 찰스 왕 시대에 사용한 고문 방법들과, 예를 들면 뜨거운 기름이나 참수 같은, 연결시켰다. 다른 연상은 닫힌 오븐 문에 대한 것이다 – 그것이 불을 숨길 수 있었을까? 꿈을 보고할 때 환자는 몸 상태가 안 좋고, 머리는 무겁고, 귀들은 막혔고, 짙은 점액이 그의 몸에서 쏟아져 나온다고 불평하였다. 클라인은 아버지의 감정에 관한 걱정과 나란히 아버지에 대한 거세 공격에 주의하였다. 또한 어머니의 몸에 대한 공격(닫힌 오븐 안의 페니스/아기들)은 어머니가 불에 타는 것에 대한 걱정을 환자에게 일으켰다. 그녀는 결론짓는다:

> 신장과 페니스가 살아 있으면서 동시에 극심한 고통에 시달리는 환상은 아버지와 아기들에 대한 파괴적 성향과 어느 정도 그들을 보존하려는 소망 둘 다를 표현한다(Klein, 1935, p. 282).

이것이 기본적으로 우울증의 신체적 차원의 무의식적 의미, 그리고 그것의 기저를 이루는 대상관계 구조의 유형에 관한 레이의 분석적 이해다. 그러므로 그는 우울적 상태들에서, 특히 이것들이 기관의 갈등으로 나타나는 경우, 양가적 갈등의 모든 역동적 역할에 대해 고려한다. 우울증에서 나쁜 건강이라는 신체적 징후는, 특히 이것들이 식물성이나 정신운동의 형태를 취할 때, 심리적 원인을 가지며 이 장애 과정과 연결된 화학적 불균형은 원인이라기보다는 우울증 과정 자체의 결과라는 것이 분명하다. 우울적 과정이 마음/몸의 분열로써 신체적 징후에서 자신을 보다 완전히 드러낸다.

기관의 고통에 관한 멜쩌의 견해

우울증에서, 어떻게 내재화된 대상관계는 신체의 기관들에 접근할 수 있는가? 이것을 설명하기 위해 멜쩌(Meltzer, 1960)는 내사적 그리고 동일시적 과정으로 돌아가는데, 프로이트, 아브라함, 클라인이 우울증만이 아니라 정신 병리의 다른 유형들의 개념의 중심에 이것을 두었다. 그는 대상들이 환상들과 결합된 내사와 투사의 상호적 과정들에 의해 내재화된다고 반복하여 설명한다. 이 내사가 협력의 환상 혹은 공격성 환상에 의해 자극받았는지에 따라 내사의 운명이 결정되고, 결과에 자연스럽게 영향을 준다(Melzer, 1960, p. 58). 유사하게 내재화된 대상들 역시 외부 대상들의 투사를 통해 정착하기도 하는데, 여기서 내재화된 대상들이 파괴적 환상 혹은 자애로운 환상에 의해 추진되었는지에 따라 결과가 달라질 것이다. 보통 주체에 의한 적대적 내사 혹은 대상에 의한 공격적 투사의 경우에, 공격성이 내사적 과정을 지배한다. 내사의 형태가 사랑과 협력의 특징을 가지면 정반대가 된다.

그러나 어떻게 탐욕, 가학증 혹은 질투의 지배 하에 내사가 신체 기관 혹은 체계에 영향을 줄까? 멜쩌(1960)는 내재화된 대상들이 신체와 신체 조직에 접근하는 방식을 이해하기 위해, 내재화 과정의 면밀한 개념화가 필요하다고 주장한다. 그는 두 단계의 과정을 설명한다 — 하나는 외부에서 내부 현실로의 역동을 포함하고, 다른 하나는 내적 대상들 간의 역동을 포함한다(Meltzer, 1960, p. 57). 첫째, 구강적 가학증의 비호 하에 내재화가 일어날 때 나쁜 대상들이 정신에 자리 잡도록 이끈다. 이 대상들은 단명하지 않는다 — 대상들은 목적 없이 떠돌지 않으며 정신기구들의 특정 부분을 향해 나아가면 정신기구들이 그것들을 마음대로 사용할 수 있다. 그는 이것이 나쁜 대상들이 신체에 유통될 수 있기 전에 정신에 자리 잡는 중간 단계라고 제안한다. 자아가 나쁜 (혹은 좋은) 대상과 동일시할 때 유통이 설정된다.

그러므로 신체에 대한 접근은 자아 특유의 기제를 통해 이루어진다. 억압의 경우 나쁜 대상은 불안 증상이나 전환 증상으로 재출현한다. 보다 원초적인 기제의 경우 나쁜 대상은 분리, 투사, 투사에 의한 동일시를 면할 수 없으며 건강염려증으로 재출현한다. 우울증의 경우 나쁜 대상은 상실의 고통과 양가감정 갈등의 징후이며, 이것은 기본적인 생명 유지를 제공하는 기관들과 체계들에 투사된다. 자아가 이 대상들과 동일시할 때 그림자가 자아에 드리우고 어떤 신체 기능은 악화된다 – 식물성 증상과 전반적인 초조함 같은 정신운동적 혼란에서 나타난다.

이러한 설명에서 이 체계들은 성장하는 동안 통상의 헌신하는 부모들이 사랑하고 돌보고 유지하는 체계들과 같으며, 이런 이유로 정신 안에서 내적, 외적 부모 대상과 연결되어 있다는 사실을 인식하는 것이 중요하다. 자아가 동일시한 대상들에 의해 초래된 모든 질병은 피상적 혹은 만성적 신체적 아픔이나 고통 혹은 기관의 고통으로 표현될 수 있다.

간략하게 이것이 우울증의 신체적 과정을 지배하는 대상관계 역동이다. 많은 경우에 나쁜 대상의 특성이 그 효과를 결정한다 – 특성들은 '질식시키거나', '깨물거나', '목을 조르거나' 혹은 기관을 통제할 수 있다(Meltzer, 1960, p. 59). 기관 선택에 관해서는 개인에 따라 독특한 것으로 드러나지만, 그러나 우울증의 본질에 따르면 동일할 것이다. '신체적 불평'에 관한 프로이트의 개념이 기관의 무의식적 의미를 분석적 작업에서 파헤치는 경우 적용될 수 있다 – 기관에 치환된 공격적 집중에 의한 우울증에 대한 강조.

6장

위니캇의 우울증 이론

나무
아래에 있는 어머니는 울고 또 울고 또 운다
그렇게 나는 그녀를 알았다
한때 그녀의 무릎 위에서 몸을 뻗었고
지금은 죽은 나무 위에서 하듯이
나는 그녀를 미소 짓게 하는 것을 배웠다
그녀의 눈물을 멈추게 하는 것을
그녀의 죄책감을 되돌리는 것을
그녀의 마음속의 죽음을 치료하는 것을
그녀를 생기 있게 하는 것이 나의 삶이었다
온 세상의 죄의 무게도 덜 나갈 것이다
이 여인의 괴로움보다는
(D. W. Winnicott ‹Rodman, 2003›)

만약 위니캇이 오늘날 살아서 소아과의사 (혹은 소아 정신과의사)로서 활동한다면 그는 아마도 열탕 속에 있는 자신을 발견할지도 모른다. 그는 우울증 치료에서 거의 전적으로 말하기 치료, 직접적 관찰, 사례 관리에만 의존하였기 때문에, DSM－IV와 첨단의 항우울제들의 기구 일습으로 무장한 오늘날의 동료들에게 그는 아주 괴짜로 보였을 것이다. 그에게 뇌는, 특히 아동의 뇌, 치료에서 "변경"을 요구하는 기관이 아니라, 자연적 발달 통로에서 적절한 환경이라면 순조롭게 성장하도록 잘 달래질 수 있는 기관이다. 우울증 같은 정서적 장애는 기본적으로 뇌조직 질병과는 관계없다고 단언하며, 그는 충격 요법 혹은 신랄하게 비꼰 '발작적 치료(treatment by fits)'에 대한 공격에서 그의 의견을 아주 명확히 밝혔다. 그는 누구도 어떻게 ECT가 우울증에서 작용하는지 안다고 주장할 수 없으며, 그리고 이것이 의사들이 과학 대신 마술로 돌아선 것을 암시한다고 주장하였다 – 이것은 아동과 청소년들에 대한 항우울제 사용에 대한 오늘날의 논쟁과 완벽하게 맞아떨어지는 의견이다. 이 실례에서 마술은 성인 뇌에 대한 성공적인 실험이 자동적으로 발달 중인 뇌에게도 이익을 가져온다는 가정에 있다. 대체로 위니캇은 아동과 성인 모두에게서 우울증의 "긍정적" 속성을 옹호해왔는데, 그는 상당한 권위와 열성을 가지고 엄청난 양의 임상적 경험으로부터 쓴 것이다. 그는 종종 '우울증'이란 용어를 일관성 없이 사용하였으며, 건강과 병리 모두를 언급하고, 그것으로 인하여 정치적 분열에서 찬반을 밝히지 않는 인상을 주었다(Abram, 2007, "우울증"에서 표제를 보라).

위니캇에게 처음에 깊은 인상을 준 것은 멜라니 클라인의 우울증 이론이었다. 이 점에서 그와 페어베언은 정 반대였다; 페어베언이 편집-분열적 자리의 초심리학적 특징에서 공통 기반을 발견하였다면, 위니캇은 우울적 자리에 대해 보다 자연스런 느낌을 가졌다. 아들 한스의 갑작스런 죽음에 뒤이어 쓰인, 클라인(1935)의 '조울적 상태의 심리발생론에 대한 기고문에서 특히 그의 주의를 끈 것은 이유 경험과 관련하여 그녀가 다른 무엇보다 '내적 세계'에 주목하였다는 부분이다. 이 '내적 세계' 강조는 차후에 '물-자체(a thing in itself)'로서 그의 이론화의 중심적 특성이 되었다(Winnicott, 1988, p. 85).

"내적 세계"는 발달적 세계를 의미하며, 위니캇에게 이것은 특별히 정서적 성장과 주관성의 발달을 의미한다. 그는 강력하게 정신적 질환은 괴혈병이나 천연두 같은 질병이 아니며, 개인의 정서적 발달의 환경과 관련된다고 주장한다. 따라서 심리적 건강과 질환은 정서적 성숙, 미성숙 혹은 조숙 그리고 그 안에서 변동 간의 연속선상에 위치하여야 한다. 위니캇은 우울증을 정신증과 신경증 사이에 위치시켰고, 그의 명명법에서 반응적(reactive) 우울증과 분열적 우울증을 구별하였다(Winnicott, 1963, p. 222). 반응적 우울증은 삶과 그 문제들에 대한 반응으로 일어나며, 우울증은 치유의 요소가 될 수 있다. 분열적 우울증에서 삶과의 접촉은 줄어들고 이인증 상태, 비현실적 느낌, 무력감의 상태로 이끄는데, 분열증의 일부 특성들과 유사하다. 위니캇은 클라인이 두 종류의 우울증을 구별함으로써 정신의학의 분류를 변화시켰다고 주장하면서 우울적 자리의 우울증보다 편집-분열적 자리의 우울증에서 보다 임상적 위험을 예상하였다(Winnicott, 1963, p. 129).

우울증에 관한 그의 첫 번째 중요한 진술은 영국 학회의 자격 관련 논문으로 쓴 "조적 방어(1935)"에서 나왔다. 이 발표에서 그는 정신적 현실에 대한 조증의 영향에 대한 클라인의 견해에 지나칠 정도로 충실하였다. 역사적으로 조증에 대해 서술할 때 정신분석가들은 눈에 띄는 이미지들을 예로 든다: 프로이트(1917, p. 255)는 조증을 '굶주린 자가 빵을 쫓는 것처럼 새로운 대상 카텍시스를 쫓는' 남자로 비유했고, 아브라함(1911, p. 151)은 '자유의 광란' 같은 조증의 이미지를 내놓았다. 위니캇의 논문은 환기적이며 조증의 새로운 설명으로 충만한데, 특별히 페니스 발기부터 어머니의 과도한 부담의 젖가슴의 반-우울적 상징으로서의 풍선, 예수의 승천까지 고양된 이미지들, 그리고 그의 글은 당연히 모든 사람들의 정신분석 개인 서고에서 사랑받았다. '색깔'로 환산하여 우울증의 느낌과 감각에 관한 그의 설명은, 조증의 '전능적 통제'를 '가사상태(suspended animation)' 같다고 한 설명처럼, 신선하다. 그러나 조증에 관한 그의 가장 독창적인 진술은 몇 년 후에 그가 어머니의 불안한 내적 현실에 대한 반동형성으로서의 아동의 조적 방어에 대해 서술할 때 나타났다(Winnicott, 1948).

조증에 관해 '우울증으로부터 악명 높은 휴가'라는 그의 표현은 1954년 논문 '정상적 발달에서 우울적 자리'에 나오는데, 제목이 시사 하는 것처럼, 우울적 자리에서 우울한 기분의 치유 측면을 강조한다 – 우울적 질병에 대한 대항세력으로서. 이 논문은 우울적 자리라는 개념을 옹호하며 – 그는 클라인의 우호적인 코멘트에 즐거워했다 – , 그러나 동시에 그녀의 설명으로부터 여러 면에서 이론적으로 벗어남을 전조하고 있었다. 예를 들어, 우울적 불안과 죄책감은, 그가 설명한 것처럼, 양가감정의 내적 갈등에 대한 반응뿐만 아니라 어머니가 아기의 본능적 경험의 '절정'과 부딪치면서 실제 어머니와의 갈등에 대한 반응으로서 이해되어야 한다 – 그리고 그것을 다루는 그녀의 방법. 그러나 그는 내적 현실에 대한 조증의 파괴적 힘을 계속 믿었고, '우리 중의 소수만이', 그가 쓰기를, '우울증을 모르고, 만약 우리가 그것으로부터 벗어났다면 환자의 솔직한 우울적 시기보다 더 비정상적인 반-우울적 방어에 의해 우리는 그렇게 했을 것이다'(Winnicott, 1989, p. 538).

우울증에 대한 이론

그러므로 위니캇의 저술에서 우울증의 두 개 이론에 대한 증거가 발견된다 – 하나는 '유아기의 우울증 자리'에 대한 클라인의 개념, 그리고 다른 하나는, 1954년 이후 보다 기운을 쏟아 부어 발전시킨, 어머니의 성격, 기분, 양육의 방식에 근거한다. 그러나 두 이론들은 모두 '내적 세계'에 대한 이론들로, 두 번째 이론은 환경의 질에 보다 비중을 두었다.

그의 첫 번째 이론에서 위니캇(1954, p. 275)은 우울적 자리는 아동이 임상적으로 우울하다는 의미라는 견해를 재빠르게 불식시켰다. 그는 딱잘라 후자는 정서적 장애이고 전자는 발달의 한 시기라며, 보다 명료하게 할 목적으로 그는 '걱정의 단계'라고 불렀다. 그러나 상실에 대한 반응에 관하여 그는 둘 간의 관계를 논의하였다. 그는 걱정의 단계에서, 만약 아동이 내사된 좋은 경험에 근거하여 안정된 자리를 확립하였다면, 상실을 기대대로 잘 극복할 것이고, 비탄과 슬픔의 정상적 감정을 살피는데 최소한의 환경적 지지가 필요할 것이다. 그러나 우울적 자리 과제의 극복이 실패하면 힘의 균형은 내적으로 박해적 방향으로 향하고 이것이 병리적 우울증을 가져온다.

이런 의미에서 위니캇은 아동을 우울증에 빠지기 쉽게 만드는 요인들이 있다는 이론을 세우는데 있어서 클라인과 일치한다 – 우울적 자리의 과제에 고유한 요인들. 특히 양가감정의 갈등을 해결하는 과제는, 만약 과제가 실패하면 편집-분열적 자리와 연결된 위험한 상황으로 퇴행을 촉진한다. 그러나 여기에서 그는 아동의 우울적 질환을[8] 편집-분열적 자리에 위치시키며, 죄책감이 아니라 해리 상태, 거짓 자기의 발달과 관련된 공허감과 연결 지었다(Winnicott, 1954, p. 272). 동시에 그는 우울적 자리에서 우울증은 '치유 기제'로서, 우울적 기분이 죄책감의 방어와 관련된, 전체적 내적 상황을 덮어 버리고 성격이 자발적인 회복을 조직할 수 있는 시간을 벌어준다.

이 의견은 위니캇의 이론에서 병리에 대한 강조에 대항하여 발달의 자연적인 치료적 과정에 대한 지속되는 믿음을 반영하며, 그때 그는 자신만의 전문 용어를 창조하였다. 이러한 구별되는 의미 생성은 분명히 그의 소아과의 경험에 의해 영향 받았고, 우리는 '건강 안에서' 혹은 '질병 안에서'같은 접두사를 그의 저술 도처에서 발견한다. 마음에 발달적 방어만이 아니라 신경증적 방어를 간직함으로서 그는 섬세하고 종

8 위니캇은 패러독스에 부딪힌다. 그는 임상적 우울증은 우울적 자리와 연결되지 않는다고 말하면서, 전 페이지에서 말하기를, '이것이 내가 우울증이란 용어와 우울적 자리 개념을 연결시키는 것은 이번이 처음이다'(Winnicott, 1954, p. 27).

종 놀라운 방식으로 사례들을 개념화할 수 있었다. '우울증은 가치가 큰 사람들의 질병'이라는 진술을 고려해보면, 그들의 가치가 책임감을 떠맡도록 만든다는 것을 의미한다 – 어머니가 아기에 대한 걱정을 떠맡는 것과 같다(Winnicott, 1989, p. 538). 개인이 가치가 크다면 '좋은' 우울증임에 틀림없는데, 그 이유는 그/그녀가 기분을 보유함으로써 그 자신의 질병을 '견디기' 때문이다. 아이들에서 역시, 그들의 가치는 발달적 우울증을 극복하기 위해 중간 대상을 발견하고 사용하는 데 있다.

그러나 이것은 우울증에 대한 위니캇의 두 번째 이론으로 이끄는데, 두 번째 이론은 자신의 우울증을 견딜 수 없는 우울한 어머니의 사례와 병인적으로 연결된다.

"의사 선생님, 제발, 엄마가 내 위가 아프다고 불평해요."

이 진술은, 위니캇이 말하기를, 어머니가 자신의 건강염려증적 우울증과 아이에 대한 그녀의 실제 걱정을 혼동할 때 양육의 심각한 문제를 예시한다. 그는 많은 사례들에서 아이의 우울증이 어머니의 우울증의 환영이며, 자신의 우울증에 대한 어머니의 조직화된 방어에서 아이가 한 요소가 되어 버릴 때 이런 일이 일어난다고 주장한다(Winnicott, 1948, p. 91). 어머니와의 동일시가 유도되고, 대리로 죄책감을 생성하는, 아이가 어머니의 질병에 대한 어떤 책임감을 떠맡도록 이끈다. 이것은 거짓 활기와 거짓 회복의 제스처를 통해 치료하고자 하는 시도가 뒤따른다. 반대로 아이는 자신의 우울증에서 도피하기 위해 어머니의 우울증으로 날아가 버린다 – 반동형성(Winnicott, 1948, p. 92). 이 임상적 현상을 설명하기 위해 위니캇(1960)이 발동한 완벽한 이론은 '참자기(true self)'라는 개념에 근거하며 – 새로운 이론 – 그는 유아의 정서적 발달에 대한 일반적 이론으로서 그러나 명확한 타당성을 가지고 발전시켰다.

이 이론에서 위니캇은 아기가 최적으로 발달하려면, 어머니(그리고 아버지)가 의존이 가장 높은 기간에 세 가지 결정적 기능을 수행해야 한다고 주장한다: 아기에게 동종요법식으로 세상을 가져다주면, 아기는 세상을 적극적으로 탐사할 수 있다; 전능한 본능적 경험에 직면하여 탄력적이고 보복하지 않는다; 어머니가 유아들에게 기대하는 모습이 아니라 유아들의 제스처와 그들 자신의 모습을 반영해준다. 이 세 가지 기능들은 결합하여 아기들이 자신을 주관적으로 '구별된' 그리고 '진짜' 존재로서 경험하도록 해준다 – '자신의 삶'을 시작하기 위해서 (Winnicott, 1948, p. 93). 반면에, 어머니가 다른데 마음이 가있거나(우울한) 혹은 반응이 없거나 혹은 과도하게 반응한다면, 혹은 아기의 본능적 경험에 보복한다면, 혹은 아기의 움트는 활력을 차용한다면, 이것은 아기가 '진짜'가 되는 기회를 훔치고 그리고 아기에게 그녀의 기대에 맞추도록 강요한다. 이것은 생존을 위해 자기의 사회적 겉치레의 변형을 이끈다. 조직화된 형태 안에서 '거짓 자기'는 '참자기'를 억제하고, 참자기는 다양한 임상적 상황에서 자신을 표출한다.

우울한 어머니의 경우[9], 그녀의 우울증의 성질에 따라, 위니캇은 아기에 대한 적응이 반-우울적 활기에 대한 개인적 필요로 인해 방해받는 상황을 서술하였다. '자신의 내적 세계의 죽음, 어둠과 관련하여 도움이 필요한 어머니는 아기의 활기와 빛깔에서 반응을 발견한다'(Winnicott, 1948, p. 93). 그렇지만 유아나 아이의 지나친 염려는 위장된 쾌활함을 통해 다음 사실을 숨기는데, 즉, 동일시를 통해, 아이가 어머니(혹은 아버지)의 우울증을 자신의 것으로 내면화한다. 결과

9 본 장의 처음에 제시된 시처럼, 위니캇의 어머니는 우울증으로 고통 받았다.

적으로 아이는 자기애적 통합에 근본적인 부분을 상실하고, 그것은 심각한 자기 의심, 절망감, 소외감과 연결된 우울한 기분으로 나타난다.

오그덴(2001)은 대인관계의 우울증에 대한 이론으로, 위니캇이 우울증에 관한 프로이트와 클라인 설명으로부터 완전히 새로운 방향으로 나아갔다고 주장하였다. 병인론적 관점에서 사실이고, 분석적 이론에서 독특한 영역을 반영하는데, 어머니(대상)의 마음이 아기의(자기)마음의 성장에서 없어서는 안 되는 역할을 하는 것으로 본다. 다시 말해서, 유아는 '타인' 안에서 자기 마음의 양상을 발견한다. 마음의 이 상호주관적 개념은 다른 강조점을 가진 다른 학자들에게서 발견된다; 라캉(1948)의 '거울단계'; 비온(1962)의 마음의 '담는 것/담기는 것'; 라풀랑쉬(Laplanche, 1976)의 자아는 사람에 대한 일차적 지각으로부터 형성된다는 주장; 포나기(1991)의 '정신화(menatalization)'. 우울증 주제에 대해 페더(Pedder, 1982)는 '대인관계의 절망감(interpersonal hopelessness)'을 이자관계 탓으로 돌리며, 한 쪽이 다른 쪽에 대해 좋게 느끼는데, 그 관계가 적절히 내면화되지 않은 것이다.

아동의 우울증

위니캇은 신선함과 권위를 가지고 아동 우울증에 대해 저술하였으며, 다른 많은 임상의들에게 아동기의 대부분의 불행은 자기 제어방식이므로 환자 중심의 접근이 필요하다는 신념을 불어넣었다. 특히 종합적 증상을 기술하는데, 그는 임상적 제시에 있어 아동과 성인간의 차이를 집중 조명하는 수단으로 교과서적인 분류법 보다 임상적 실재에 초점을 두었다.

그는 우울증이 기분에 관한 것이라는 기본적 사실에는 동의하지만, 아동들의 경우 우울증에 대해 '흔한 불안한 초초함', '강요된 경솔행위' 같은 방어의 형태를 근본적으로 취한다고 강조한다(Winnicott, 1975, p. 87). 우울한 아동들은 허약하게 우는 경향이 있고, 사고가 빈번하고, 자기 신체에 대해 건강염려증적 불안을 보이는데, 그 이유는 아동들이 정신과 신체를 이분하지 않았기 때문이다. 더욱이 그들은 병에 걸릴 뿐만 아니라 그들의 눈을 감염이 생길 정도로 세게 비빈다. 이런 이유로 그들은 의사에게 이야기하기보다 그들의 불행을 행동화하거나 우울에 대한 부인을 체계화한다. 요점을 말하면, 그들은 전형적으로 학교를 그만두고 집에서 도망치려고 한다. 이 증상들은 분명히 성인 우울증이 보통 드러내는 증상들은 아니다. 다시 위니캇(1975, p. 87)은 자기-조정하는 증상의 가치를 강조한다 – 건강염려는 삶의 신호이고, 울음은 슬픔을 방출한다면 생리적으로 유익하다. 유사하게, '텅 빔은 거두어들이려는 갈망의 전제조건이다'(Winnicott, 1989, p. 94).

그러나 중요하게, 우울증과 우울증 불안에 대한 모든 방어들 중에서, 위니캇(1935)은 조적 방어에 특별히 주목하였다. 여기서 그의 논문에 나온 사례들 중 하나를 살펴볼 가치가 있는데, 임상가가 우울증의 개인적 의미와 조증을 통해 피하려는 개인의 노력을 다루는 방식을 보여주고자 한다. 빌리라는 3세 반의 남자 아이는 부모가 별거 중이다. 빌리의 어머니는 우울하였고 마약 중독과 싸우고 있었다. 주 증상인 끝없는 탐욕으로 인해 빌리는 삶에서 만족을 모르고 돈을 훔쳤다. 한 회기에서 빌리는 해적을 쏘고, 치료자에게 총을 맞고, 그 다음에 날아다니다, 아프리카 대륙으로 옮아가면서 과도하게 흥분하였다. 빌리는 전능해져서, 회기가 끝난 후 승강기를 타고 내려갔지만 승강기가 지하에 도착하자 빌리는 무서워졌다. 다행히도 치료자가 그의 고양된 상태를 알고 몰래 따라가서 그를 안심시킬 수 있었다. 회기들에서 적들과의 싸움이 슬픔으로 대체될 때만 건설적인 놀이가 일어날 수 있었다. 치료자는 환자의 요구를 예측하는 데 있어 어머니의 자기-몰두라는 환경적 요인을 분명히 알아차렸다.

요즈음 유아에 대한 어머니의 우울증의 영향에 대한 연구는 번성하고 있다. 리딩대학교에 있는 위니캇 연구 단체에서 중요한 동력이 나오는데, 거기서 쿠퍼와 머레이(1998)는 엄마-유아 관계에 미치는 산후 우울증의 영향에 대한 연구들을 개관하였다. 아이의 인지적, 정서적 발달에 대한 영향는 5세까지 지속되는 것으로 나타났고, 산후 우울증과 아이의 부정적 발달 결과를 연결하는 중요한 요인은 어머니와 아이 간의 손상된 의사소통 패턴이었다.

끝으로 위니캇은 그의 우울증 개념에서 의미의 잉여를 적용하였다고 말할 수 있다. 전체적으로 그의 저술에서 우울증에 관한 두 개 이론을 확인할 수 있는데, 자아 강도 면에서 발달적 성숙과 관련된 하위 이론들인 우울적 '효과', '기분' 혹은 '성향'에 대한 관찰과는 대조되는 것이다. 그의 첫 번째 이론은 임상적 우울증을 편집-분열적 자리와 연결시키면서, 우울적 자리에 대한 설명은 우울적 기분을 걱정 단계의 정상적 특징으로 강조하였는데, 그는 가끔 우울적 정서가 두 자리에서 모두 일어난다는 클라인의 주장에 동의하였다. 그러나 그는 그의 두 번째 이론에서 더 큰 명료성을 발견하였으며, 그가 이미 1954년 논문에 시작한, 모성 제공의 실패라는 개념에 근거한, 자신의 기준으로 클라인의 기준을 대체하였다. 여기서 그의 가장 중요한 기준은 '단위상태(unit status)'의 획득이 건강한 혹은 병리적인 우울증을 결정한다는 것이다. 간단히, 그는 유아가 생식기의 우세 이전에 하나의 단위가 되는 것으로, 그때 유아가 '자기(그리고 타인)를 전체로, 제한된 막을 가진 하나로, 내부와 외부를 가진 하나로 느낀다'는 이론을 제시하였다(Winnicott, 1988, p. 67). 그는 이것이 내부와 외부 현실 간의 차이가 거의 혹은 전혀 없는 환경-개인 체제에서 전진한 것이라고 말하였다. 이상적으로, 어머니는 전체 체계에서 환경적 측면을 맡고, '단위상태'로의 움직임을 촉진하는 존재이며, 이 촉진 과정에서 중심이 되는 순간은 이유 경험 동안에 일어난다.

본질적으로, 위니캇은 프로이트 이론과 유사하게 일차적 자기애에서 대상 사랑으로의 이행을 설명하지만, 프로이트 이론의 몇몇 용어들과 충동 이론을 상실한다. 슬픔과 자기 - 의심을 위한 능력으로서의 우울증, 그리고 전체성을 허용하는데 실패하여 '비 - 단위상태(붕괴)'로서의 우울증, 둘 다 모두 성숙 과정의 잠재적 결과다. 그러므로 위니캇 역시 우울증이 불안처럼 정신 과정의 내재하는 측면이라는 대상관계 가정을 그의 견해에서 나타낸다: 유아기와 청소년기 발달의 자연발생적 생성물.

7장

페어베언의 '공허' 개념에 관한 이론

절망감, 무력감, 무능, 분노는 우울증의 임상적 설명에서 충분히 입증된 정서적 상태들이다. 이것들은 우울증의 한 하위유형을 나타낸다. 이 상태들에 관해 논할 때, 다른 이론적 전통을 가진 정신분석학자들이 다양한 조합으로 분류하지만 그들의 의도는 우울증이 정신에 가하는 전반적인 부담을 강조하는 것이다. 그러나 이 유사한 상태들을 이론적으로 깔끔하게 모을 수 있는 적절한 제명이 없는 듯하다. 나는 페어베언이 모든 이런 상태들을 위한 이상적 집을 제공한다고 생각하는데, 그 이유는 '공허(futility)'라는 환기적인 개념으로 그는 우울증으로 가는 이 특별한 길이 함축한 존재론적 정신적 고통을 가장 근접하게 묘사하고 있기 때문이다.

루벤스(Rubens, 1998)가 언급한 바와 같이, 페어베언은 결코 우울증에 관한 뚜렷한 이론을 발전시키지 않았다 – 실제로 그는 이 주제에 유난히 무관심했다. 그는 우울증에 대한 페어베언의 글은 심리적 기능에 대한 전반적 접근의 측면에서, 즉 '심리내적(endopsychic) 상황의 보존과 세상을 경험하는 폐쇄적 체계의 균형 상태의 전반적 기제'에 대해 보아야 한다는 것이다(Rubens, 1998, p. 222).

페어베언이 의미하는 '공허'를 정의하기 위해 심리 구조화에 관한 그의 이론을 간단하게 요약할 필요가 있다. 그러나 이것은 아주 다른 이유로, 페어베언의 설명에 따르면, 어떻게 '공허감'이 심리 자체가 구조화되는 방식에서 나온 움직일 수 없는 결과인지 분명히 보여주기 위해 필요하다.

페어베언의 획기적인 목표는 프로이트의 충동이론으로부터 자유로운, 아동의 기본적 심리내적 상황의 확립을 기술하는 것이었다. 그 자리에 내적 대상들, 외적 대상들과 자아의 관계에 중심을 둔 성격 발달 이론을 제안하였다(Fairbairn, 1949, p. 153). 프로이트처럼, 그는 부모의 지원이 적정 수준 이하이고 그래서 좌절할 때 유아가 경험하는 참을 수 없는 상황으로부터 시작한다. 페어베언은 이것이 유아가 직면하는 첫 번째 역설적 상황이라고 한다 – 만족시키기도 하고 박탈도 하는 어머니, 희망만이 아니라 절망을 주는 어머니.

페어베언이 착상한 것은, 유아의 첫 번째 해결책이 생존을 위해, 좌절시키는 어머니(대상)를 외적 세계로부터 제거하여 내재화의 기제를 통해 '내부'로 가져온다. 이런 식으로 유아는 좌절을 주는 대상을 지배하고, 미래의 만족과 사랑을 위해 외부 대상을 보존하려는 이중의 목적을 성취한다 – 좌절 대상을 단독으로 자기 것으로 만드는데 '자기희생적 비용'을 지불한다. 이것을 '도덕적 방어(moral defence)'라고 페어베언(1952, p. 66)은 생각하였다. 그러나 견딜 수 없는 상황에 지배권을 갖는 이 방식은 곧 유아에게 새로운 역설적인 상황을 가져온다. '내부'에 위치한 좌절 혹은 불만족 대상으로 인해, 내적 환경은 이제 위협을 받고, 이 위협을 완화하기 위해 새로운 해결책을 찾아야만 한다. 그 해결책은 좌절 대상을 두 개의 심리내적 구조로 분리시키는 것이다 – 거절하는 혹은 반리비도적 대상과 흥분시키는 혹은 리비도적 대상 모두 억압된다. 동기는 사랑 대상으로서의 좋은 대상을 영구히 보호하는 것이지만, 이러한 경우에 자기를 분리시키면서 – 파괴적 자기애의 특징을 갖는 '도덕적 방어'의 변형 – 안으로 들여온 나쁜 대상은 이상화되어 리비도적 대상과 대조적으로 면책 받는다.

이제 격분의 순간에 이른다. 현실의 문제를 심리내적 현실의 문제로 재생성하면서 불행한 유아는 어머니로 인한 좌절과 실망의 경험으로 계속 괴로워한다. 계속되는 역설은 유아를 무력한 자기희생이라는 최종적인 행위에 빠져들게 만든다 – 유아는 사랑 받지 못하거나 대상과 연결될 수 없다고 두려워하며, 자신의 사랑이 이러한 거부를 가져왔다고 추측하고 그래서 공허감 속에서 자신을 비난한다.

이런 이유로 '공허감'은 유아가 좋은 대상을 보존하려고 추구하는 바로 그 방식이 부지중에 사랑과 이해의 대상으로부터 더 깊은 소외를 가져온다는 사실에서 유래한다. 그러므로 페어베언의 견해에서 공허의 경험은 존재의 분열적 상태의 형성에 있어 하나의 구조적 요소다 – 반리비도적 대상과 리비도적 대상이라는 두 개의 심리내적 구조들로 이루어진 구조, 향후 그 역동이 성격 발달을 지배한다. 공허에 대한 성공적 방어로써, 페어베언(1953, p. 213)은 두 유형의 전능을 지명하지만 – 조증과 정신분열증 –, 그러나 둘 다 환자를 대상 사랑의 목적으로부터 점점 더 멀어지게 한다.

그러나 페어베언(1958)은 거기서 멈추지 않는다. 리비도적 자아와 반리비도적 자아에 더하여, 그는 세 번째 자아를 이론화한다 – 중심의 혹은 현실 자아는 외부 대상이 정말로 좌절시키는지 혹은 좌절이 단지 일시적인지 그래서 대상이 안심시키면 바로 잡을 수 있는지 판단할 수 있다. 이것은 이상적 상황에서, 중심의 현실 자아가 대상 사랑을 추구할 수 있는 환경으로 가는 길을 열 수 있다. 그러나 리비도적 자아와 반리비도적 자아는 이러한 전망을 아주 싫어하는데, 이 둘은 생존의 목적을 위해 폐쇄적 체계를 유지하는 데 그들의 존재를 온전히 의지한다. 실제로 이러한 제한이 중심의 현실 자아의 자유로운 작업에 가해지면서 외부 세계에 있는 그것의 자연적 대상은 이상화 대상이 될 수밖에 없다. 페어베언은, 심리내적 구조 이론에서 공허를 제지하는 어떤 것도 허용하지 않는다; 존재의 분열적 상태가 대상 사랑으로 변형될 수 있는 경우를 제외하고, 심리내적 구조들은 모두 판단력 부족이다. 그러나 희망의 여정은 완전히 힘드는데, 일부는 불가능 할지도, 안심시키는 환경적 대상의—이상화된 대상조차—영향으로부터 내적 세계가 사실상 전체적으로 분리되어 있기 때문이다. 대상 사랑으로 가는 여정 그 자체가 '암흑의 심연'으로 가는 여정의 허울일 수도 있다.

확실히, 심리학적 발달의 이러한 숙명론적인 설명에서 우울증이 꽃피울 수 있으며, 이것은 자아 발달이, 필요한 방어를 구성하는데, 병리적 상태를 생성한다는 기본적인 정신분석적 가정을 극단적으로 밀어붙인다. 정도의 차이는 있지만, 이것은 잠재적으로 자기 파괴적 역동을 초기 발달적 시나리오의 결과로 보는 영국의 모든 대상관계 학자들의 이론적 특징이다—특별히 정신분석적 '대상' 자체가 구성되어지는 방식에서 말이다. 시작할 때부터 '불가용성(unavailability)'을 확보하는 정신분석적 '대상'에게 고유한 무엇이 있다는 주장이 생겼다.

위에 약술하였듯이, 페어베언의 '도덕적 방어'는 환자에게 외로움, 절망감, 공허감이 발생하는 대상의 본질에 대해 거짓말 한다. 비교적 이 거짓말은 위니캇의 '거짓 자기'가 구성되어지는지 방식에서 또한 분명하게 드러나는데, 공허감이 엄습하는 속에서 '참 자기'를 식민지화하고 가두어버린다. 클라인의 편집-분열적 자리의 유아의 위험한 상태를 역시 고려해보면, 나쁜 대상들은 정신 안에서 적대적 내사와 적대적 투사의 재순환을 통해 재 생성되고, 재순환은 유아를 절망의 정서적 상황에 가둔다. 그러나 클라인은 이 현상을 다른 차원의 설명으로 다루었는데, 그것은 유아나 아이가, 우울증의 박해적 유형을 이끌 수 있는, 무조건적 증오를 할 수 있다는 믿음에서 나온 것이다. 그에 반해 페어베언은, 위니캇처럼, 조건적 증오의 상황으로 설명하였다.[10] 그럼에도 불구하고, 이 세 개 이론 모두 같은 주장을 하며, 그것은 정신의 초기 구조화 과정에

10 Rosenfeld(1964)의 독특한 리비도적 자기애와 파괴적 자기애는, Fairbairn의 리비도적, 반리비도적 자아와 겹치지만, 개념적으로 Klein의 무조건적 증오와 연결되어 있다.

서 생존을 확보하는 기제를 과도하게 사용할 때, 단일한 혹은 중심적 자기에 대한 요구가 아니라, 동시에 발달해야만 하는 자기의 폐쇄된 두 하위 체계들을 처음에 유지하려는 요구로 '생존'을 규정함으로써, 생존과 성장을 비극적으로 위험에 빠뜨릴 수 있다. 이것은 불가피하게 우울적 정서를 이끈다.

그러나 나는 개인화된 대상관계의 발달에 관한 페어베언의 비극적 견해에서 그와 가장 비슷한 이론가는 라캉이라고 생각한다. 그 역시 정신분석적 '대상'이 구성되어지는 방식으로부터 드러난 의도하지 않은 소외 효과에 대해 언급하고 있다. 그의 '거울단계' 이론은 대상관계의 근본적인 '결여'에 대한 존재론적 딜레마를 예시한다(Lacan, 1949). 라캉은, 거울을 바라보면서 유아는 자신의 미발달 상태를 능가하는 전체성과 통합의 이미지에 사로잡히고, 그 이미지와 동일시하고 자아의 원형으로서 받아들인다고 주장한다. 이런 방식으로 자아는 자기의 표상이 아니라 이상적 자기 –'타인'– 의 표상이라는 점에서 거짓에 근거하여 형성된다. 자아에 의해 취해지는 모든 미래의 동일시들은 이 형태와 유사하고, 동일시는 단지 자기의 쇠외된 개념을 분기하는데 기여할 뿐이다. 결과적으로, 삶에서, 개인은 남을 사칭하는 사람처럼, '타인'의 매개를 통해 진짜 자기와 화해하고자 끊임없이 노력한다 – 주체의 욕망이 타인의 욕망에 근거를 둘 정도까지 말이다. 탐색이 계속해서 '거울 단계'의 특정한 원형에 의해 과해진다면 이것은 상상적 자아에 보다 환각을 더할 뿐이다. 그러므로 주관적인 자기를 갈망하는 존재론적 상황은 해결될 수 없고, 개인은, 결여에 떠밀려, 내적 현실을 찾는 과정에서 언어의 교묘하고 변덕스러운 세계 속으로 들어갈 수밖에 없다. 이 우회로는 자기-패배적 경험의 기회를 기하급수적으로 제공할 뿐이다.

다른 방식으로 라캉과 페어베언은 정신분석적 대상의 운명을 손에 잡히지 않고 획득할 수 없는 것으로 보았는데, 주체가 대상과 관계를 확립하려고 노력하는 바로 그 수단이 부지불식간에 대상으로부터의 더 깊은 분리를 가져온다. 그들은 모두 유아의 무력한 상태로(*Hilflosigkeit*) 시작하여 존재론적 난국의 특징인 무력감과 공허로 끝난다. 그들은 또한 불안의 중심으로서의 무력감으로 시작하여 우울증의 전조로서의 무력감으로 끝난다. 요약하면, '존재의 분열적 상태'의 이론과 '거울 단계' 이론은 모두 대상 사랑으로 가는 길이 거의 불가능한 목표가 아니라면 얼마나 어려운지 요약한 상황에서 어떻게 자아가 파괴적 자기애에서 구성되는지에 관한 이론이다.

중심의 무

페어베언(1952)은, 논란의 소지가 많게, 임상적 실제에서 우울하다고 진단된 환자들은 '공허감'에 시달린다고 보다 정확히 기술되어야 한다고 결론짓는다. 공허는 사기희생을 포함한 모든 노력에도 불구하고 대상의 사랑을 획득하고 보호하는데 실패한 데서 온다. 그는 결과를 다음과 같이 설명하였다.

> 최대의 가능한 난국은, 자아를 완전한 무능의 상태로 이끈다. 자아는 그 자신을 표현할 수 없게 된다; 그리고 그런 한에 있어서, 바로 그 존재는 위태로워진다… 분열적 상태의 특징적 정서는 의심할 여지없이 공허감이다(Fairbairn, 1952, p. 51).

몇몇 정신분석자들은 기본적 욕구의 획득의 실현될 수 없는 소망, 갈망과 관련해서 절망감, 무력감, 무능이 상실과 관련되지 않은 우울증으로 가는 통로를 나타내는 마음의 특유의 상태라고 하였다. 본질적으로 이 학자들은 우울증을 소망의 병리라고 정의한다. '공허'에 관한 페어베언의 개념은 이런 식의 이론화와 잘 맞지만, 그럼에도 불구하고 그에게 기본적 욕구는 대상으로서 대상에 대한 소망보다 근본적인 친밀함에 대한 소망이라고 정의할 수 있다. 8장에서 나는 페어베언의 대상관계에 관한 강조가 우울증에 대한 이런 식의 사고에 체념한 숙명론적 극단적 요소를 부가한다고 제안할 것이다.

결론적으로 말하면 '공허'의 개념은 제한적인 듯하지만, 포괄적 용어로 채택하면, 부분의 합보다는 실질적인 무엇에 이르게 한다. 그럼에도 불구하고, 루벤스(1998)는 페어베언이 기본적 설명 패러다임에서 '우울적 자리' 우울증을 거부한 것은 우울증을 전적으로 무시하도록 이끌었다고 안타까워하였다. 또한 페어베언은 분열적 자리의 총제적 심리학을 선호함으로써 클라인이 분열적 자리에 우울증의 특유의 징후들을 부여했다는 사실도 간과하였다.

8장

우울증의 분석적 하위유형

본 장에서 나는 우울증의 정신분석적 하위유형들의 문제들을 다루고, 클라인, 위니캇, 페어베언 같은 대상관계 이론가들이 도달한 혹은 암시하는 결론들과 프로이트의 본래 개념을 비교하려고 한다. 이러한 비교를 정신분석 내의 다른 이론적 방향을 표방하며 하위유형들에 관해 숙고하는 저자들에게까지 확대하려고 한다. 이 하위유형들이 DSM-IV 유목과 일치하는지 혹은 않는지에 대해서도 언급하려고 한다. 우울증에 대한 향후의 정신분석적 이해에 남긴 프로이드의 유산은 복잡한 것이었다. 1917년 그의 유명한 진술에서 다른 정신역동에 근거한 두 개의 우울증 하위유형을 제시하였다 – 애도를 모델로 한 신경증적 우울증 그리고 우울증을 모델로 한 자기애적 우울증. 1장에서 나는 프로이트의 두 개 경로의 역동에 관해 요약하였다: 신경증적 우울증에서 이차적 자기애로의 퇴행이 발생하는데, 그것은 자아가 분리되면서 애도하는 사람이 양가감정, 복수, 죄책감을 내사적 동일시를 통해 해결하려는 데서 온다. 이 해결책은 보통 회복의 방향으로 우울증의 격렬한 성질을 약화시키며, 분석 상황에서 발견된다. 자기애적 우울증에서 일차적 자기애로의 퇴행은 외적 세계를 내적 세계로 치환하고, 따라서 대상 상실 혹은 제거는 무효화되고, 그것과 함께 상실 대상을 향한 양가 감정, 죄책감도 무효화된다. 명백하게 우울증 환자의 모토는 부인(denial)이지만 그렇다고 우울증 환자가 더 이상 고통 받지 않는 것은 아니다 – 반대로 임상적 우울증처럼 고통은 우울증 환자 삶의 모든 정신적, 신체적 영역을 뒤덮는다. 고통의 큰 부분은, 프로이트가 설명하듯이, 스스로 자신에게 가하는 것으로, 자신에 대해 공개적으로 비난하는 형태를 취한다. 그러나 이 공격은, 프로이트가 덧붙이기를, 자신을 향한 적대감으로 돌림으로써 양가감정의 갈등을 중화하려는 또 다른 교묘한 술책이다. 우울증 환자는 자신의 자아를 마치 자신을 참혹하게 버린 대상인양 취급한다. 프로이트에 따르면, 자해의 역동이 우울증의 이 하위유형에서 발견되는 자살충동의 사고와 경향성을 설명한다. 프로이트는 우울증 환자가 상실과 그에 따른 분노를 부인하는 수단으로 자기애적 동일시를 고집한다면, 오직 두 개의 길만이 남았다는 언급으로 논문을 마쳤다. 첫 번째는 외부현실로의 도피의 형태를 취한다 – 대상의 불굴의 그림자로부터 자아의 조적 도피. 두 번째는 마지막 수단의 부인으로 자아에게 가장 위태로운 결과를 가져올 수 있다 – 외적 세계와 모든 접촉을 제거하고 내적 세계로 완전히 도피.

정신적 갈등에 근거한 실제적 혹은 추상적인 상실과 관련된 우울증에 대한 이해를 위해 프로이트가 남긴 유산의 핵심적 요소들은 다음과 같다: 대상의 구강적 공격적 함입으로의 퇴행, 자신을 향한 공격성, 그리고 우울증과 조증의 연관성에 대한 강조이다.

2장에서 나는 클라인이 유사하게 불안과 죄책감의 문제를 보다 강조한, 우울증으로 가는 두 개의 통로를 어떻게 제안하였는지 약술하였다 – '편집 - 분열적' 우울증과 '우울적 자리' 우울증. 편집 - 분열적 우울증은 박해와 편집적 불안이 특징이다 – 박해는 나쁜 대상과의 동일시 뒤에 오는데 반해 편집적 불안은 손상된 혹은 죽은 대상의 거처에서 오는 두려움을 반영한다. 가장 언급해야 할 것은 동일시의 형태다 – 투사에 의한 동일시가 이루어진다. 이것은 편집 - 분열적 우울증이 파괴적 자기애의 표현이라는 것을 나타낸다.

우울증으로 가는 두 번째 통로는 양가감정이 지배하는 내적, 외적 환경을 나타내는 상반된 충동들의 갈등에 대한 슬픔과 죄책감에서 나온다. 특징적 감정은 우울적 죄책감으로, 이것은 대상과의 내사적 동일시와 연결되며, 대상을 향한 초조한 기다림, 염려, 공감의 느낌을 나타낸다. 발달적 상실의 경우에(이유나 오이디푸스콤플렉스의 사랑 대상의 포기, 혹은 중년에 상실의 위기) 우울증은 많은 점에서 사별 과정하고 비슷하다. 그러나 클라인은 우울적 고통의 효과가 어떻게 조적 방어를 활성화시킬 수 있는지, 결과적으로 편집-분열 기능으로의 퇴행을 가져오는지에 대해 상당히 많이 숙고하였다.

2장에서 나는 편집-분열적 자리에서 우울증의 증상들이 사실상 식물성 상태라고 말했는데, 그 근원이 마음의 보다 깊은 층에서 오기 때문이다. 다른 한편으로 우울적 자리의 우울증의 관련 증상의 모습은 양가감정과 죄책감의 갈등에서 오는 정신적 손상에서 드러난다 — 병리적 불안, 철수, 무감동, 과도한 반추, 슬픔, 갈망, 무쾌감증, 양심의 가책, 죽음 사고를 이끄는 내향화된 적대감, 잘못을 무효화하고 싶은 소망. 또한 나는 어떤 우울증이든 정신적, 신체적 증상의 혼합물에서 나타나듯, 신체와 정신 모두에서 붕괴를 보인다는 점을 덧붙인다. 이런 이유로 전형적 우울증에서 편집-분열적 우울증과 우울적 자리 우울증의 특성들 간의 동요를 볼 수 있는데, 이것은 정확하게 임상 상황에서 자주 떠오르는 임상적 그림이다. 나아가 신체적 혹은 정신적 고통에 대한 방어로 조증이 개입할 때 이 동요의 움직임은 순환적 현상의 토대를 형성한다.

강조해야 하는 다른 요인은 클라인의 이론에서 불안과 우울증의 밀접한 연관성으로, 이것은 바로 동시대의 견해이기도 하다, 즉 불안장애를 앓고 있는 사람들의 절반 이상이 주요 우울증을 발달시킨다. 그녀의 강조가 박해적, 편집적 혹은 우울적 불안에 있든 아니든, 이러한 불안은 우울증의 전조 요인으로 간주된다.

프로이트와 클라인의 이론을 대략적으로 비교하면 프로이트의 신경증적 우울증은 클라인의 우울적 자리 우울증과 비슷하고, 그녀의 편집 - 분열적 우울증은 프로이트의 자기애적 우울증과 비슷하다고 할 수 있다. 이 구분은 우울증에서 자기애의 역할, 앞선 우울증의 유형에 미치는 자기애의 영향, 뒤이어 대상 사랑으로의 자기애의 변형을 고려해 볼 때, 흔히 일반적이다. 덧붙여 신경증적 우울증이 자기애적 우울증으로 전환하는데 있어 조증은 복잡하게 만드는 요인이라는 공통되는 가정이 있다.

우울증에 대한 위니캇의 생각을 보면, 그는 공공의료의 일상적인 우울증에서부터 조증에 대한 취약성과 의사자살 상태(parasuicidal states of mind)를 포함하는 성격 요인이 특징인 임상적 우울증까지 포함하는 우울증의 연속성 개념을 주장하였다. 이런 이유로 그는 우울증을 정신증과 신경증 사이 어딘가에 위치시켰다(Winnicott, 1963, p. 222). 그의 첫 번째 이론에서 그는 우울증의 두 개 하위유형을 옹호하였다 – 삶과 그 문제들에 반응하여 일어나는 반응적 우울증, 이 우울증은 치유 요인이 될 수도 있는, 그리고 분열적 우울증, 이 경우는 삶과의 관계가 감소하며 이인증, 감정의 비현실성, 무력감 상태를 이끄는데, 흡사 정신분열증의 일부 특징들과 유사하다. 드물게 그는 우울적 자리의 우울증이 임상적 특징을 갖는다는 데 동의하였지만, 우울증에 대한 그의 모든 진술에서 우울증에 대한 매력적인 대안으로 조증을 계속해서 포함시켰다. 그의 두 번째 이론은 숨겨진 우울증을 가진 어머니에 얽매인 유아의 전형에 근거한 대인관계적 이론이었다. 위니캇은 단위상태를 획득한 후의 우울증의 구조, 현상과 대조하며, 단위상태 전에 기분장애를 설명할 때 자기애적 우울증의 개념에 접근한다.

'공허'에 관한 페어베언의 개념은 우울증에 관한 프로이트의 후기 논평과 보다 잘 맞는데, 나는 다양한 분석적 기여가 우울증 개념에 부여한 다른 강조를 배경으로 그의 개념의 의미를 논하려고 한다.

나는 자아 심리학 전통 안에서 발전한 기여를 생각하고 있다. 몇몇 학자들은 프로이트의 구조이론에 대해 잘 알고 있었고, 대상의 구강적 공격적 함입으로의 퇴행, 죄책감, 자기에게 돌린 공격성에 대한 그의 병인론적인 강조가 모든 형태의 우울증에 적용될 수 있는지에 의문을 제기하였다. 그들은 공격성, 죄책감과 관련되지 않은 다른 공통의 요인들을 중요하게 고려해야 한다고 주장하였다. 그들은 1926년 "억제, 증상, 불안"에서 프로이트의 논평을 그들의 중심으로 받아들였는데, 거기서 그는 불안이론을 개정하고 우울한 사람들의 정서적 상태에 대한 이전 설명의 부록을 첨가하였다. 우울증 환자의 딜레마로 돌아가서, 그는 상실(그리고 분리)과 연관된 불안, 정신적 고통에 대한 가장 두드러진 정서적 반응은 "절망을 동반하는 갈망"이라고 제시하였다. 그는 이것을 "갈망의 불만족 집중"이라고 하였는데, 이것은 필요불가결한 대상에 대한 갈망으로 실현될 수 없는 것이다. 여기서 상실은 결코 제거될 수 없다는 정신적 무력감이 나오고, 우울적 상태를 이끈다(Freud, 1926, p. 171).

이렇게 하여 우울증에 대한 "무력감 이론"이 탄생하였다. 이 주제를 따라서 페니헬(Fenichel, 1945), 비브링(1953), 제이콥슨(1953)은 일상적 우울증의 핵심 구조는 자존감의 상실이라고 주장하였다. 비브링은 우울증이 순전히 자아의 질병이라고 주장하며, 정신적 갈등이나 공격성이 우울증에서 결정적 역할을 한다는 생각을 피했다. 그는 무력감과 무기력 상태가 괴롭힐 때, 자기애적 지원을 위한 유아기의 투쟁으로까지 거슬러 올라가며, 외상에 대해 불안 반응을 예상하는 것처럼 자아의 우울적 반응을 예상해야만 한다고 주장하였다. 우울증에서 자존감의 상실은 특히 파괴적인데, 그는 야망과 이상을 실현하는 데 있어, 예를 들면 사랑받고자 하는 이상처럼, 자아가 무력할 때 그러하다고 주장하였다. 자아가 우울해진다는 사실은 우울증이 발생하는 동안 정신운동 기능의 전반적인 지체로 나타난다.

샌들러와 조프(Sandler & Joffe, 1965)는 우울증에서 공통의 병인론적 요인들을 탐색하면서, 논의가 되고 있는 자존감은 안전과 복지에 대한 유아기의 이상적 상태를 가리키는 것으로, 이것을 획득하지 못하면 우울적 반응을 일으킨다고 하였다.[11] 이 반응은 대상관계과 관련해서 무력감을 나타낸다. 이 명제를 제기하는데 있어 – 유아의 자기의 실제적 상태와 이상적 상태의 불연속은 우울적 감정을 가져온다 – 그들은 실제로 우울증에 관한 프로이트의 고전적, 구조적 이론의 통일된 개념화를 추구하였다. 대상의 구강적 공격적 함입으로의 퇴행, 양가감정에 대한 정신적 갈등, 자신에 대한 공격성을 특징으로 하는 상실과 관련된 우울증만이 아니라, 바라던 열망을 성취하는데 있어 무력감으로 인한 자존감 상실로 나타나는 자아 상태를 특징으로 하는 우울증에 관한 설명 모두에서 그들은 공통된 요인을 가정하였다; 대상과의 관계에서 이상적 상태의 고통스러운 상실. 그들은 우울증이 보다 초기에 발생할수록 자기애적 우울증이 될 것이라고 하였는데, 이것은 유아기의 만족의 이상적 상태에 대한 추구가 더 커지기 때문이다. 이 발달적 고찰에 함축된 것은 우울증의 두 하위유형의 구별이다 – 다른 성숙함의 방어에 근거한 의존성의(자기애적)우울증과 내사적(신경증적)우울증.[12]

페어베언(1952)으로 돌아가자. 그는 존재의 분열적 형태의 발전에서 중심적 외상을 설명하기 위해 '우울증'보다 '공허'라는 용어를 선호하였다: 대상의 사랑을 확보하고, 자기희생을 포함한 모든 노력에도 불구하고 그 사랑을 지키는 데 실패. 그 결과 자아는 무력감과 절망감의 상태로 위축된다. 페어베언의 개념화의 이점이라면 무력감의 근원과 역동에 대한 아주 철저한 대상관계 설명을 제공하였는데, 그것은 자아 형성 자체의 역동에서 무력감이 원인이라는 것을 보여준다. 말하

11 우울증에서 자존감의 의미에 관하여 Brown과 Harris(1978)를 보라.

12 마지막으로 출판된 논문, '외로움의 의미에 대하여'에서 Klien(1963)은 획득할 수 없는 완전한 내적 상태에 대한 편재하는 갈망에서 나오는 외로움의 내적 느낌에 대하여 저술하였다는 것은 주목할 만하다. 그녀는 이 상태를 '말없는 이해에 대한 채워질 수 없는 갈망'의 상태로 묘사하였다(Klein 1963, p. 301).

자면, 무력감에 관한 페어베언의 이론적 체계에서 심리 장치가 구조화되는 동안에 무력감은 내성적으로 발생한다. 프로이트는 본래 무력감(*Hilflosigkeit*) 이란 용어를 타자(어머니)에 대한 유아의 절대적 의존, 그리고 환상과 정신적 성장의 발달에서 이것의 영향을 설명하려고 사용하였다. 그러나 그는 나중에 내적, 외적 위험에 대한 자아의 불안과 관련된 두 번째 이론의 핵심으로 무력감을 위치시켰을 때 이것에 구조적 측면을 부여하였다. '공허'에 관한 개념에서, 페어베언은 특히 이 구조적 측면을 증명하려고 하였고, 이것을 프로이트의 '갈망의 불만족 집중'에 적용함으로써 우울증에 있는 마음 상태의 임상적 징후에 보다 깊은 울림을 주었다고 나는 믿는다. 이런 이유로 나의 견해로는, 이것이 자존감의 상실과 연관됨으로써 무력감/절망감에 대한 다른 병인론적 고려들이 포괄적 용어로 모아져야만 한다. 이 접근은 모든 영국 대상관계 이론가들의 발달적 가정에서 은연중에 내포된 것임을 주목해야만 한다 – 불안처럼 우울증도 유아기와 청소년기의 자연적 발달 단계에서 유래하는 자연적 심리생물학적 발생이다.

우울증의 하위유형들에 관한 연구 관점을 언급해야만 한다. 1970년대부터 오늘날까지 블라트와 동료들(Blatt, 1974; Blatt et al., 1976; Blatt et al., 1990; Blatt et al., 1995)은 우울증의 두 하위유형들의 개념화를 위한 풍부한 이론적, 임상적 증거들을 발견하였다 – 의존성의(의존적) 우울증과 내사적(자기-비판적) 우울증. 의존성의 혹은 의존적 우울증은 대인관계적 관련의 리비도 영역에서 나타나고, 유기 공포를 다루는데서 상실, 소외, 무력감의 느낌에서 비롯된다. 내사적 혹은 자기-비판적 우울증은 죄책감, 실패, 자기-가치에 대한 불안을 자극하는 처벌적인 초자아와 직면하여 자기의 생존 가능한 느낌을 확립하고 보호하고 유지하는 데 있어 사고의 문제를 반영한다. 이 하위유형들은 우울증의 두 개의 근본적인 기제에 관한 프로이트의 실례와 대략 일치하지만, 발달적, 임상적 관점에서 블라트의 의존성의 우울증과 내사적 우울증 하위유형들은 클라인의 편집-분열적 우울증, 우울적 자리 우울증과 공통점을 많이 가지고 있다.

DSM-IV의 관점에서, 이 정신분석학적 하위유형들과 어떤 상관이나 비교가 이루어질 수 있을까? 여기서 우리는 거짓 지평선을 추구하고 있는지도 모른다. 첫째, 프로이트의 신경증적 그리고 자기애적 우울증은 두 개의 유목이 아니라 질적으로 구별되는 두 개의 우울적 과정으로, 조증이 하나의 차원으로서 어떻게 임상적 양상에 젖어들지를 포함한다. 신경증적 우울증은 정신분석학적으로 말하자면 보다 가벼운 형태로써, DSM-III에서는 이것은 기분부전장애에 포함되었다. 그러나 DSM-IV에서는 신경증적 우울증이 주요 우울장애(MDD)로 나타난다. ICD-10에서는 신경증적 우울증이 빠지고, 빈도 면에서 기분부전증, 재발성 우울증, 우울 삽화로 대체된다. DSM-IV 분류를 둘러싼 지속적인 하나의 논쟁은 주요한 분류들에서 겹치는 증상들이 나타나는 타당성 문제다. 예외는 MDD에서 식물성 증상의 고부화와 증상들의 심각성의 정도다. 연관성 면에서 이것이 MDD를 보다 '급성의' 장애로 만들고, 편집-분열적 우울증을 자기애적 우울증으로 기술하는 나의 생각과 비슷하며, 보다 초기에 그럼으로 마음의 보다 깊은 층에서 유래하는 식물성 증상을 보인다.

결론을 내리면, 우울증에 대한 정신분석학 저자들 간의 합의는 우울증으로 가는 소수 중요한 역동적 통로들을 생성할 수 있는 두 개의 일반적 하위유형들을 지지한다. 이것이 블라이히마르(Bleichmar, 1996)가 그의 훌륭한 개관에서 도달한 결론으로, 그는 우울증의 역동과 병인론에 대하여 수년에 걸친 정신분석학자들의 체계적 정리를 종합적으로 살펴보았다. 그의 목표는 이중적이었다: 공통적이고 다양한 통로들을 조정할 수 있는 통합적 이상적 모델을 고안하는 것 그리고 우울증의 어떤 하위유형이든 정확한 치료 주안점의 중요성을 증명하는 것. 전반적으로 말하면, 그는 우울증의 두 개 주요한 하위유형을 지정하였다—'자기애적 우울증'과 '죄책감 우울증'. 그는 두 개의 우울증을 위한 출발점으로, 다양한 형태의, 공격성을 선택하였는데, 자기애적 우울증에 이르는 8개의 병인론적 통로와 죄책감 우울증에 이르는 2개의 통로를 제안하였다. 그의 개관에서의 모든 세부사항들을 요약하기는 불가능하기에 그의 요약과 결론을 담고 있는 흐름도를 포함시켰다. 이 차트에서 우리는 통합적인 블라이히마르의 모델이 외적 세계를 포함하여, 우울증으로 가는 다중의 통로들을 어떻게 묘사하는지 볼 수 있다. 그는, 아마도 논란의 소지가 많은, 공격성을 출발점으로 시작하지만, 그가 제시하는 통로들은 공격성과 관련 없는 우울증에서 잘 알려진 많은 병인들을 수용할 수 있다.

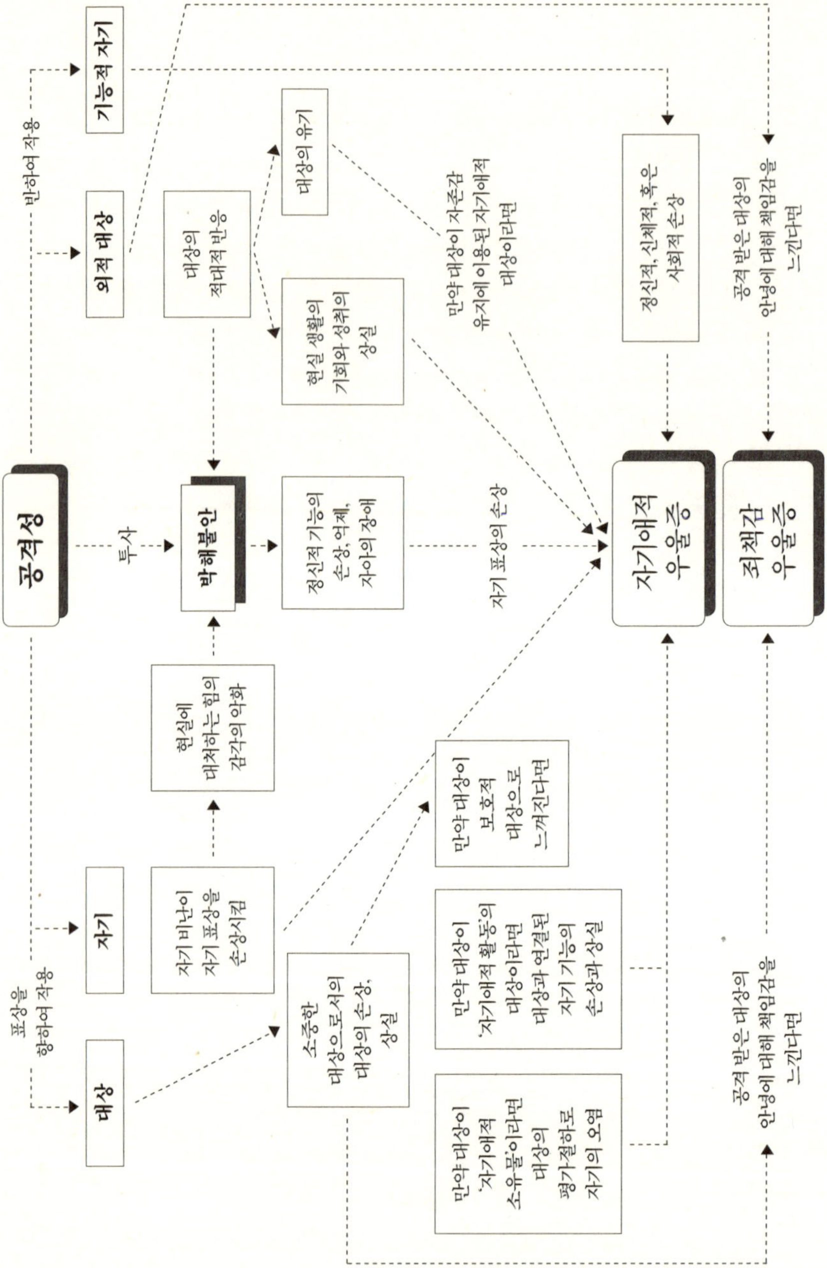

그림 8.1 출처. H. B. Bleichmar(1996). 우울증의 하위유형들 그리고 정신분석적 치료를 위한 함의 International Journal of Psychoanalysis 77, 935 – 961. 출판사 Wiley-Blackwell, Oxford의 허가 받음

9장

재발 문제에 대한 이론적 기여

우울증과 조증은 비록 많은 의학 책에서 따로 취급되지만, 하나이고 같은 질병으로, 두 질병에서 모두 발생하는 정서 상태의 다양성과 활동의 다양한 정도에 따라 다를 뿐이다(Andrés Piquer, 스페인의 페르디난드 6세의 의사).

이 책의 1장에서 나는 이론으로 돌아가는 것이, 대부분의 우울증은 잘 낫지 않고 예후 상 재발하기 쉽다는, 오늘날의 암울한 인상에 어떤 빛을 줄지도 모른다고 말했다. 이 장에서 재발 현상을 대상관계 틀에서 살펴보려고 한다. 정신분석 이론 안에서 오래 된 한 가닥의 생각이 우울증의 구조를 다르게 개념화 할 수 있고, 결국, 연구와 임상적 문헌에서 빈번히 입증된 재발의 높은 출현률이 반영하는 장애의 다루기 힘듦에 새로운 생각을 제공할지도 모른다. 이 구조는, 덧붙여 말하자면, 정신분석의 초기 선구자들이 우울증에 접근한 방식들에서 탁월한 것이었다: 그들은 언제나 우울증과 조증 간의 상호관계에 주의했다.

프로이트(1917)가 애도에서 우울증에 대해 논의했을 때, 그는 정신 장애의 임상적 분류에서 건강한 정신 발달에 관한 면밀한 이해의 중요성을 보여주었다. 멜랑콜리한 우울증은, 프로이트는 주장하기를, 사용하는 기제가 애도하는 사람이 사용하는 기제보다 발달적으로 초기의 것이라는 점에서 다르다: 그것은 내사적 형태의 동일시 대신에 자기애적 형태의 동일시의 기제다. 프로이트가 우울증과 조증 간의 관계로 돌아섰을 때, 처음에 조증에 관해서 정상적 정신과 어떤 연관도 발견할 수 없었다. 아브라함(1924)은 애도하는 사람이 애도 작업을 끝내면 보통 성적 활성화가 돌아오고 일, 관계, 놀이에 대한 열의가 재개되는데 어떤 시간적 간격이 존재한다는 점을 지적함으로써 그 관련성을 제시하였다. 그는 넘치는 활력으로 외부 세계에 다시 몰두하는 것이 보통의 혹은 약한 우울증으로부터의 회복에서 발견되는 '조증'이라고 설명하였다. 임상적 조증 혹은 경조증에서, 같은 충동이 세상에 대한 무분별하고 고양된 흡수(그리고 축출)를 모든 번쩍이는 형태로 보인다. 나아가 조증 발작이 왜 우울증의 소인적 원인 없이도 독립적으로 일어나는지 분명히 하기 위해, 아브라함(1924, p. 475)은 '원초적 감정도착'이라는 견해를 내놓았는데, 이것은 조증의 조건이 초기 정신적 발달에서 어떤 발달적 과제가 극복되지 않았다는 것이다. 그는 또한 임상의는 순환적 과정을 중성화하는 목표를 가지고, 치료를 시작하는데 우울증과 조증 사이의 간격을 최대한 이용하여야 한다고 하였다(Abraham, 1924, p. 476). 아브라함은 이 진술을, 특히 우울증의 유아기의 원형에 대한 제안을, 특유의 자제를 보이며 – 그리고 프로이트에 대한 존경과 함께 – 하였지만, 정신과의사로서, 크레펠린의 원칙에 따라, 그의 요점은 우울증을 위한 발달적 노선은 당연히 조증을 포함해야만 한다는 것이다.

멜라니 클라인(1940)은 '유아기의 우울적 질병'의 발생론적인 개념을 보통 유아의 정신적 구조의 발전에 뿌리를 둔 정상적 발달적 현상으로 순화하려고 하였다. 이 '질병'에 대한 핵심적 발달적 의제는, 그녀가 명시하듯, 자기애에서 대상 사랑으로의 변형으로, 이것이 성공하지 못하면 청소년과 성인은 향후의 우울증에 대한 경향성을 가지는데, 관찰할 수 있는 증상들만이 아니라 정신적 기능의 손상과 불균형에 근거한다. 아브라함처럼, 그녀 역시 우울증에서 강박적, 멜랑콜리 상태와 조증 상태간의 보다 상호의존적 관계를 초심리학적으로 예상하였다. 어린 아이들과의 작업에 근거하여 그녀는 심리적 성장에 내재한 다양한 분열적, 우울적 불안과 갈등들을 극복하는데 있어 어떤 실패를 설명하기 위해 기본적인 '조적 방어'라는 개념을 발전시켰다. 그녀는 말하기를 '우울적 자리와 조적 자리 간의 동요는 정상적 발달의 본질적인 부분이다'(Klein, 1940, p. 349). 조적 방어가 흔들리면, 그녀는 덧붙이기를, 자아는 분리, 상실과 관련된 불안을 통제하거나 수정하기 위해 강박적 기제를 사용한다. 이 주요 요인들은 그녀의 우울증 이론의 특징이 되는데, 그녀의 이론은, 아브라함의 개념과 유사하게, 순환성 상태들의 변경된 이론이라고 할 수 있다.

이 진술로부터 추론할 수 있는 개념화는 우울증과 그 구조의 심리학은 조증과 직접적으로 관련된 기분 장애라는 것이다. 즉, 모든 우울증은 – 건강한, 경미한 혹은 심한 – 본질적으로 단일성 장애로 보아야만 하지만, 우울적 상태와 조적 상태 간의 순환적 활동이 주기와 강도에서 다양하며, 구조의 본질적인 특성으로 볼 수 있다는 의미에서 순환성 구조를 갖는 것으로 개념화할 수 있다. 이 개념화는 크레펠린(1902, 1921) 그리고 조증과 우울증을 같은 상부에 두고 별개의 조건들 혹은 양극의 반대로 보지 않고 하나의 질병으로 보았던 초기 정신분석 선구자들까지 거슬러 올라간다. 나는 우울증과 조증의 연결이 대상관계 관점에서 평가될 때 우울증의 숨겨진 구조를 구성한다고 믿는다.

이러한 개념화는 조증과 우울증이 언제나 활기찬 동거 관계에 있다는 것을 함축한다 – 우울증은 조증 혹은 경조증의 가속화 측면에 의존하여 우울증의 견딜 수 없는 영향을, 특히 신체에 대한, 최소화하려고 한다면, 조증은 우울증의 저속화 측면을 이용하여 판단 능력의 통제를 빼앗으려고 한다. 다시 말해서, 조적 상태는 우울적 과정의 필수적이고 보완적인 부분으로, 우울증의 회복에 필요한 심리적 작업이 조증의 반-우울적 효과를 통해 조직적으로 방해받거나 배제될 수 있다. 따라서 아주 극단적인 경우를 제외하고, 우울증과 조증 간에 형태적 변형은 없다 – 그들은 상호의존적으로 존재한다. 즉, 단호하게 상호적 관계는 양극성이 아니라 순환적이다.

이런 이유로, '조적 방어'의 개념을 '우울증으로부터의 악명 높은 휴가'라고 위니캇(1935)은 웅변조로 설명하였다. 조적 방어는 많은 회피적 사고, 환상, 행동들로 구성되어 있는데, 현재의 임상적 그림에서 언제나 명백하지 않다는 점을 덧붙여야겠다. 이것들은 무의식적 요소들에 익숙한 의사들과의 긴 면담이나 치료 상황에서 분명하게 드러나며, 내재적으로 우울증은 복합적 차원의 장애라는, 정신분석 임상의들의 오랜 신념을 입증한다.

위니캇(1935)과 클라인(1940)은 둘 다 조적 방어를 부인에 근거한 정신적 작용의 한 종류로 보았다. 우울증에서, 부인은 환자를 두 방향 중의 하나로 끌고 갈 수 있다 — 외부 세계의 구순적 이상화 혹은 내적 세계의 구순적 고착, 이 둘은 우울증의 고통스런 감정을 무력화하기 위해 아주 정확하게 동원될 수 있는 정신적 마비를 야기한다. 외적 세계로의 '도피'는 빠르게 대체되는 환상들과 행동화가 특징이다. 내적 현실로의 '도피'는 외적 세계와의 전반적 접촉에 은밀히 미치는 손상을 반영하는 해리, 이인증, 오인(misperception)이 특징이다. 이 임상적 이론은 본질적으로 대상관계 패러다임 안에서 만들어진, 수년에 걸쳐 모든 연령 집단들에 대한 분석적 작업에서 도출된, 이 특별한 종류의 방어의 분류로 끝이 났다. 이것들은 첫째 자기 이상화, 둘째 필요한 대상의 의미를 부인하고 평가절하, 셋째 이러한 대상들보다 우월하고 이 대상들을 통제한다는 전능한 환상, 그리고 넷째 의기양양 상태에서 대상들에 대한 승리를 포함한다. 조적 방어는 발달 단계에 상관없이 모든 사람에게 흔하지만, 어떤 성인들의 경우 이것이 성격적 방어로 결정화한다; 그러나 논의를 위해 이 둘 간의 구별을 하지 않을 것이다.

본 장에서의 제안은 모든 우울증이 핵심적인 순환성 구조의 단극성 우울증으로 개념화되면, 재발의 역동에 관한 다른 분석과 논의가 가능하다는 것이다. 두 번째 제안은 조적 방어가 과도하게 사용되어 우울증의 적절한 회복을 방해할 때 이것이 만연성과 재발에 적합한 조건을 촉발한다는 것이다. 순환성 우울증이 심인성 기원을 갖는다고 프로이트(1921)가 서술하였고, 이런 이유로 재발에 적합한 조건은 우울적 과정 그 자체 안에 있다는 이론을 세울 수 있다 – 말하자면 그것은 '내부 작업'이다. 더욱이 우울증이 만연성과 재출현에 취약하게 만드는 것은 바로 이 순환성 구조이다. 그러므로 적절한 회복은 조적 방어의 범위와 영향에 대처하는데 달려 있고, 전략적으로 조적 방어를 치료의 주요한 중점의 하나로 끌어올려야만 한다. 간단히 말해서, 임상의는 우울증의 부인 기제를, 특히 무의식적 부인 형태를 취하는, 환자의 명백한 고통과 함께 명심하여야만 한다. 만약 치료가 단순히 증상들이나 증상을 보이는 사고의 호전에만 관여한다면, 재발을 이끄는 강력한 요인들을 간과하게 된다.

이 주장은 본 장 시작할 때 인용의 출처인 굿윈과 재미슨에 의해 제시된 것이다. 역사적 관점에서 기인하여 저자들은 성공적인 DSM이 순환성 특징을 가진 단일성 우울증의 개념을 파괴하였다고 슬퍼하며(Goodwin & Jamison, 2007, p. 9), 이 발전은 재발 현상에 관한 이해에서 중요한 변인들을 제거해버렸다고 역설한다. 그들이 특히 재발에 중점을 두는 동안, 본 장 자체는 현재의 치료 결과의 맥락에서 재발에 관한 곤란한 문제들로 제한할 것이다. 그러나 그런 점에서, 우울증에 대한 근본적인 순환성 구조의 장점을 인식하는 데 동의하고, 조적 방어가 대응하는 순환적 상태의 우울증을 포함하며, 별개의 기술적 유목들을 가진 DSM의 철학의 반대에 서 있다. 이 분류체계가 정신 질병 분야에 진단의 신뢰성과 타당성을 전반적으로 가져왔다는 것을 누구도 부인하지 않지만, 반대로 우울증의 성공적 치료는 기분 장애의 일차적(양극성)이고 약간 과도하게 단순화된 모델로 인해 지체되었다.[13]

청소년 우울증 사례는 흥미롭고, 실례가 될 수 있다. SSRI으로 청소년 우울증 치료가 소개되었을 때 상당한 숫자의 환자들이 유발된 조증에 굴복하였다(Chang & Ketter, 2001). 우울증이 현재의 증상이기에 청소년들은 처음 양극성 삽화를 경험한 것으로 추정되었다. 이것은 기분 안정제 없이 젊은이들에게 이러한 약물을 사용하는데 대한 교훈적인 경고를 이끌었다 – 오늘날은 양극성 청소년들의 약리적인 치료에서 자명한 것으로 여기지만. 그러나 이 결론은, 본 장의 주장을 – 우울증의 핵심으로서 순환성 구조가 존재한다 – 어느 정도 지지하지만, 그럼에도 불구하고 아직 약물치료에서 의원성의 요인에 관한 논의를 무시한다. 대신 변칙적인 임상적 문제는 두 배의 약리적인 개입이라는, 프로크루테스의 침대에 청소년들을 맞춤으로써 간단하게 해결된다. 차후의 연구들은 소아과 환자들 사이에서 SSRI – 유발된 조증의 높은 위험을 강화하였다(Baumer et al., 2006).

보다 단순한 접근은, 단순한 진리를 반영하는, 청소년기가 순환성 상태의 출현의 절정이고, 호르몬의 영향을 제외하고 그들은 성숙 단계의 주요한 과제들의 하나에 의해 자극받고 있다 – 개별화 과정에서 아동기의 내면화된 대상관계로부터 정서적 철수 – 는 사실을 인식하는 것이다. 이 경우에 우울한 청소년의 치료에 관한 주의 깊은 경고는 조적 방어의 예상과 그들 기분의 순환 효과를 강조하거나 목표로 삼을 필요성을 역설해야 한다. 다시 말해서, 성숙 과정의 정점에서 우울증의 순환성

13 더 나은 모델은, 오래 전에 Whybrow와 Medels(1969)가 제안한 것처럼, 양극성 설계와 대조적으로 삼각형이다. 그들은 삼각형의 세 점으로 우울증, 조증, 정상적 상태를 나타내며, 혼합된 우울증이 우울증과 조증 간의 선분에서 일어난다고 보았다. 이 모델은 다른 점들의 기분을 통과하지 않아도 어느 상태든 정상적 상태로 되돌아 갈수 있다고 하였다 – 저자들은 사람들이 정상적 상태에서 조증으로 그리고 우울해지지 않고 그 반대로 이동할 수 있다는 임상적 사실을 설명한다.

14 청소년들에서 양극성 장애의 과도한 진단이 SSRI의 의사에게 원인이 있는 것인지 그리고 이 집단에서 우울증을 진단할 때 심층적인 심리적 평가가 의무사항인지 궁금할 수 있다. SSRI에 청소년들이 장기적으로 노출되면 양극성 장애로의 전환 위기가 증가한다는 Martin 등(2004)의 발견은 우울증의 임상적 유형은 평생 과정이라는 정신건강 집단의 커지는 추정에 설명을 제공하는 듯하다.

구조는 조적 방어를 동원하여 우울증을 부인하려는 전략으로서 강화된다.[14]

치료를 위한 시사점

1장에서 설명하였듯이, 재발에 관한 통계치를 보면, 통상적인 치료 체계는 우울증 구조의 핵심적 측면에 별로 영향을 주지 못하는, 그래서 장기적 이득을 보여주려는 임상 시험에 저항한다는 결론을 피하기 어렵다. 또한 이러한 치료가 문제가 되고, 치료 결과에 대한 오늘날의 암울한 전망에서 치료의 역할이 무엇인가 하는 것이다. 우울증의 유효성을 위해 가장 널리 시험된 치료가 CBT, IPT 혹은 단기 역동 치료 같은 구조화된 단기 치료, 그리고 물론 항우울제가 있다.

나는 단기 치료 체계가, 이론적 방향이나 임상적 철학이 무엇이든, 좋은 초기의 관해율을 이룰 때, 오직 부분적 완화가 구조화된 치료 간격 동안 이루어지는 환자들에서 또한 조적 방어가 일어나는지 궁금하다. 이 치료들은 16주에 걸쳐 환자들이 나아지는 것을 보여주지만, 우울증을 부인하는 환자들의 성향을 인지하지 못 한다면, 특히 치료 맥락에서, 이것은 다만 일시적 혹은 가짜의 완화를 위한 조건을 확립할 수 있다. 실제로, 가짜의 완화는 최적의 치료 후에 잔여의 증후들의 빈번한 출현에서 분명히 드러나고 있으며, 이 증후들은 재발의 결정적 요인들로 오랫동안 인정되어 왔다(Paykel, 2008). 이러한 주장은 '치료 저항성 우울증'이라는 새로 고안된 용어가 상당히 부정확한 명칭이라고 제안한다 – 저항하는 것은 질병이 아니라 자연 발생적인 방어를 지나치게 사용하여 회복에 저항하는 우울한 개인이기 때문이다. 그러므로 조적 방어의 활성화에 내재한 재발의 잠재적 취약성 문제를 다루기 위하여 평가 기간과 그 이후에 보다 많은 경계가 필수적이고, 치료의 설계, 구조, 목표에 더 많은 주의가 주어져만 한다.

단기 형식의 치료 옹호자들 역시 재발률에 대해 염려한다는 것이 적절한 치료 후에 퇴행에 대한 보호 장치로, "촉진제" 치료나 연장된 치료의 추천 증가로 드러난다(Beck et al., 2004). 덧붙여 '우울증 연동(depressive interlock)'을 보이는 환자들에게 상당한 주의가 주어졌는데, 이 환자들은 '억제-유형적(depresso-typic)' 인지 구조화의 지속적 존재로 인해 재발이나 재출현의 위기에 놓인다(Teasdale et al., 1995). 나는 조적 방어가 이 구조화의 중심적이지만 숨겨진 특성이라고 제안한다.

중앙신경체계의 습관화와 장기적 부작용에 대한 많은 염려에도 불구하고, 우울증에 대한 약학적인 치료에서 추가적 치료가 요구되고 있다(Martin et al., 2004). 그래서 중요한 치료적 과제가 적절하게 성취되지 못 한다는 사실을 조금 인지하는 듯한데, 아직 그 과제가 무엇인지 확실히 달리 해석할 여지가 있다. 약물치료의 경우, 약물의 다소간 동일한 혹은 조절된 선택이 통상적인 해결책이지만, 그것 자체만으로 – 이것은, 순차적 요법 없이, 보통 CBT – 즉 이 전략이 재발의 방지면에서 양호한 장기적 예후를 성취할 것이라는데 점차 의심이 들고 있다(Peterson, 2006).

장기적 CBT는 자체의 도전을 받고 있다. 긍정적 치료 동맹은 치료의 기간이나 임상적 철학과 상관없이 우울증의 성공적 심리 치료에서 중요한 요소라는 것이 경험적으로 밝혀졌다. 그럼에도 불구하고 '긍정적'에 대한 강조는 치료자만이 아니라 치료의 선택된 과정에 대한 환자의 부정적 태도에 임상적 주의를 차단하였다 – 더 나아지고 회복하려는 환자의 욕망과 나란히 존재하는 요인이다. 치료 프로그램이 장기적일수록, 복잡한 대인관계적 요인이 치료 과정으로 보다 흘러들어가고, 해석적 입장을 보다 요망한다는 점을 피할 수 없는 듯하다. 이러한 새 사실이 우울증에 대한 환자의 무의식적 신념과 그 의미가 치료의 맥락의 부분이 되는 방식에서 입증된다; 이런 이유로, 치료 철학 면에서, 이 요인들이 의식적인 우울적 사고나 신념과 우울한 기분 간의 인과적 연결을 주장하는 이론적 체계 안에서 수용되어야만 한다.[15]

무의식적 신념 현상은 우울증의 중심에 조적 방어를 두는, 특히 복합적이고 다루기 힘든 형태에서, 임상의들에게 보다 익숙하다. 그러나 정신분석 안에서 모든 이론적 모델이 대상관계 이론들에서 나온 이 개념들을 지지하지 않는다. 정신역동 진단편람(Psychdynamic Diagnostic Manual ‹PDM Task Force, 2006›)은, 예를 들면, 우울증에 대한 논의에서 우울증에서 조증의 방어적 역할에 대해 오직 두 번의 가벼운 언급만 하고 있다(p. 46, 47). 이 선구적인 편람은 미국에서 정신분석을 지향하는 정신 건강 전문가들을 대표하는 5개 주요 조직 간의 협력에서 나온 결과였으며, 칭찬할만한 의도는 DSM에 정신적 기능의 보완적 진단 분류법을 제공하는 것이었다. 그러나 정신분석 분야에서 현상의 시험 가능성이 아니라, 복잡한 특성들에 동조하는 적절한 체계를 만들겠다는 저자들의 목표는 특정한 이론과 개념의 선호로 손상되었다. 예를 들면, 아동과 청소년의 증상 형태 그리고 유아기와 초기 아동기의 장애 분류를 다루는 주요한 장들에서 위니캇에 대한 어떤 설명도 없었다.

결론적으로 말하면, 정신분석학의 초기 선구자들 그리고 차후 세대들이 제시한 우울증과 조증간의 상호관계로 돌아가면서, 특히 영국 대상관계 학파를 대표하는 학자들에게 주목하면서, 우울증을 위

15 CBT와 정신역동치료(PDT) 간에 이론에서 유사성이 조금 있지만, 그들이 치료적 변화를 위해 동일한 근본적인 기제나 경로를 사용하지는 않는다. 임상적 철학 그리고 기법의 윤리 면에서도, 메울 수 없는 차이가 있다. PDT의 강조점은 환자를 이끌기보다 따라가는 것; 목표의 발전을 허용하기; 의미를 추구하고, 영향을 주려고 시도하지 않으며, 변화가 아니라 성장에 초점을 둔다.

한 단기 치료 형태를 이용한 임상적 시도에서 왜 긍정적 결과가 치료 밖에서는 지속되거나 확고하지 않은지 이해하게 되었다(Rado ‹1928›, Deutsch ‹1933›, Weiss ‹1944›, Fenichel ‹1945›, Jacobson ‹1953› & Rochlin ‹1953› 같은 선구자들). 모든 우울증들은 순환성 구조를 갖는 것으로, 우울적 상태와 조적 상태 간의 순환적 활동이 우울증의 구조에 내재된 것으로 개념화해야 한다. 몇 번이고 계속해서 분석적 치료 상황에서, 이것은 환자의 불안, 우울적 상태와 조적 상태 간의 동요에서 분명히 예시된다. 그러므로 혼합 상태의 우울증은 우울증의 하위 유형이 아니라, 에밀 크레펠린(1921)이 처음 인지하였듯, 환자 중심 접근에 근거하여, 일반적인 것으로 보아야 한다. 이 견해는 기본적으로 우울증의 내적 대상관계 상태를 설명하는 것으로 우울증의 무의식적 구조를 보여준다.

조적 방어의 배치는 – 프로이트는 '정기적 반항'이라고 불렀다 – 임상적 양상에서 역치 아래의 특징으로 존재하고, 활성화되었을 때 조적 방어는 적절한 회복 단계를 방해하고 재순환과 재발을 위한 정신적 조건을 작동시킨다. 이것은 양극성 우울증이라는 잘못된 진단으로 이끌 수 있다. 최악의 경우는 이 진단에서 오직 항우울제만 사용할 경우, 의사의 치료로 인한 빠른 순환 운동과 더 높은 재발률이 발생한다(Schneck et al., 2008). 방어적 조증과 우울증 간의 순환적 활동은 우울한 사람의 고통을 끝내려는 것을 확실하게 방해한다.

더욱이 이론적 방향이나 임상적 철학이 무엇이든 매뉴얼화된 단기 치료는 당연히 조적 방어를 가져오고, 만약 조적 방어가 경시된다면 시간적으로 유지될 수 없는 가짜의 회복 유형을 이끌 수 있다.

마지막으로 우울증에 관한 기술의 일관성을 이루고 치료를 경험적으로 평가하려는 지배적인 요구가 우울증의 너무 단순화된 개념을 이끌고, 이것이 치료의 실현 가능 목표에 대한 지금의 비관적 견해와 직접적으로 관련 있다. 우울증을 재 개념화하고, 임상적 철학과 치료의 기술적 개입에서 우울증에 저항하는 모든 주요한 방어들을 포함함으로써, 지금의 '치료적 허무주의 곤경'은 – 아브라함(1911)이 이전에 조적 우울증에 관한 정신의학의 태도를 기술한 것처럼 – 치료적 가능성에 보다 호의적이지만 못지 않게 복잡한 전망으로 대체될 수 있다.

10장

꿈 작업과 애도 작업의 상관

학교에서의 마지막 해인 환자 스티븐은 형의 갑작스런 죽음을 다루는데 필요한 도움 때문에 보내졌다. 그때 릭은 학생으로 하숙하고 있었는데 교차로를 건너다 자동차에 치였다. 스티븐의 가족들은 사고 장소로 달려갔고 릭은 아직 의식이 있었다. 구급차가 도착하고 다른 가족들은 릭과 함께 병원으로 갔다. 스티븐과 삼촌은 현장에 남아 경찰에 진술해야 했다. 그러나 그가 병원에 도착하자 곧 릭은 혼수상태에 빠져 죽기까지 몇 주 정도 버티었다. 스티븐은 형에게 작별 인사를 하지 못한 것에 몹시 화가 났다.

나는 평가동안 스티븐이 상실을 받아들이려고 애쓰는 가운데 그의 솔직함과 의연함에 깊은 인상을 받았다. 비록 그는 사려 깊게 말하지만 사건들을 설명할 때 감정을 보이지 않았다. 그는 매우 협조적이었지만 몹시 초조해보였고 동시에 매우 생기 없어 보였는데, 반대로 나는 그 끔찍한 사건들에 관한 그의 설명을 들으면서 눈물이 날 것 같았다.

그리고 그는 그의 증상들에 대해 이야기하였다: 수면의 어려움, 옆구리의 욱신거리는 통증, 교실에서나 럭비장에서 집중의 어려움. 가정의는 우울증이라고 진단했지만 스티븐은 약물 치료에 완강히 반대하였다. 그 다음에 그는 자신의 꿈을 이야기하였는데 꿈 내용이 그의 무의식의 애도 작업을 암시하는 듯 보여 나는 보다 희망적이라고 느껴졌다. 스티븐이 학기말 시험 후 여행을 계획하고 있어, 우리는 일주일에 한 번 정해진 기간 동안 (9개월까지) 치료를 시작하였다.

이 장에서 내가 하려고 하는 것은 하나의 예외를 제외하고 9개월 회기동안 완전히 연속적인 사건들을 형성하는 스티븐의 꿈을 제시하려고 한다. 나는 그 연속이 임상적 정신분석에서 오랜 기간 규명한 것을 보여준다고 생각한다 – 그것은, 상실에 대한 꿈에서 개인은 애도 기간에, 특히 상실의 현실을 수용하는데 있어, 경험하는 가장 강렬한 고통과 비탄을 끄집어낸 편이다. 즉, 애도 작업은 비탄을 처리할 목적으로 꿈을 독특한 방식으로 배치한다. 게다가 그의 꿈들이 죽은 형과 관련되었기에 꿈들의 실제 내용이 – 이미지들과 사건들의 연속적인 이야기들의 형태로 – 애도의 목표인 변형 작업을 구현한다는 것을 나는 깨달았다. 다시 말해서, 꿈들의 연대기적 내용과 이야기는 죽은 사람이 내사적 동일시를 통해 자아 안에 자리 잡는 실제적 정신적 복원 과정을 그렸다. 그 이야기에서 초기에 형은 약하고, 몸이 편치 않고, 쇠약한 인물이었지만 점차 죽을 무렵의 그의 상태와 유사한, 온진하고 살아있고 꽤 괜찮은 건강으로 돌아왔다. 이러한 방식으로 연대기적 꿈 내용은 '애도 작업'를 반영한다. 이러한 종류의 애도 과정을 가까이 지켜본 많은 임상의들에게 익숙한 일일지 모르지만, 나는 이 흥미로운 현상에 관해 논의하고자 한다. 먼저 개별적인 꿈들이 연속적으로 주어지고, 스티븐의 연상들과 감정들을 제시하고, 치료자의 종합적인 논평을 포함할 것이다. 애도 작업과 꿈을 생성하는 정신 작업 – 꿈 작업 – 간의 연결에 관한 한나 시걸(1991)의 의견에 대한 논의가 잇따를 것이다.

1 나는 공상과학 느낌이 나는 황혼의 도시를 차로 지나고 있다. 오픈카는 저절로 움직이는 것 같다. 운전석 옆자리의 릭은 내 무릎에 머리를 기대고 있다. 그는 약하고 말이 없고 아주 어려보이지만(울음) 눈을 뜨고 살아있으며, 그리고 나는 차를 멈췄다. 대충 옷을 걸친, 담배 피던 사제가 그에게 몸을 굽혀 그의 입에 담배를 물려준다. 그것은 카멜 라이트—내가 불을 켜주자 그는 좋아지는 듯 보인다. 그리고 그는 머리를 돌려 주변을 둘러보더니 자리 밑에 있는 담배 한 갑을 발견한다. 그리고 우리는 식당에 앉아 있고, 웨이터가 커다란 불꽃의 초를 들고 나타난다.

논평

스티븐은 사고 현장에서 릭의 가방에서 담배를 발견했고, 담배를 피웠다고 말했다. 내가 마치 형이 갑자기 사라져버린 '커다란 불꽃'인 것처럼 형을 사랑하였다고 말하자 그는 수긍하였다. 한주 내내 그의 여자 친구를 피했는데 그는 무감각하게 느껴졌기 때문이었다고 덧붙였다 — 거기에서도 불꽃 역시 사라졌다. 스티븐은 좀 더 연상을 해보라는 나의 요구에 잘 응대하였다. 그는 부모 몰래 무면허로 차를 몰았고 담배를 피웠으며, 가끔 형과 피우기도 했다고 고백하였다. 꿈은 여러 가지 방식으로 스티븐의 죄책감을 숨기려고 노력하는 듯 하다 — 자동차(오픈카로 보다 위험한 차)를 저절로 움직이게 하고, 그리고 '냉담한' 사제에게 죄책감을 투사함으로서 흡연이 갖는 건강 문제를 부인하고, 연상에서 형제가 어렸을 때 아버지가 가족을 떠났다는 것이 드러났다 — 다시 말해서 과거의 상실에 대한 언급.

2 나는 릭과 함께 언덕의 경사에 서 있는데 (그들이 아동기에 살았던) 릭이 어깨에 가방을 걸치고 초조해하였다. 그는 차 안으로 들어가기를 원했지만 나는 지체하고 있었다. 그런 다음 그는 차로 스테이션거리까지 나를 데려다 주었다. 그는 꿈에서 더 어렸고 나는 감정적으로 말했다, "너를 봐서 너무 기뻐, 너는 죽었잖아!" 그는 웃으면서 나를 보았다. 그는 너무나 실제 같아서 나는 중얼거렸다, "나 꿈꾸는 거야?" 꿈에서 나 스스로 확신하기를, 그는 살아 있고 나는 너무나 기뻤다. 그 다음에 나는 잠에서 깨어 내가 꿈을 꾸었다는 사실을 깨달았을 때 침울해졌다. 나는 꿈에서 그가 얼마나 생생하고 살아 있는지 놀라웠다. 실제로 그 순간(스티븐이 덧붙이기를), 나는 꿈에서 그를 생생하게 보려고 애쓰고 있다는 것을 알았다.

논평

애도 작업을 위한 '매체'로서의 꿈은 여기서 잘 드러나고 있다. 릭은 활동적이고 그의 존재는 완전히 생생하고 상렬한데, 이것이 실제인지 여부에 대한 의심이 아직 있다. 스티븐은 차 안으로 들어가길 주저하는데, 위험과의 명백한 연관 때문이다. 그는 릭을 정신적으로 꽉 잡으려고 최선을 다하지만 깨어나면 진실이 바로 드러난다. 스티븐이 형을 잊어버릴까봐 걱정하는 현실 생활에도 고통이 있다.

3 한 이상한 남자가 나를 방문하였다 — 빼빼 마르고 편안한, 40대의 노동자같은 남자로 약간 거칠어 보였다. 그는 이삿짐 짐꾼들처럼 보이는, 청색 오버올을 입은 흑인 노동자들과 나타났다. 우리는 남자의 일에 대해 이야기 하고 있고, 그 다음에 릭이 나와 함께 있고, 그리고 우리가 침대에 함께 누워있는데 그 남자가 와서 내 머리에 키스를 해주고, 담배에 불을 붙여주고 떠났다. 나는 말했다, "저 남자를 봐—견인 트럭을 가졌어." 그 다음에 나는 릭의 존재를 깨닫고, 릭은 실제로 살아 있고, 좀전의 것은 그냥 꿈이라고 스스로 확신하였다. 그는 나에게 그가 어떻게 자신이 죽었는지 물었고, 나는 '내상으로'라고 말했다. "어디서?" 그가 묻자, "이집트에서"라고 답하는데 깨어나 꿈을 적는데 매우 언짢은 기분이 들었다. 스티븐은 중동지역으로 갔던 학교 여행에서, 왕들의 계곡에서 딱딱하게 서 있던 2개의 입상이 나온 엽서를 릭에게 보낸 것을 회상하였다. 엽서에서 "나는 네가 이 형상들의 딱딱함을 좋아할 것 같은데" 라고 말하며 그를 놀리려고 했었다(비통하게 울다).

논평

꿈속의 남자는 형제가 어릴 때 사라진 아버지로 다시 확인되었다 – 그는 아들들에게 이불을 덮어주는 사람에 대한 기억으로, 그러나 현재 상황에서는 아버지 같은 구원자 (견인 트럭)에 대한 소망으로서 돌아왔다. 전이 요인이 해석되지 않았지만, 어떤 작업은 치료자의 상담실 밖에서 (길에서) 이루어짐으로서 향상된다. 다시 형을 "딱딱한"으로 부른 것에 대한 죄책감이 있고, 이것은 죽은 존재에 대한 무의식적 말장난이 확실하다. 꿈에서 아버지의 복귀는, 클라인의 관점을 보여주는데, 즉, 상실 대상을 복원시킴으로써 상실로부터 회복하는 데, 당신은 그것을 처음 하는 것이 아니다. 덧붙여, 내사적 동일시를 통한 특정한 상실 대상의 회복은 아동기에 본래 존재하였던 내적 대상들의 회복을 포함한다.

4 나는 릭과 함께 병원에 있다. 그는 혼수상태에서 깨어나 별로 기분이 좋지 않다고 말한다. 나는 열심히 그를 보호하려고 한다. 그의 전 여자 친구들 중의 한 명이 나타나자 나는 그녀에게 가라고 한다. 그 다음에 나는 릭과 함께 식당에 있는데 그는 기분이 좋고, 차 안에서 자고 싶다고 한다. 그가 비틀거려서 새로운 방향을 주어야만 한다. 그는 더 어렸고, 나처럼 십대였다, 추측 건데.

논평

회기에 스티븐은 한주 내내 머릿속이 '흐릿한' 상태였고 동시에 릭과 보다 '연결된' 느낌이었다고 말한다. 그가 늘 빈했던 릭의 전 여자 친구에 대해 말한다. 그는 집을 계속 방문하는 그 젊은 여성에게 아마도 강한 매력이 생겼을 것이라고 인정한다. 꿈에서 릭은 혼수상태에서 깨어나(마치 그는 그저 잠을 자고 있었던 양) 기분이 별로 좋지 않다고 말한다. 그다음 그는 식당을 떠나서 차 안에 눕는다. 그는 마치 취한 것처럼 '비틀거렸고', 그는 더 어린, 자신처럼 십대였다고 스티븐은 말한다. 꿈에서 상실을 부인하는 세 번의 시도가 있다: 릭이 수면상태에서 살아나기를 바라는 소망; 릭의 '비틀거림'과 스티븐의 '흐릿한' 머리간의 유사성을 통한 릭과의 연결; 여자 친구와의 관계에서 릭의 자리를 대신하고 싶은 소망을 과잉보호로 가장. 셋 모두 릭과 "연결된" 느낌을 나타내며, 투사적 동일시에 근거하는데 이것은 상실에 대한 방어로서 대상과의 자기애적 융합을 획득한다.

5 나는 집으로 갔고 어머니에게 릭이 어떠냐고 묻자 어머니는 릭이 걸으려고 애쓰고있다고 하였다. 그는 소파에 누워 있었고 나를 보려고 머리를 들었다 다시 누웠다. 우리는 기침에 대해 이야기하였고, 어머니는 그가 의사 C를 만날 거라고 하였다. 그다음 나는 깨어나 릭이 죽었다는 사실에 충격을 받았다.

논평

회기에 스티븐은 '이 세계를 떠나기'를 원한다고 말하였다 — 학교를 마친 후에 유럽에 가서 살고 싶다. 그는 고향에서 집 같은 느낌이 들지 않았고 안전하다고 느끼지 않았다. '존재론적으로', 그는 말하기를, '예측할 수 없다.' 그리고 그에게 지역적인 것은 뭐든 무가치해 보였다. 나는 형을 되돌리려는 절망감과, 릭이 그러했듯이 그가 이 나라와 세계를 떠나고 싶다는 문제에 착수하였다. 나는 그가 죽음에 대해 생각하는지, 그는 부인하지만, 여부를 체크하였다. 격심한 비탄 속에서 전체 내적 세계의 상태가 어떻게 영향 받는지 주목하여야 한다 — '존재론적으로.'

6　나는 집으로 가서 문을 통과하였다. 나는 전등 스위치를 찾고 있었다. 갑자기 개가 부엌문으로 나타났는데, 릭의 늙은 개 같았다. 그다음 릭이 피곤한 모습으로 들어와 나에게 등을 돌리고 탁자에 앉았다. 나는 그에게 합류하였고 그는 눈을 감은 채 푹 쓰러져 나는 무언가 이상하다는 것을 깨달았다. 그가 손을 들어 나의 입 안에 넣고 눈을 감았는데, 마치 나에게 안녕이라고 말하는 것 같았다. 나는 동물 소리 같은 것을 내기 시작하고 훌쩍이며 진정시키는 소리를 냈다. 갑자기 그가 죽었다는 사실이 떠올라 나는 슬픔으로 압도되어 깨서 울었다.

논평

스티븐은 꿈에서 형의 죽음을 처음으로 인정하였다고 말하였다. 나는 물었다, "어떻세요?" 그는 릭이 작별 인사를 하러 왔다고 대답하였다. 그는 그 꿈 이후로 기분이 아주 나빠졌고, 다시 잠을 잘 수 없었다고 덧붙였다. 꿈속의 개가 수 년 전에 죽은 가족의 개(또 다른 과거의 상실이 돌아온)였다고 확인하였다. 개가 죽었을 때, 릭은 외국에 있었다(울음). 나는 개와 작별할 때 그가 혼자였다고 말하였다 – 지금 릭에게 작별 인사를 하려고 할 때 그가 느끼는 것처럼. 그 꿈에서 살아 있는 개는 이전에 살아 있던, 지금 꿈에서 약하고 죽어가는 릭을 나타내는 듯하다. 게다가 개의 외형은 그들이 한때 공유했던 그러나 더 이상 공유할 수 없는 무언가를 나타낸다 – 포기의 암시.

7 초등학교 친구들 중의 한명이, 그의 형 역시 죽었는데, 나에게 전화하여 릭을 다른 도시에서 보았다고 말하였다. 나는 그를 정정하면서 말하였다, "하지만 그는 죽었어!" 그 다음에 갑자기 나는 테라스를 바라보는 창이 있는 방에 있었다. 누군가 창을 지나서 재빨리 움직였고, 그다음에 창턱 아래로 살금살금 돌아왔다. 나는 밖으로 나갔는데 그것은 릭이었다. 그는 지금의 나이였고, 약간 부은 듯했는데, 병원에서 나왔다고 말하였다. 그는 장난을 치고 나는 그를 보는 것이 너무 기뻤지만, 나는 내내 그의 존재가 사실이 아님을 알고 있었다.

논평

이 경우에 다른 도시에서 릭을 본 것은 다른 사람이고 스티븐은 릭이 죽었다고 말하고 정정해야만 하였다. 꿈에서 스티븐은 그의 상실이란 현실을 수용하였다. 그 다음 꿈은 갑자기 릭을 지금의 나이로 보여주지만, 릭과의 숨바꼭질 게임에서 반영하듯 그의 젊음을 유지하고 있다. 이 꿈은 스티븐의 애도 작업을 시험하는데, 그는 가슴 아프게 인정한다, "나는 그를 봐서 너무 기뻤지만, 내내 그의 존재가 사실이 아니라는 것을 알고 있었어요" – 포기의 다른 암시. 스티븐은 회기에서 그의 슬픔의 정점에 도달하였다고 언급하였다.

8 스티븐은 릭이 그의 전 여자 친구에 대해 말하는 꿈을 꾼다. 릭은 "유감스럽게도 그녀를 다시 받아들였어"라고 말하였다. 스티븐은 그녀가 그에게 실제로 관심이 없다는 것을 꿈에서 깨달았다고 말하였다. 그는 말하기를, "그래서 마지 못해, 릭이 나보다 그녀에게 보다 권리가 있다는 것을 인정했어요."

논평

이 꿈에서 릭은 그의 전 여자 친구가 돌아왔다고 주장하고, 이것은 두 형제간의 보다 큰 분리를 나타낸다. 애도 과정 중에 스티븐은 릭의 후임자가 되는 수단으로 그의 전 여자 친구와 사랑에 빠졌지만, 꿈에서 릭을 간직하는 수단으로서 릭과의 자기애적 동일시가 약해진 것이다.

9 나는 형이 응답기에 그의 기분에 대한 메시지를 남기는 꿈을 꾸었다. 나는 꿈에서 울며, 깨어나 그가 다시 나의 일부가 된 기분을 느꼈다.

10 나의 새 여자 친구(미래에)와 나는 시골에 집을 사려고 하였다. 비싸지 않고, 보수가 필요한 집이다. 릭이 전화해서 그가 그 집에서 당분간 살면서 보수를 시작할 수 있다고 제안하였다. 그는 일 년 정도 시골에서 살고 싶고, 창조적이고 사색하고 싶다고 하였다.

논의

충격과 불신 – 그리고 항의 – 의 시간 후에 현실 생활에서 애도하는 사람은 사고와 기억에서 그리고 적극적인 추구를 통하여 대상을 회복하고자 시도하지만, 상실한 사랑 대상은 어디에도 없다는 것을 발견할 뿐이다. 프로이트는 이것을 애도 작업의 핵심인 '현실 검증(reality testing)'의 시기라고 불렀다. 나는 스티븐의 꿈이 애도 작업의 이런 측면을 위한 진정한 시련의 장을 제공한다고 생각하며, 이것이 어떻게 두 차원에서 일어나는지를 강조하고 싶다. 첫째, 꿈은 환상과 현실의 차이를 가혹하게 암울하게 강조하여 상실의 일반적 충격을 직면하도록 한다. 실제 스티븐의 꿈들은 끔찍한 사건으로 후퇴하다 전진하다 하는 식으로, 상실을 받아들이다가 그 다음 그것으로부터 멀어지는 식으로 애도 작업의 전형을 보여준다. 릭은 꿈에서 시종일관 살아있는 모습으로 나타나고, 비록 아프거나 다쳤거나 혹은 비틀거리지만, 이것은 릭에 대한 스티븐의 애착을 강화하고, 그 결과는 계속 꿈에서 애착을 포기해야만 하는 모든 이유들과 직면할 뿐이다. 이것은 애도 작업이, 독특한 방식으로, 큰 슬픔을 처리하기 위해 어떻게 꿈들을 배치하는지의 예를 잘 보여준다.

둘째, 꿈들은 애도하는 사람의 무의식에서 애도 작업의 한 부분으로 죽은 사람이 변형되는 과정에 대한 흥미로운 점을 보여준다. 꿈들의 연속의 초기에, 릭은 매우 약하고 겨우 살아 있다. 그는 또한 꿈속에서 더 어리게 나오고, 건강한 어린 시절을 상기시킨다. 그러나 꿈이 연대순으로 진행되면서 우리는 죽은 사람이 약하고 부상 입은 어린 인물에서 걸을 수 있는 인물로, 그 다음 그가 죽을 무렵의 연령, 건강, 성격으로 회복된 인물로 변형되는 것을 볼 수 있다.[16] 이러한 유형의 변형은 살아 있는 내적 존재로 자아에 자리를 잡기 위해 현실에서 대상을 해방시키는 데 필요한 단계를 반영한다.

나는 또한 꿈들이 실제적 과정들을 보여준다고 생각한다 – 스티븐의 꿈들에서 릭의 점진적 부활은 릭을 조금씩 점차로 놓아주는, 최종적인 포기의 단계까지 가는, 과정과 정비례한다. 다시 말해서, 꿈들의 이야기의 연대순은 정확히 애도 과제를 반영한다: 스티븐의 꿈에서 릭은 보다 제삼자가 되어가고, 다른 이에게 말하거나 언급하고, 다른 이에 의해 보고되고, 전 여자 친구를 다시 받아주고, 스티븐의 응답기에 메시지를 남기면서, 그는 스티븐의 마음에서 한 사람으로 점차 분리되어 나오는데, 이런 분리는 자기애적 대상(자기애적 동일시의 작용을 반영하는)에서 내적 대상(내사적 동일시의 작용을 반영하는)으로 상실 대상의 상태의 전환을 반영한다. 마지막 꿈에서 의미 있게, 스티븐의 마음에 충분히 소생된 릭은 스티븐이 미래를 향해 이동하려고 하자 스티븐의 삶의 내적, 외적 쇄신에 도움을 주겠다고 자청한다. 이것은 꿈 작업이 애도 작업을 인도하는 데 있어 긴요한 역할을 할 수 있다는 강력한 예라고 하겠다.

상징주의에 대한 저술에서 시갈(1991)은 애도 작업의 정신적 작업과 꿈을 생성하는 정신적 작업 – 꿈 작업 – 간의 연결에 대해 종종 말하였다. 그녀는 이 연결이 무의식적 상징화라고 말하였다. 프로이트(1900)는 꿈 작업의 기능이, 창조적 잠재력은 없는, 왜곡이라고 보았

16 나는 이런 유형의 변형이 무의식적 애도작업이 얼마나 진척되었는지를 치료자에게 안내할 수 있다고 믿는데, 그 이유는 대상이 내적 대상이 되는데 필요한 단계들을 반영하기 때문이다.

다. 이러한 입장에서 벗어나, 시갈은 꿈 작업에서 나타날 수 있는 의식적 상징과, 애도작업과 공통점을 갖는 변형 과정으로 그녀가 기술한 무의식적 상징화를 구별하였다. 그녀는 꿈 작업과 애도작업의 유사점을 다음과 같이 보았다: 애도작업에서 실제적으로 죽은 사람은 상징적인 경우를 제외하고는 살아 돌아올 수 없는데, 이것은 성공적인 애도를 위한 중요한 기준이다(Segal, 1991, p. 38). 꿈에서 꿈 작업은 응축과 전치 – 무의식적 상징화를 포함 – 같은 기제를 통하여 숨겨진 사고를 위장된 내용으로 전환한다. 시갈은 애도작업과 꿈 작업이 모두 '극복하기'의 예들이고, 꿈이 전이의 어떤 측면으로부터 나오는 경우에 특히 그렇다고 결론지었다.

나는 형의 갑작스럽고 폭력적인 상실에 대한 반응으로 한 젊은이의 일련의 꿈들을 골라, 꿈 작업의 과정과 애도 작업의 과정들 간에 시갈(1991)이 설명한 상동 관계를 보여주고자 하였다. 이것은 다음과 같이 요약할 수 있다: 꿈 작업에서 표면적인 내용은 잠재된 내용에 의해 새로운 형태가 주어지는데 반해, 애도작업에서 상실 대상은 내적 대상의 새로운 형태가 주어진다. 그들이 공유하는 듯이 보이는 과정들은 상징화 과정으로, 현실 생활에서는 무의식적 환상으로, 수면에서는 꿈으로 일어나는 지속적 활동이라고 할 수 있다(Bion, 1962). 그러나 이 사례 제시를 이용하여 나는 이 상동관계에 새로운 차원을 덧붙이고 싶다: 애도하는 사람의 꿈 내용 이야기는, 꿈들이 상실 대상에 관한 것으로, 애도 작업의 변형적 구조와 역동을 묘사할 뿐만 아니라, 이 과정들을 인도하는 듯 보인다. 이것은 애도 작업이 큰 슬픔을 처리할 목적으로 꿈을 배치하는 방식에 또 하나의 흥미로운 요인을 더한다. 이것은 정신적, 정서적 발달 단계에서 반영되듯, 일반적으로 성숙 과정에서 꿈의 보다 다양한 변형적 기능에 대해 고려하도록 이끈다(Bion, 1965; Meltzer, 1984).

이 장을 결론지으면서, 나는 애도 작업의 환자가 어떻게 상실 대상과의 과거 관계로 불가피하게 돌아가는지, 뿐만 아니라 자동적으로 다른 과거의 상실 혹은 상실 대상을 다시 찾아가게 되는지를 강조하고 싶었다. 이것은 클라인(1940)과 다른 이들이 설명한 것처럼 애도 '과정'의 필수적인 부분이다. 분석적 치료를 비방하는 일부 사람들은, 특히 생의학적 분야에 있는, 상실과 관련된 우울증을 치료하는데 있어 환자의 과거를 깊이 탐구하는 것이 아무 의미가 없다고 단언해 왔다. '요점은 ‹우울증› 치료하는 방법을 안다는 것이다; 그것이 어디에서 왔는지 논리를 세우는 것이 지금까지 치료적 유용성과는 전혀 관련이 없다'(Donald Klein, Solomon에서 인용된 2002, p. 103). 이 주장은 상실에 대한 우울적 반응은 – 생각지 않은 반응을 포함하여 – 심리치료가 환자에게 부과한 이물질로 회복과정을 방해할 것이라는 기이한 암시를 한다.

11장

사례 연구: 우울증과 관련된 상실에서 나타나는 동일시 유형

의뢰된 D부인은 젊은 기혼 여성으로 몇 달째—아마도 일년은—내부의 '얼어붙은' 느낌과 독서, 사교 활동, 시골 주말여행 같은 수많은 일상적 활동에 대한 열정을 잃어버린 것에 대해 염려하였다. 그녀는 저녁 파티에서 숨 막힐 것 같고 점차 말 수가 줄어드는 지점까지 그녀의 '감정 저장소'가 말랐다고 말하였다. 또한 그녀는 눈물이 마구 날 것 같고, 그녀가 상급직을 맡고 있는 직장에서 자신감 문제로 고심하고 있다고 언급하였다. 내가 '우울증'이라는 단어를 말하자, D부인은 활기 없는 모습으로 반응하며, 나의 그 단어가 무언가를 촉발하였다고 말하였다. 회기 거의 끝 무렵에 그녀는 20년 전의 어머니 죽음에 대해 언급하였는데, 어머니는 50세에 뇌 암으로 돌아가셨다고 하였다.

D부인은 일주일에 두 번 치료를 시작하며, 남편과의 친밀감 감소, 그녀의 직원들과의 복잡하고 화나는 관계, 그리고 무심한 아버지로 인한 박해감 같은 현재의 문제들에 초점을 두었는데, 다음 넉 달의 과정에서 어머니의 질병과 죽음을 둘러싼 상황과 감정적 경향이 전경으로 조금씩 흘러나왔다. 뇌종양 진단 후에 수술은 성공하지 못 했고, 어머니는 집의 침대에 내내 누워서 시름시름 죽어갔다. 그 무렵 젊은 미혼 여성이었던 D부인은 집으로 돌아와 어머니를 간호하며 매일같이 방문자들을 맞았다. 어머니가 죽을 때 그녀는 혼수상태였다. 생애 마지막 단계에서 어머니는 갑자기 맑은 정신이 들어 그녀에게 가슴 아픈 것들을 말하였다—D부인

은 완전히 무력하게 느껴졌다. 이 기간 내내 아버지는, 정중하지만 지나치게 예민한 남자, 극단으로 흐르지 않고, 저녁에 직장에서 돌아와 침대에 자러가는 식으로, 자신의 삶을 가능한 한 정상적으로 지속하였다. 그녀가 부모를 돌본 석 달 동안 아버지는 그녀를 위로한 적이 단 한 번도 없었다. 그녀의 어머니가 죽었을 때, 거기에 어떤 '드라마'도 없었다. 장례식에서 어머니 친구들이나 가족들 누구에게도 애도의 말을 하라는 요구가 없었고, 음악에 대한 어머니 평생의 관심에도 불구하고 아무 것도 허락되지 않았다. 곧이어 그녀의 아버지는 어머니의 물건들을 독단적으로 무신경하게 처분했다; 일 년도 되지 않아 집을 팔고 다른 동네로 이사 갔다. 상세히 이야기하면서 D부인은 급격하게 괴로워하며, "엄마는 아이 곁을 결코 떠나지 않았을거예요!"하고 말하였다.

치료가 진행됨에 따라 아버지의 행동으로 인한 D부인의 불행은 분노로 타올랐지만 그것을 아버지에게 어떤 식으로든 말하는 것을 상상할 수 없었다. 그녀는 이것이 '겉치레'하는 가족의 원칙과 일치한다는 것을 깨달았다. 최근에 그녀 어머니 생일이 아버지의 어떤 언급도 없이 지나갔다. 그녀는 어릴 때부터 자신이 아버지 삶에 '덧대어진' 무엇처럼 늘 느껴져 왔다고 말하였다.

석 달의 치료 후에 D부인은 결혼 관계에 돌아온 약간의 친밀감으로 인해 열의를 조금 회복하였지만, 그러나 절망적인 생각으로 괴로워하기 시작하였다. 한 회기에서 그녀는 "이 우울증이 얼마나 오래 갈까요?"라고 물었다. 이 질문은 뜻밖에 보다 급성의 단계를 촉발하였는데, 고통이 흐릿한 머리, 무거운 눈꺼풀, 거의 신체적 부동화로 나타났다. 동시에 점점 더 나빠지는 감정과의 끔찍한 투쟁이—그래도 겉치레해야만 하는—절정에 도달하였다. 그녀는 나이 많은 남자 친구와 성관계를 갖는 에로틱한 꿈을 꾸었으며, 완전히 혼란에 빠졌다. 나는 이 꿈이 "우울증이 얼마나 오래 갈까요?"라는 진술에 대한 조적 방어로 이해하고, 어머니의 서서히 진행되는 죽음을 바라보며 보낸 석 달의 기간에 대해 말하는 것으로 받아들였다.

애도작업은 우울증을 활성화시킨다. 그리고 본 장에서 나는 지연된 애도의 경우 우울증은 격렬하고 복잡한 양상을 취한다는 것을 보여주려고 한다. 나는 다음 석 달에 걸친 최고조의 우울증 기간 동안 D부인의 증상의 동요를 자세히 설명하고, 정신역동 관점에서 그녀의 우울증의 본질에 대해 정리하고자 한다. 나는 그녀의 우울증이 다른 양상을 보이는, 깊은 슬픔의 세 단계로 설명하려고 한다. 첫째, 그녀의 어머니의 죽음을 다시 체험하는 급성의 시기로, 여기서 그녀의 우울증은 이인증 상태를 통해 강한 자기애적 특성을 나타내지만, 증상의 부분적 경감이 따랐다. 두 번째 단계에서 그녀의 우울증의 신경증적 특성은 어머니와의 그리고 오이디푸스적 질투와의 갈등 경험의 회상과 연결되어 표면화되었다. 이 단계에 이어 보다 순환적 형태를 보이는 장기적 단계가 뒤따랐는데, 강력한 증상 단계와 완화 기간, 정상적 기분과 기능의 회복의 단계가 교대로 출현하였나 – 이것은 '진이'에서 '극복하기'의 단계로 나타났다.

최고조의 우울증 단계

D부인은 들어와서 비참하다고 하였다. 그녀는 지난 회기 이후로 울음을 멈출 수 없었다. 그녀는 너무 슬프고 아무 것도 할 수 없었다. 그녀는 독서를 할 수도 없었고, 산책을 시도해보았지만 전혀 도움이 되지 않았다. 그녀는 울면서 샤워를 하였다. 그녀는 '혼자 하는 모든 것이 고독을 가져와요.'라고 말하였다. 그래서 그녀는 침대에 눕기로 결심하고 불을 끄자 어둠 속에서 울기 시작하였다. 울면서 그녀는 이것이 어머니가 죽어가는 동

안 그녀가 하였던 것과 정확히 같은 것임을 기억하였다. 그때 그녀는 어머니의 옆방에서 잠을 자기로 결심하였는데 매일 밤 그녀는 울면서 잠이 들었다. '내 상상에서', 현재를 언급하면서, 그녀는 '내가 바로 그 사람이 되었어요.'라고 말하였다. 그녀는 또한 잊어버렸던 많은 것들을 기억해 냈다고 덧붙였다. 예를 들면, 그녀가 방문자들을 시중들고, 차와 샌드위치를 만들 동안 아버지는 언제나 거기에 없었다는 것을 깨달았다. 저녁에 그는 신문을 읽다 자러 가면서 그녀를 어머니와 남겨두었다. 그녀는 놀라움과 분노를 띠며 말하기를, 이 모든 것들이 20년 전에 일어났군요! 그녀는 어떻게 그것을 정확히 기억할 수 있었을까?

그 무렵 그녀는 아침에 일어나 자동적으로 요리를 준비한다. 그녀는 정성들여 필요한 절차에 따라 어육 완자를 만들고, 그리고 그녀는 그 신선했던 냄새에 대해 언급하였다. 이어서 그녀는 스프를 만들었는데, 그녀가 일을 하러 갈 시간이 되었다. 그녀의 울음은 멈추었지만 그녀는 고통스러웠고, 끔찍한 장소에 있는 것처럼 느껴졌다. 회기에 그녀는 갑자기 외치기를, '나는 엄마를 위해서도 요리를 했었어요!' 그리고 그녀는 매우 마음 상해하였다. 나는 그녀가 어떻게 깊은 슬픔을 혼자 대처했는지 기억해낸 것이라고 하였다. 이에 대응하여 그녀는 그때 그런 것이 정확히 전에 느껴졌었던 그런 것이라고 되풀이하여 말하였다. 그날 저녁 집으로 돌아온 그녀는 외출하고 싶지 않았다. 그녀는 남편에게 핑계를 대었는데, 그녀는 어느 누구에게도 그녀의 감정을 알리고 싶지 않았기 때문이었다. 나는 이것도 역시 그때와 같다고 하였다ㅡ그녀는 외출할 수 없었고 그리고 누구에게도, 특히 아버지에게, 그녀의 감정에 대해 말할 수 없었다.

주말 후 회기에 그녀는 어떻게 '스며들 수 있는' 존재가 되었는지 상세히 이야기하였다ㅡ그녀를 가려줄 수 있는 것이 전혀 없었다, 어떤 필터도. '거리에서 걸인을 보았는데 눈물이 날 것 같았어요. 나는 아이 같았어요.' 동시에 그녀는 자신이 세상에 '스며들 수 없는' 존재였다고 하였다. 그녀는 읽을 수도 없고, 배고프지도 않았다.; 그녀는 말하고 싶은 욕구도 없고, 아침에 일어나고 싶지도 않고, 사고의 명료성도 조직도 없이 하루를 휘청거리며 보냈다. 나는 필터가 없다면 그녀는 전혀 보호 받지 못한다고 느꼈을 거라고 하였다. 그녀는 눈물이 글썽해서 말하기를, 그때 하루 종일 자신의 감정을 통제하는데 너무 힘들었다고… 이어서 그것이 사라진다! 이것이 정상이었나? 나는 어머니가 죽었을 때 그 끔찍한 경험으로부터 그녀를 지켜줄 어머니가 없었기 때문에 그녀의 눈물에 슬픔이 있었다고 말하였다. '아버지도 없었어요.' 라고 그녀가 덧붙였다. 고통스런 침묵 후에, D부인은 주말에 친구를 방문했는데 그 경험으로 소진되었다고 하였다. 집으로 운전해 오면서 너무나 피곤해서 그녀가 도로를 벗어날 수도 있겠다고 느꼈다. 나는 그녀를 지켜줄 사람이 아무도 거기에 없다고 느꼈을 때 그녀는 도로에 전념할 수 없었다고 말하였다. 그녀는 놀라움으로 쳐다보며 어머니의 수술로 병원에 가려고 준비하는 동안 몇 번의 사소한 자동차 사고가 있었다고 하였다. 나는 그녀가 그 때 어머니와 접촉을 유지하려고 애쓰는 중이었다고 말하였다.

다음 수가 시작되어도 D부인은 롤리고스터를 계속 타고 있었다. 음식 준비는 왔다 갔다 하고 이제는 음식만 있어도 메스꺼움을 느낀다. 그러나 어머니 침대 곁에서 확 풍기던 약물 냄새가 났을 때, 욕실에서 어머니의 기억이 돌아왔고, 그로 인해 아침에 그녀는 울다 그치다 하였다. 곧이어 그녀는 이모를 방문하기로 결심하였고, 거기서 누군가에게 '언니의 딸'로 소개되었다. 그녀는 감사하는 기분이 들었으며, 가족의 유사성으로 인해 어머니와 함께 시간을 보내듯 이모와의 시간을 경험하였다. 그러나 그녀는 이모에게 어머니 혹은 자신의 감정에 대해 전혀 이야기할 수 없었다. 돌아오는 길에 그녀는 '녹초가 된', '지쳐버린' 느낌이었고, 자신이 누군지 알 수 없었다. '나는 내가 미쳤다고 생각했어요. 집에는 우유가 다 떨어졌고, 그리고 나는 어떤 것도 하고 싶지 않았어요! 나는 뭔가 읽으려고 했지만 머리에 아무 것도 들어가지 않았어요. 나는 죽는 게 나아요! 내가 이런 상태인데 왜 살아 있는 건지!' 나는 그녀의 이모 방문이 그녀를 어머니와 다시 가깝게 하였다고 말하였다; 그녀는 음식 준비가 왔다 갔다 한 지난 회기 이후 어떤 거리를 두었지만, 이모를 통하여 가까워졌고, 그러고는 어머니는 떠나야만 했고 다시 상실을 경험하였다. 나는 동의한다고 말하였다—누구도 그처럼 살아서는 안 된다. 그녀는 감동받은 듯 보였고 그리고 깊은 인상을 받았다. 생각에 잠겨 그녀는 어쩌면 어머니도 실제로 그렇게 느꼈는지 여부를 숙고하였다—그녀는 죽기를 원했는가. 짧은 침묵 후 나는 동의하였고, 그리고 '나는 죽는 게 나아요! 내가 이런 상태인데 왜 나는 살아 있는 건지!"라는 그녀의 말을 덧붙였다. D부인은 어머니의 생각을 대신 말 한 것으로, 그것들은 말해져서는 안 되는 것이었다. D부인은 몹시 눈물을 글썽이면서 답하였다, '왜냐하면 어머니는 나를 떠날 수 없었어요!'

다음 회기에 D부인은 지난 회기에 무언가가 자신의 신경을 건드렸고, 이틀 동안 따끔거렸으며 계속해서 울먹거렸다고 말하였다. 그녀는 지난 회기에 무슨 일이 있었는지 기억할 수 없었으며, 직장에서 자신에게 '장막'을 덮어 자신을 부재하게 만들었다. 그러나 그날 저녁에 회복하였고 남편에게 말하면서 그녀는 '우유'의 의미를 깨달았다. 그녀가 새 집으로 이사 간 아버지를 한번 방문한 적이 있는데 그녀의 차에 넣는 우유가 없었다. 물론 아버지는 차에 우유를 넣지 않았으며, 그녀의 방문을 알고 있었고, 그녀는 이것이 그의 무심함의 전형이라고 느꼈다. 나는 그녀가 어머니가 죽어갈 때와 죽었을 때 매우 중요한 것을 충족시켜주지 않은 데서 느꼈던 아버지의 부재를 다시 기억한 것이라고 말하였다.

이것은 아동기의 부정적인 기억들의 분출하도록 D부인을 자극하였다. 일요일 오후는 고통스러웠다. 아무도 이야기할 사람이 없었고, 아버지는 신문을 읽거나 크리켓 경기를 보았고, 어머니는 집안일을 하였다. 그래서 그녀는 독서에 열중하였고 그녀의 열정이 되었다. 그러나 그녀는 매우 외로웠고 불행했다고 생각했다. 또한 아버지에 대한 어머니의 노예적인 태도에 대한 기억도 있었는데, 어머니가 아버지를 위해 모든 것을 갖다 주어서 그를 전혀 불편하지 않게 하였다. 그녀는 일하는 사람들이 모두 쉬는 화요일을 그 예로 강조하였다. 그녀의 어머니(그리고 그녀)는 정원 문 여는 일을 대신하여 아버지는 차고의 진입로를 '급습하여' 쉽게 들어갈 수 있었다. 그녀는 어머니의 그런 부분을 증오하였다. 어머니가 그녀의 학교와 사회적 활동에 과도하게 참견하였고, 그것이 얼마나 '게걸스럽게' 느껴졌는지 말하였다. '그녀는 너무나 많은 정보를 요구하였어요.' 물론 아무 것도 말할 수 없었고, 그런 이유로 그녀는 '즉흥적으로 연기'하거나 그녀의 숙제에 대해 거짓말을 하는 것으로 반항하였다. 그녀는 또한 어머니가 원하는 것을 별 감흥 없이 주었고— 그것은 하나의 '강박'이 되었다고 하였다. 때때로 그녀는 논의에서 종종 어머니를 얼렁뚱땅 넘어가려고 하였고, 그녀가 이야기하기 좋아하는 사람이라는 것을 알고 있었다. 나는 아버지가 차고의 진입로를 급습하여 들어가도록 한 어머니에서 성적 암시를 지적하며, 어머니를 강박적으로 좌절시키는 것은 아버지와의 어머니의 관계에 대한 처벌이라고 해석하였다. 나는 부모에 대한 이런 분노가 그녀의 외로움을 더욱 상화시켰나고 덧붙었다.

어머니에 대한 항의 후에 D부인은 다음 회기에 돌아와서(주말 지나고) 집중력이 악화되었다고 불평하였다. 지난 회기 이후 그녀는 정서적으로 약하게 느껴졌고, 이상하게 초조해졌다— 그녀는 이것을 '신경증적 불안'이라고 불렀다. 또한 그녀는 턱을 악물었는데, 그녀는 이것을 억눌린 느낌과 연결하였다. 그녀는 폭발한 동료에 대해 말하며, 그에 대한 책임감을 느꼈다. 그다음 그날 저녁에 그녀는 남편과 외식하러 나가서 집에 있는 개들에 대해, 개들이 짖어서 이웃을 방해하는지에 대해 계속 걱정하였다. 그 이웃은 주말에 그녀에게 개에 대해 비명을 질렀다. 그리고 밤에는 감기가 시작되면서 그녀는 체온계를 들고 직장 결근을 심하게 걱정하였다. 나는 그녀가 '신경증적 불안'이라고 부르는 것들이 폭발, 분노와 관련된 사건들이라고 해석하였다. 나는 그녀가 어머니에 대한 억눌린 감정을 표현하고 지난 회기를 떠났고, 이것이 죄책감과 슬픔의 감정을 이끈

것 같다고 해석하였다.

그녀는 회기 후 어머니에 대한 감각 반응을 경험하였다고 언급하였는데—더 젊은 시절의 사람으로의 냄새—안도하며 울었다. 그러나 전반적으로 그녀는 붕괴되는 느낌이었다. '나는 혼란스러웠고 수면 발작 같은 상태에 있었어요. 나는 서서히 정지하였고 그날 휴가를 냈어요.' D부인은 아픈 적도 없었고 거의 휴가를 내지도 않았다고 말하였다. 아동기에 그녀는 가끔 몸이 안 좋았고, 깨끗한 린넨의 냄새와 어린이 방의 창문으로 들어오는 햇살을 기억하였다. '의지가 되는 사람들이 사라졌을' 때 그녀는 어릴 때 종종 풀이 죽었다. 그녀는 학교에 대해 이야기하며, 휴일을 알리는 특정한 노래가 집회에서 불릴 때 학기가 끝나는 것을 얼마나 싫어하였는지 말이다—그녀는 그 노래를 증오하게 되었다. 집에는 놀아줄 수 있는 사람이 없었다. 그녀는 상상의 친구를 만들었다. 갑자기 그녀는 대학 시절, 과제를 마치기 위해 남아있기로 결정한 방학을 떠올렸다. 대학은 '유령 마을' 같았고 그녀는 너무나 외롭고 우울하였다. D부인은 과거의 다른 시기들에 그녀가 명백히 우울했었다는 사실을 애처롭게 생각해냈다.

D부인이 자신의 우울한 정신적 상태를 '스며들 수 없는', '의식을 잃게 하는', '정신이 혼미한', '녹초가 된', '은둔한', '서서히 정지하는', '수면 발작 같은' 등으로 표현하였을 때, 나는 이것을 서서히 죽어가는, 손상된 뇌를 가진 어머니와의 무의식적 동일시의 증거로 보았다. 어머니의 죽음 무렵 어떤 주요한 '불쾌감'나 '식물성'증상도 그녀의 깊은 슬픔을 방해하지 않았다. 그러나 20년 후, 임상 상황에서 그녀는 상실을 다시 체험하였고, 상실과 연결된 모든 숨겨진 고통을 소생시키려는 목적으로 어머니를 소생시켰다. 다시 말해서 어머니와의 동일시(투사에 의한)의 초기 형태가 그 당시 감당할 수 없었던 애도의 어떤 측면들을 배제시켰다. 내가 D부인에게 '엄마와 떨어져 있지 않다'고 말했을 때 그녀가 자기애적

동일시를 계속 사용하고 있다는 점을 의미하였는데, 이것이 순간적 혼란과 이인증 상태뿐만 아니라 식물성, 정신운동 증상들과도 연결되었다고 믿었다. 반면에 어머니를 '보내기'와 관련된 그녀의 고통은 철수, 무감각, 쾌락 상실, 과도한 반추, 슬픔, 갈망 같은 정신적 증상들을 통하여 대개 표현되었다. 그러므로 이런 종류의 지연된 급성 애도를 다룰 때, 언제나 '이중의 우울증(double depression)'이 고려되어야 하는데, 그것은 마술적인 방법으로 대상을 보유하려는 데서 오는 고통 – 사실상 박해적 우울증 – 그리고 죄책감 속에서 대상을 보내는 데서 오는 고통이다 – 우울적 자리 우울증.

D부인의 사례에서, 고통의 다른 형태들 사이에 증상들의 완화 기간이 배치되는, 순환적 형태를 취한다. 이런 패턴은 그녀의 치료 기간 내내 지속되고, 회기들 간에 혹은 한 주에서 다음 주처럼 빠른 주기로 드러나거나, 혹은 더 긴 간격을 두고 더 느린 주기로 나타났다. 나는 이 간격들이 다음 경우를 반영하는 것으로 보았는데, 즉, 그녀가 산 사람으로부터 멀어지고 죽은 사람과 가까울 때로, 반대의 경우와 비교하면 – 살아 있는 것과 보다 가깝고 그녀 자신이 더 살아있고 덜 '얼어붙은' 존재로 느낄 때 – 말이다. 중요한 것은 시간 내내 그녀의 고통의 질의 변동이었지 순환 자체의 제거가 아니었으며, 나는 이것이 치료적 호전과 연결될 수 있다고 생각하였다.

10장에서 나는 우울증의 숨은 구조가 순환성 구조로, 분석적 맥락에서 드러나지 않는다고 하였다. 그러나 이것이 양극성 구조를 의미하는 것이 아니라, 모든 형태의 우울증들의 필수적인 요소인, 우울적 상태와 조적 상태의 순환적 흐름을 반영한다. 현재의 사례 연구 또한 순환의 패턴을 나타낸다 – 그러나 우울증의 다른 하위 유형들 간에. 이것은 전혀 새로운 생각이 아니며, 확실히 정신분석에서는, 명명법이 너무 절대적일 때 쉽게 간과되는 부분이다. 나는 치료 결과의 통계 자료에서 나온 현재의 증거가 분명하게 이것이 사실임을 보여준다고 생각한다. 가벼운 우울증을 가진 환자들의 80%가 결국 중증 우울증으로 발전할 때, 이러한 절대적적 하위유형들이 같은 조건의 변형임을 시사하는 것이 아닐까(Roth & Fonagy, 2006)?

신경증 단계

D부인의 '신경증의' 불안, 성마름, 슬픔, 죄책감의 출현은, 기존의 식물성, 정신운동 증상에 덧붙여, 임상적 양상의 변화를 나타내며, 아동기의 불행한 기억에서 나온 어머니(그리고 아버지)를 향한 부정적 느낌의 고양과 일치하는 듯하다. 다음 세 개의 꿈들은 D부인 안의 양가감정의 갈등과 그것을 다루려는 시도를 보여주고자 선택되었다.

1 그녀는 집 밖에 있었고 카트가 매달린 구식의 트랙터가 서 있었다. 카트가 앞으로 나아가지 못했는데 그 이유는 어머니가 방수포 밑에 있었기 때문이다. 어머니는 불안하고 무력한 상태였고 D부인은 어머니를 진정시켜야만 하였다. 그녀는 어머니에게 호랑이에 관한 시를 읽어주었고 어머니는 진정되었다. 곧이어 그녀는 떠났고 깨어서 슬픔을 느꼈다. 그녀의 연상에서 블레이크의 호랑이, 호랑이라는 시가 떠올랐다—빼어나게 아름다운 동물이지만 또한 그 폭력성 때문에 겁먹게 하는—창조 행위의 복잡성.

2 그녀는 들판을 돌아다니며 낙엽들 속에서 보물을 줍고 있었는데 그녀는 어머니의 결혼 반지를 발견하였다.

3 그녀는 물이 가슴까지 차는 공공 풀장 안에 있었고, 어머니는 옆에서 그녀에게 이야기하고 있었다. 그들의 레인에서 한 아이가 오르내리며 수영하고 있었는데 그들을 우회하여 그들과 부딪히는 것을 피해야만 하였다.

이 꿈들의 의미는 확실하게 드러난다. D부인의 현재 '신경증의 불안'의 근원이 어머니와 오이디프스 커플에 대한 양가감정에 있다는 것, 이것이 앞으로 가려는 그녀의 움직임을 지체시키고 있다. 그녀는 자신 안에서 '호랑이'를 인지하고, 이어서 소중한 결혼반지를 발견할 수 있었고, 이것은 창조적인 커플을 대표하는, 뿐만 아니라 그녀 마음에 어머니와 그녀 자신의 보다 건강하고 말 잘 하는 이미지를 회복할 수 있었고, 여기서 그녀의 아이 부분은 보다 잘 순응하고 배려하였다.

D부인은 이러한 꿈들 이후 훨씬 기분이 좋아졌다. 그녀는 많은 힘을 얻고 '능력'을 회복하였다 – 그녀는 요리를 다시 시작하였지만 아직 독서는 할 수 없었다. 또한 그녀는 자신에게 향수를 느끼며, 청소년기 시절을 생각하고, 그 시절에 그녀가 좋아했던 음악 곡들을 듣기 시작하였다. '베일이 걷혔거나 혹은 내가 조증이 거나요' 하고 그녀가 말하였다. 그러나 그녀는 남편에 대한 반응이 아직도 '둔하다'고 여겼는데, 예외적으로 그가 차 안에서 그녀와 이야기를 나눌 때 그를 향한 격분이 올라왔다.

전이

다음 단계는 치료가 일 년으로 접어들고, D부인의 가족과 친구들의 관계를 포함한 일상적 사건들에 초점을 맞추고, 전이 의미를 띤 치료자에 관한 꿈이 나타나기 시작하였다. D부인은 증상들과 여전히 씨름하고 있었고—흐릿한 머리, 답답한 가슴, 기진맥진 후 수면—, 그녀는 자신에 대해 점점 더 무력하게 그리고 치료적 과정에 대해 불확실하게 느꼈다. 그 무렵 그녀는 모든 겉치레를 부수고 바퀴들이 다 떨어져 나가게 둘지를 숙고하였다—혹은 심리치료를 그만둘지. 그 다음 몇 달 동안은 D부인이 '죽음의 문턱'에서부터 '낙관적' 느낌이 교대로 나타나며 임상적 양상은 매우 엇갈렸고, 이어서 회기간의 어려운 시간이 다음 회기의 끝이 오면 완화되는 그런 식의 패턴이 출현하였다. 그녀의 직장에서 일들이 더 좋은 쪽으로 가는 중요한 전환이 일어났다—이전에는 그녀를 무너뜨렸던 과제들을 '재빨리 끝내는'데서 새로운 즐거움과 활기를 얻었다. 또한 그녀는 그녀의 직원들에게 보다 '어머니 같은' 느낌을 가졌다.

한 꿈에서 D부인은 남편과 함께 회기에 참여할 예정이었지만 매우 늦었다는 것을 깨달았다. 그녀는 알 수 없는 어떤 이유로, 나의 주소가 성 마태 가로, 그녀는 주의를 기울이지 않았고, 더 지체되어 그녀의 불안이 높아졌다. 반면에 그녀의 남편은 편안해 보였고, 곧 이어 그녀는 그들이 실제로 다른 마을로 가고 있음을 깨달았다. 그녀는 속으로 자신의 부재에 대한 거짓말을 생각해냈다—'우리'는 약속을 재조정하였다. 그녀의 유일한 연상은 마태 수난곡에 대한 것이었다—예수의 고통을 묘사하는 성가극.

그 다음 꿈에서 치료자는 유명한 작가를 닮았고, 그녀에게 자신이 장거리 달리기 선수라고 말하였다. 또한 그는 그녀가 '중세주의자'라고 말하였다. 꿈에서 그녀는 치료자가 그녀를 사랑하기를 원했다. 그녀의 연상은 아버지의 사랑에 대한 소망이었고, '과거를 파들어 가는 것'이 아버지로부터 얼마나 사랑을 받지 못했는지를 드러냈다. 그녀의 다른 연상은 치료의 지속에 대한 것이었고, 내가 그녀를 지루해할지도 모른다는 것이다. 나는 두 꿈이 함께 심리치료와 나에 대한 양가감정을 나타낸다고 지적하였다. 첫 번째 꿈에서 남편과 결합하는 것으로 나타나는데, 어둠 속에서 나를 떠남으로써 나를 이겨내는데서 그렇게 하였다. 아직 그녀의 죄책감이 깔려 있으며, 이어서 두 번째 꿈에서 나와의 치료를 고려해볼 때, 내가 지속하기를 중단함으로서 그녀로부터 나의 사랑을 철회할까봐 불안해 한다는 것을 보여주었다. 나는 덧붙이기를, 이러한 경우에 오직 예수 같은 인물만이 이러한 치료를 견딜 수 있고 게다가 용서할 수 있는가? D부인은 웃더니 곧 풀이 죽었다. 그녀가 협조적이지 않으면 내가 상냥함을 철회한 아버지 같지 않을까 의심하고 있다고 말하였다.

다음 회기에 돌연 초점이 어머니에게로 돌아갔다. 그녀는 주말에 자신에 대한 부정적 생각의 소용돌이에 빠졌다고 말하였다. 그녀의 삶에서 최근 사건들을 설명하면서, 한 방문자가 '문제가 생길거야.'라고 말한 것으로 끝났다. D부인은 즉각적으로 그녀에게 문제가 생길 것이라고 생각하였다. 그녀는 그 느낌을 '신경증의 불안'으로의 귀환, 다시 말해서 죄책감으로 나타냈다. 일요일에 그녀는 최저점에 도달했지만 오후에 변화가 생겼다. 그녀의 남편이 어머니를 떠올리게 하는 어투를 사용하였고, 그리고 싱싱에서 그녀의 어머니가 앞에 서 있었는데, 건강해 보이고 만족한, 그리고 D부인은 자연스럽게 말하였다, '미안해요.'

요약과 논의

보복하지 않고 그녀에게 관심을 잃지 않고 D부인의 비행을 견딜 수 있는 '현재' 인물에 대한 전이 요인은 그녀가 어머니에게 사과하게 하고 죄책감의 덫에서 자유롭도록 해주는 내적 심리적 조건을 충족시키는 듯하다. 그녀는 그 대상과 동일시하였고, 자신의 양가감정을 덜 부인하였다.

아동기에 특히, 죽음으로 인한 부모의 상실은, 성인기에도 그렇지만, 생존하는 부모가 존재하고 위안과 안심을 줄 수 있다면 보다 참고 견딜 수 있다(Furman, 1974). 상실의 수용 역시, 고통스럽지 않은 건 아니지만, 큰 슬픔을 가까운 가족들과 공유할 수 있을 때 가능하다(Bowlby, 1980I). 불행히도 D부인의 아버지는 아내의 죽음에 완전히 다른 방식으로 접근하였다: 그는 철수하여 모든 감정을 숨기고, 딸이 할 수 있는 한 최선 것 개인적 애도를 극복하도록 놔 누었다. 그러므로 그녀의 우울증을 극복하는 열쇠는 아내와 딸에게 전혀 공감적이지 않은, 가족의 재앙을 부인하는 공격자로서의 아버지의 이미지를 변형시키는데 있다.

이것은 치료의 또 다른 고통스런 단계를 드러냈다. 생존한 부모로서 아버지는 그때 그녀가 가진 전부였으며, 상실에 직면한 그녀도 아버지와 동일시하면서 그녀의 감정의 중요한 부분들을 묻어버렸다. 달리 어떻게 그녀의 애도가 20년씩이나 지체된 이유를 설명할 수 있겠는가?

이런 이유로, D부인의 치료의 이 시점에서, 그녀의 저항에서 구별되는 두 개 요인들이 있었다. 첫째, 그녀는 애도를 끝내기 위해 어머니를 회복시키는 고통에는 열려있었지만, 그녀는 또한 방어로서, 내사적 동일시의 성취를 희생하며, 어머니와의 무의식적 결합의 반복을 고집하였다. 우울증처럼, 그녀는 그때 어떤 동일시가 일어나느냐에 따라 증상들을 보였다 안보였다며 하면서, 전이에서 그녀의 양가감정을 직면하고 죄책감을 수용할 때까지 그런 순환을 보였다. 신체적 증상들이 지배하는 경우, 고통이 그녀의 머릿속 혹은 몸속에 있든 그녀의 우울증은 박해적 형태를 취했다. 그녀의 증상이 감정적인 경우, 그녀의 고통은 그녀의 '상상'속에 있었고, 극심한 고독과 슬픔 상태를 수반하였다. 그러나 두 번째 저항은 아버지와의 관계에 초점을 맞추는데, 상실을 극복하면서 그녀의 한 부분이 그와 동일시하였고, 아버지처럼 어떤 중요한 감정을 부인하였다. 이것은 그녀의 치료에서 고통이 최고조이고 짧은 순간에, 그녀가 무엇을 겪었는지 남편과 아버지에게 말 할 수 없었던 그녀에 의해 '밖으로' 행동화되었다. 또한 그것은 사랑을 표현할 수 없는 그녀에 의해, 그리고 그 무렵 치료자에 대한 에로틱한 느낌에 의해 '안으로' 작용하였다.

그 점에서 그녀가 아버지 같다는 것을 받아들이는 것이 D부인에게는 삼키기 어려운 알약 같았는데, 그 이유는 그녀가 아버지를, 특히 아내와의 관계에서, 나쁜 대상으로 위치시켰기 때문이다. 그러나 그녀의 우울증의 보다 나은 완화는 이 양가감정을 해결하려는, 다시 말해서 그녀의 우울증의 오이디푸스적 차원을 해결하려는 그녀의 용기에 달려 있다.

12장

우울한 아이: 항우울제 처방의 스캔들

아이들은 우리가 생각하는 것보다 회복력이 있다. 그들이 아플 때 그들이 노력하는 한 가지는 더 나아지려는 것이다(익명의 어머니).

아동의 우울증 진단을 위해 무엇이 필요한가? DSM-IV 아동용 기준에 따르면, 기분부전장애는 일 년 정도 우울한 기분을 보이지만 주요 우울증 삽화는 보이지 않는다. 덧붙여, 다음 중 둘 혹은 그 이상이 두 달 안에 나타나야 한다: (1) 식욕 부진 혹은 과식, (2) 불면증 혹은 수면과다, (3) 부족한 에너지 혹은 피로, (4) 낮은 자존감, (5) 저조한 집중 혹은 결정의 어려움, (6) 절망감. 주요 우울증의 경우, 기준은 (1) 무쾌감증, (2) 단조로운 정서 혹은 다음 중 최소한 세 개, (1) 상실과 관련 없는 우울한 기분이 아침에 엄습, (2) 조기 기상, (3) 정신적, 신체적 지체 혹은 흥분, (4) 식욕부진 혹은 체중 감소, (5) 격심한, 부적절한 죄책감. 증후의 수에 근거하여 진단이 내려지면, 믿을 수 없을 만큼 우울장애의 비율이 높아진다는 것이 계속 지적되었다(Harrington, 2002).

불행해 보이는 아이들 중 얼마나 많이 이런 특성의 증후들을 보이는가? 낙담, 쾌감 상실과 결합된 체중이나 수면 장애는 아이들에게 드물지만, 울기, 성마름, 두통, 위통, 사고, 공격성의 분출, 학업 부진은 우울한 기분의 흔한 지표다. 이것은 아이들이 일반적으로 자신의 기분을 간접적으로 표현하고, 언어적이 아니라 종종 물리적 방식으로 감정을 전달하기 때문이다. 어떤 아동들은 무감각과 슬픔을 보이지만, 다른 아이들은 과잉 활동이거나 적대적이다. 정신역동 진단편람(Psychodynamic Diagnostic Manual, PDM)은 아동기 장애는 다른 패턴을 보이며 같은 이름의 성인 장애의 전조로서 고려되어서는 결코 안 된다고 주장한다.

위니캇(1988, p. 87)은 아이의 전체 삶에서 활기찬 시간들 사이에 격심한 비참한 시간이 끼어드는 동요가 있다고 지적하였다. 그는 이것이 유아와 어린 아이들에서 발견되는 정서적 불안정의 지속이라고 하였다. 그는 건강시, 우울증은 삶을 진지하게 받아들이는 신호이고, 의심의 상태에 들었다는 신호라고 하였다. 아이들은 우울할 때, 아주 심각하게 박탈된 아이들을 제외하고, 그들은 거의 우울한 기분을 보이지 않는다 – 그들은 '불안한 초조함', 성마름을 보이거나 혹은 지붕 위를 걸으려고 하거나 혹은 가출한다. 이런 방식으로, 위니캇이 말하기를, 아이들은 잠재된 우울증에 대항하여 방어를 조직한다 – 그러나 그것은 다른 것일 수도 있다. 위니캇은 의학적 진단이 아동기에 적절한지, 우울증의 유목적 진단이 일상적 아동기의 흔한 불행과 구별할 수 있는지에 대해 의문을 제기한 첫 번째 소아정신과의사였다.

보다 최근에, 티미미(Timimi, 2004, 2007)는 불행한 아동을 환자로 받아들이는 것에 대해 유사하게 지적하면서 이것이 어떻게 일어날 수 있는지 설명하려고 애썼다. 그는 1980년대 이전에는 아이들을 우울증으로 진단하는 일이 많지 않았고, 항우울제로 확실히 치료될 수 없었다고 주장한다. 그 이후 아동기 우울증이 흔해진 것은, 그가 생각하기에, 아동기와 그 문제에 관한 사회의 관점의 변화에 기인한다. 통계 수치는 확실히 놀랍다 – 영국에서만, 2003년 이래 50,000명 이상의 아이들이 우울증으로 진단되고, 1년에 항우울제에 대한 170,000이상의 처방전이 18세 이하의 아이들에게 발급되었다. 더욱이 소아 청소년 정신과의사들의 90%가 아이들에게 약물 처방을 하고(Phillips et al., 2003), 항우울제 처방이 모든 아동기 장애의 전체 처방전에서 30%를 넘어서고 있다(Clark, 2004).

티미미(2007)는 영국에서 처방이 만연하는 한 원인이 변화하는 사회경제적 상황으로, 번영한 전후 경제가 부모세대처럼 아이들을 쾌락 추구하는 소비자로 변모시켰다고 하였다. 아이들을 소비자로 아주 매끄럽게 만든 상업화는, 그가 생각하기에, 아이들의 행복감과 불행감을 명명하기 위해 의학 용어를 사용하는 추진력이 되었다 – 탁월한 모델이 성인 모델.

이것은 본 장의 핵심으로 이끈다. 상업적 목적으로 아이들을 축소된 성인으로 바꾸면서, 정서적 상태를 평가하려고 할 때 성인 뇌와 아이 뇌의 차이들은 사라진다. 정상 발달의 한 부분으로, 신체의 내분비적 변화를 지시하는 사춘기의 뇌 역시 성인 뇌가 아니다![17] 이러한 차이들은 너무나 쉽게 간과되는데, 우울증 같은 아이들의 심리적 문제들을 고려할 때, 장애의 성인 형태와 비교하여 다층적 병인과 다른 증후군들을 갖는 것으로 오랫동안 인식되어 왔다. 더욱이 신뢰성만 볼 때, 아동기 우울증에서 정신의학의 중복이환이 너무나 광범위해서, 거의 모든 아이들이 최소한 한 개의 다른 정신의학적 조건을 갖는 것으로 진단될 수 있어서 진단이 복권 추첨 같은 것이 되었다(Harrington, 2002; Rutter & Taylor, 2002). 이 문제들은, 가벼운 우울증과 만성적 우울증의 증상들의 중복 문제를 포함하여, 진단 유목으로서 주요 우울증 장애나 기분부전장애가 아이들을 위해 유용한지 혹은 적합한지에 대한 심각한 의문을 제기한다.

더욱이 우울증 아동들에 대한 방대한 수의 임상적 시험들이 피험

17 종단 연구는 청소년 우울증과 성인 우울증 간의 연관성이 청소년 후기에 시작된다는 것을 확인해주었다(Lewinson et al., 1994).

자를 고를 때뿐만 아니라 치료 동안과 후에 변화를 평가하고 측정할 때, DSM – IV 기준을 사용하고 있다. 더욱이 아동을 대상으로 하는 표준화된 면담들의 낮은 신뢰성에도 불구하고 이 방법들을 사용할 때 그림과 인형들의 도입을 끈질기게 고집하고 있다. 연구자들은 왜 그리 간절히도 아이들에게 성인 진단을 맞추고 싶은 것일까? 무슨 이익이 있는 건가? 만약 주요한 새로운 발견이 우울증 영역에서 일어났다면 확실히 유일한 타당한 이유가 되었을 것이다.

그러나 진짜 스캔들은 유목 진단이 어떻게 치료 형식을 결정하는지 살펴볼 때 발생한다 – 성인의 효용성에 근거하여, 아이들과 청소년들에게 항우울제를 사용할 때. 1995년 이래 수백 개의 임상적 시험들이 항우울제의 효용성을 지지하거나 입증하기 위해 큰 아이들과 청소년들에게 시행되었다 – 공식적으로 삼환계 우울증 치료제(tricyclics) 그리고 현재 선택적인 세로토닌 재흡수 억제제(selective serotonin reuptake inhibitors, SSRIs)와 함께 처방. 안전성에 대한 많은 염려가 일어났을 때, 처음에 제약회사는 앞장서서 학문적, 사회적 연구를 하면서 만회하려고 노력하였다. 아이들에게 항우울제가 안전한지 아닌지에 대한 기본적인 질문은, 초기 연구들(아래 참조)의 결말이 확실치 않음에도 불구하고, '시장'으로 돌진하는데 있어 사소한 것이 되어버렸다. 그러나 산더미 같은 연구들의 아킬레스건은 작은 그러나 상식적인 명제에 달려있다 – 만약 병인, 임상적 양상, 과정에서 아동기 우울증이 성인 우울증처럼 보이지 않는다면, 도대체 이 연구들이 과학적으로 어떻게 관련 있는가? 그들이 주장하는 효능을 보인 대상은 누구이고, 그리고 치료 추천 대상은 누구인가?

본 장은 내가 청소년 우울증에 대한 항우울제의 효능에 관한 연구들을 검토하고 싶은 목적으로 쓰여진 것이다. 이것은 왜 아이들에게 항우울제를 처방하는 것이 그리도 만연하고 보편적인지를 평가하는데 하나의 서두가 될 것이다(Phillips et al., 2003). 더욱이 이러한 관행을 위한 합리적 혹은 비합리적 근거에 관한 의문들을 물어볼 필요가 있다. 이 관행을 방어하는 임상의들의 주장도 또한 살펴볼 가치가 있는데, 안정청으로부터의 강한 경고에도 불구하고 – 이 주장들은 과학 혹은 마법에 근거한 것인가?[18] SSRIs의 사용을 정당화하기 위해 연구자들과 임상의들이 사용하는 뻔뻔스러운 혼란과 겁주기 전략은 소아과 의사와 정신의학 임상의들이 아이들의 우울증 진단에서 끔찍하고 위험한 혼란에 빠졌다는 것을 더 부각시킬 뿐이다. 보다 놀랍게도 진단에서 SSRIs를 사용한 치료로 옮기면, 임상의들이 과학보다 마법을 선택한다는 증거들이 드러난다.

2002년 이래 BBC 파노라마 프로그램은 아이들(청소년들 포함)에 대한 SSRIs 처방을 둘러싼 논쟁을 추적하였다. 그 첫 번째 폭로는 SSRIs 파록세틴(Paroxetine, 영국에서는 Seroxat, 다른 곳에서는 Aropax)에 초점을 두었다. 그때 놀라운 약물로 글락소스미스클라인GlaxoSmithKline(GSK: 영국계 다국적 제약회사 – 역주)이 열렬히 지지하였던 파록세틴은 성인 환자들에서 주요 우울증, 강박증, 공항, 사회적 불안 장애를 치료하는 데 사용되었다. 그러나 실험을 아이들과 십대에게 시작하였을 때, 약물의 새로운 시장을 찾은 것이 분명했다. 회사에 대한 소송에서 제출된 소아과 임상 시험들에 접근함으로써, 파록세틴이 젊은이들 사이에서 자살 감소보다 자살 증가의 위험이 있다는 것이 드러났다. 가장 최악의 경우는 내부 문건이 밝혀졌는데, 직원들에게 두 시험의 임상 증거를 보류하도록 하였고, 그것에 따르면 파록세틴이 청소년들에게 거의 이로운 효과를 주지 못하였다. 이 시험들의

18 2003년에 미국 식품의약국(FDA)은 항우울제를 복용하는 아이들에서 자살 사고의 위험에 대한 경고를 공표하였다. 프로작은 FDA에서 승인된 SSRI하고만 사용하는데, 위험과 이익 간의 우위가 양호할 때, 비록 이것이 오직 소수의 환자들에게 유익하지만 말이다: 인용된 숫자는 10명 중의 한 명이다. FDA의 경고 후에 아이들과 성인들에서 우울증의 진단과 치료가 특히 소아과의사와 일차 진료 제공자들 사이에서 1999 수준으로 떨어졌다(Libbyj et al., 2009).

폭로가 '상업적으로 수용될 수 없는' 듯 여겨졌지만, GSK는 공황상태에 빠질 이유가 없었다—2003년에 파록세틴의 판매는 전 세계적으로 $40.97억에 달하였다.

SSRIs의 스캔들

가장 최근의 정보에서, GSK에 속하는 파일 상자 하나가 캘리포니아 말리부의 한 아파트에서 발견되었을 때 파노라마의 조사관들(2009)은 대박을 터뜨렸다. 그들은 이제 파록세틴(Seroxat/Aropax)을 위해 전 세계에서 모집된 수백 명의 아이들과 청소년들을 포함한 임상 시험들에 접근할 수 있었다. 문건들은 이전에 드러났던 것을 확인해줬다: 세로자트는 십대들에게는 작용하지 않았고, 부작용이 있었으며, 한 임상 시험에서 청소년들은 그것을 복용한 후에 6배나 자살 가능성이 더 있었다.[19] 이것은 파록세틴과 연결된 자살 혹은 자살 시도의 숫자가 현저하게 규제 기관에 적게 보고되었다는 의미였다. 프로그램은 자살 위험을 부각시키는데 실패한 것에 관해, 선두적인 과학자들 중의 한 사람, GSK 연구의 책임자, 브라운대학의 켈러 교수를 찾아냈다. 그는 '자살 시도 중의 어느 것도 자살로 '성공'하지 않았고, 아주 소수만이 병원에 입원했죠. 문제는 당신은 대안이 무엇인지 고려해야만 한다는 거죠, 그렇죠?'라고 답하였다. 주목할 것은 스캔들이 터진 이후 5년 사이에 영국 의약품 안전청이 GSK에 대해 어떤 기소도 하지 않았는데, 이것은 명백히 약물 안전성에 대한 법률 제정에 틈이 있기 때문이다. 아이들을 위한 파록세

19 SSRIs의 상당히 공통의 부작용은 흥분, 동요, 메스꺼움, 구토, 설사, 현기증, 한기를 수반한다. 덜 공통적인 부작용은 근육 경련, 열, 혼란, 발한, 발작, 섬망, 혼수상태다(Kutcher, 1997).

틴을 공적으로 허가하지 않는다면, GSK는 18세 이하의 시험에 대한 자료를 밝혀야 할 의무가 없다!

"당신은 대안이 무엇인지 고려해야만 한다는 거죠, 그렇죠?"

파록세틴에 대한 자살 반응에 관한 우려가 의학계, 대중, TV 방송망을 자극하였다. 영국에서 BBC는 1,400개의 이메일과 5,000통의 전화를 받았다 – 대부분 부작용과 약물 금단 현상으로 고통 받는 사람들로부터였다. 7년 계속해서, 아이들과 청소년들에 대한 항우울제들의 안전성에 대한 판결은 무엇인가 – 그리고 그것들은 작용하는가? 미국에서 우울증을 가진 청소년들을 위한 치료연구(Treatment for Adolscents with Depression Study, TADS) 시리즈는 1990년대 후반에 시작하여, 젊은이들의 치료에서 프로작의 안정성과 효능에 대한 결과를 계속 발표하고 있다. 여러 지역에서 다수의 시험들이 있었는데, 큰 표본들을 포함, 여기서 치료의 결합들이 관해률에서 비교되었다. 나는 간단히 세 개의 연구들만 살펴보려고 한다.

한 연구의 결과는 2004년에 나왔는데, 주요 우울증을 보이는 청소년들에서 신체적, 정신의학적, 그리고 자살 관련된 사건들의 비율을 비교하였다. 피험자들은 3개월 동안 오직 프로작, 인지행동치료(CBT), 결합치료, 혹은 위약으로 치료받았다. 결과들: 우울한 청소년들은 치료 시작 시 신체적 증상의 높은 비율을 보고하였고, 우울증이 호전되면서 증상들도 호전되었다. 24개의 자살 관련 사건들이 12주 사이에 발생했지만, 어떤 자살도 성공하지 않았다! 정신 의학의 '불운한 사건'과 자살 관련 사건은 프로작을 복용한 청소년들에게 보다 흔했지만, 결합치료가 단독 약물 치료보다 양호한 '안전성 프로파일(safety profile)'을 제공하였다.

2006년에 출판된 자료에서, 주요 우울증을 보인 439명의 청소년들에게 프로작, CBT, 결합, 혹은 위약의 12주 치료프로그램을 실시하였다. 결과는 프로작과 CBT 결합치료가 단일 치료와 위약 치료보다 우수하였지만, 관해의 전체적 비율은 낮았고, 잔여 증상들은 12주 치료 말에는 흔했다. 실제로, 치료 12주 후 439명 중 오직 102(23%)명이 관해 기준을 달성하였다.[20]

2008년에 또 다른 결과들이 TADS 연구에서 나왔는데, 장기적 유효성과 안전성 결과에 초점을 두었다. 연구는 주요 우울증(DSM-IV 기준)을 보이는 12 – 17세 327명을 대상으로 한 26주 치료 프로그램에서 프로작, CBT, 결합치료의 유효성을 비교하였다. 아동우울증 평가척도(Children's Depression Rating Scale 개정판)로 호전 정도를 측정하였다. 중간부터 심각한 우울증을 보인 청소년들 경우, 프로작 치료 혹은 CBT와의 결합치료는 '반응을 가속화시켰다.' 약물 치료에 CBT를 더하면 약물 치료의 안전성을 향상시켰다. 이점과 단점을 고려하여, 저자들은 결합치료가 청소년들의 주요 우울증을 위한 어떤 단일 치료보다 우수하다고 결론지었다.[21]

초기에 2004년 연구의 결과는 많은 관심을 모았고, 렌저(Lenzer, 2004)에 의해 최고조에 이르렀다, '이야기와 알약이 아이들의 우울증에 최고다'(CNN.com); '치료와 함께 처방된 약물이 십대 우울증을 돕는다'(Wall Street Journal); '결합치료는 우울한 젊은이들을 돕는다'(New York Times). 제약회사는 안도의 한숨을 쉬었을 것이 틀림없었다. 그들의 SSRIs는 결합치료에 의해 구

20 이 결과들은 같은 해 캠브리지에서 SSRIs와 CBT의 결합 그리고 임상 간호와 함께 사용한 유사한 연구(Goodyer et al. 2007)에서 확인되었다.

21 이 연구 주장에 대한 철저한 평론은 Jureidini 등(2004a); Jureidini 등(2004b)

원받았다 – 역시 SSRI 판매자들에게는 선물로, 그들은 이제 안전성에 관해 대중을 안심시킬 수 있었다. 불행히도 이 연구의 설계에 몇몇 문제가 있었다(Jureidini et al., 2004a). 그들의 결론에도 불구하고 프로작은 위약보다 통계적으로 이점이 없었고, 연구 목적을 자각하고 CBT가 첨가될 때만 이점이 나타났다. 덧붙여, 다른 설계 결함은 초록에서 언급된 주장이나 결론은, 특히 자살률을 줄였다는 것, 전체 보고에서 발견되는 자료를 나타내지 않았다 – 미국 아동, 청소년 정신의학회(American Academy of Child & Adolescent Psychiatry)는 그의 이의 게재를 거부하였다. 악명 높게, TADS 연구들은 외관상 정부 기관에서 연구비를 지원받지만 연구자들은 제약회사에서 연구비를 지원받고 있었다(Timimi, 2007).

이 세 개 연구들에서 단일치료로서 SSRIs가 효능성에서 두 번째로 좋다는 TADS 결과는 어떤가? 효능과 안전성간의 상관관계에서 무엇이 추론되어야 하는가 – CBT는 약물 치료의 효능을 향상시키고, 양호한 '안전성 프로파일'을 제공하는가? 이러한 연결은, 우연이든 아니든, 프로작에 기인하는 분명한 이점이 있다는 것을 함축한다 – 이 시험들에서 확실히 증명되지 않았고, 그러므로 SSRIs의 승인을 인정하는 것과 마찬가지이다. 그러므로 교묘한 속임수를 통해, 약물 치료에 대한 안정성 문제는 그물을 빠져나갔고, 그리고 '치료'에 부가하여, 아이들과 청소년들에게 SSRIs를 처방하는 관행이 저지되지 않고 계속 행해질 수 있는 알리바이가 만들어졌다. 이러한 유형의 부정직한 '실수'가 SSRIs 연구를 이해하기 너무 혼란스럽게 만들고, 과학이 그리 잘 기능하지 못한다는 뚜렷한 인상을 남겼다.

CBT와 IPT(대인관계적 치료, interpersonal therapy)는 통제된 연구에서 효능을 보이는 유일한 심리사회적 치료로서 종종 제기되었다. RCT 주도의 연구에서 다른 치료들의 부재는 단기치료의 독무대가 되게 하는데는 부족하였다.[22] 그러나 로스와 포나기(2006)는 CBT 지지자들이 한 시험을 다른 연구자들과 비교하면 결과에 뚜렷한 차이가 있으며, 다른 연구자들은 실제로 시험에서 더 높은 재발률을 발견하였다는데 주목하였다. 그래도 아직 청소년 우울증을 위한 CBT의 이점을 보여주는 많은 연구들이 있는데, 예를 들면 해링턴과 동료들(1998)의 연구가 있다. 반면에, 새로운 연구들이 나오면서 아이들에 대한 SSRIs 치료의 효과적인 동반자로 CBT의 효능을 Goodyer와 동료들(2007)이 문제 삼았다. 11 – 17세 청소년들 208명에 대한 연구에서, 저자들은 일상적 병상 간호에 CBT와 SSRIs의 결합 치료, 혹은 오직 SSRIs만으로 28주 프로그램에서 향상된 결과를 가져왔다는 증거는 없다고 하였다. 비교는 SSRIs에 일상적 병상 간호의 제공이 더해지는 경우와 이루어졌다. 이 경우 약물 치료는 더 나은 결과를 보였지만, 종단 분석에서 일차적 혹은 이차적 결과 측정에서 치료의 유효성의 차이가 나지 않았다.

이어서 2008년에, 공표된 혹은 공표되지 않은 자료들에 대한 초기의 검토(Whittington et al., 2004)에 근거하여, 영국의 보건부는 국립보건임상연구원(National Institute for Health and Clinical Excellence, NICE)을 승인함으로써 동반자 관계를 끝냈는데, NICE지침서는 우울한 아이들을 위해 심리적 치료는 약리학에 대한 대안으로 제공되어야만 한다고 추천하였다. 더구나 이러한 발전과 더불어, 영국 보건 장관 알란 존슨은, £170,000,000 계획에서, 3,600명의 새로운 치료자들이, 일 년 당 200명의 아동 치료자들을 포함하여, 우울증을 위한 '대화치료'에 공급되기 위해 훈련받을 것이라고 발표하였다. 이 새로운 대응책은 결합치료가 우울한 젊은 사람들을 위해 최선이고

22 우울증을 위한 단기 개입의 유효성과 재발에서 있을 수 있는, 의사로 인한 기능에 관한 문제들은 9장에서 논의된다.

가장 안전한 최우선 치료라는 반박의 여지가 없는 사고방식의 뿌리를 잘라버렸다.

위험-이익 분석(Risk-benefit analysis: 실용주의 혹은 비합리성?

위험-이익 분석은 최선의 혹은 가장 수익성 있는 선택을 하기 위해, 하나 혹은 그 이상의 행동들의 예상 이익에 대비하여 예상 비용을 계산하는 방법이다. 이 개념은 비즈니스 모델에서 나온 것으로, 때때로 '교환(trade-off)'이라고 부른다. 약물 연구에서 비용-이익 분석은, 알려지지 않은 위험이나 부작용을 가진 약물을 처방할 때, 증상의 경감이 일어날 가능성이 있거나 질병이 생명을 위협한다면, 처방하지 않는 것보다 처방하는 것이 더 낫다는 의학적 견해를 구성한다. 청소년 우울증이 생명을 위협하는 질병인가? 그리고 어떤 치료의 위험과 부작용이 알려졌다면, 왜 다른 치료를 시도해보지 않는가?

그러나 청소년 우울증 사례에서 위험-이익을 평가하는데 적합성과 신중성에 이의를 제기하는 보다 설득력 있는 근거가 있다. 아이들에 대한 삼환계 항우울제 치료의 예를 보자. 헤이젤(Hazel)과 동료들(2002)의 체계적 논평에서, 저자들은 아이들과 청소년들 우울증 치료에서 삼환계 항우울제가 위약보다 효과적이지 않다고 결론지었다. 이 약물들은 아이들에게 15년이상나 사용되었는데, 논평에서 삼환계 항우울제는 임상적으로 불리한 효과(갑작스런 심장 정지 같은)와 현저하게 관련되었고, 과도 복용 시 유독하다는 것이 분명해졌다. 그러나 이 논평 전에, 삼환계 항우울제 사용은 소아정신과에서 만연하였으며, 위험과 이익의 비교대조에서 승인되어 왔다. 확실히 이러한 비교대조는 과학,

안정성 혹은 실용주의와도 아무 상관이 없었다.

우울한 아이들을 위한 최우선의 약물로서 SSRIs의 대중화가 삼환계 항우울제보다 부작용이 적다는 이유로 합리화되고, 정당화되는 것은 상당한 역설이고 커다란 공포라고 하겠다(Kutcher, 1997).

이 논리에 따르면, 유독한 물질이 보다 유독한 다른 물질보다 견딜만하면, 유독한 그 물질도 만족 할만한다는 주장을 할 수 있다. 이것이 과학인가 마법인가? 그것이 무엇이든 위험-이익 이론의 왜곡이고, 이런 주장을 검증하기 위해, 이런 논리의 순진성을 인지하는데 어려움을 가진 평범한 부모들을 상담할 필요가 있다 — 다음과 같은 논리, '그런데 엄마, 잠자기 전 콜라보다 환타를 마시는 건 괜찮아, 왜냐하면 환타에 설탕이 2% 적게 들어있거든.'

불행히도 이것이 많은 소아과 임상의들이 아이들을 위한 항우울제를 처방할 때 사용하는 위험-이익 평가에 스며든 논리다. 명심해야 할 점은 아이들에 대한 모든 약물들이 처음에 성인들을 대상으로 시험되는데, 그 이유가 아이들을 대상으로 한 연구의 인가에 어려움이 있기 때문이다. 그러므로 성인들에게서 발견한 이익을 논리적으로 아이들에게 부여하고, 이 경우 위험-이익 평가는 다음처럼 진행된다 — 만약 이 약물이 성인들에게서 우울 증상 경감에 어떤 이익이 보인다면, 생명을 위협하는 결과의 위험이 적다면, 아이가 우울할 때 아무 것도 하지 않은 것보다 성인들에게서 이익이 시험된 약을 처방하는 것이 더 낫다. 이런 유형의 평가는, 의학적 치료라는 구실로 아이들에게 불필요한 독성의 실험을 할 정당화 수단으로 여기지 않을 수 없다. 당면 문제는, FDA가 이전에 성인의 우울증을 위해 제재된 SSRIs, 레프락소(Lepraxo)의 사용을, 12 – 17세 청소년들에게 2008년에 승인하였다. 이 연령 집단에게 승인된 단 하나 다른 SSRI는 프로작이다. 지속성 효능이 검증될 수 없다는 오직 두 개의 시험에 근거하여, FDA는 지속성을 성인 자료에서 '추정'할 수 있다고 결론지었다.

물론 이 논리를 강화하기 위해 항우울제 판매자들이 가장 요란하게 광고하는 것이 우울 삽화동안 자해나 자살의 위험이다. 그러나 아이들의 경우에 자살은 아주 드물다 – 유엔의 정신건강 국립연구소(National Institute of Mental Health)에 따르면, 14세 연령 아이들의 경우 100,000의 1.3%, 15–19세 십대들 경우 100,000의 8.2%.[23] 10세 이하의 아이들에 관한 통계 자료는 없다. 반어적으로, 몇몇 경우에 비극적으로, 성인자료에서 예상한대로, 파록세틴은 청소년 우울증에서 자살 사고의 위험을 감소하기보다 증가시켰다.

아직 우울한 청소년들의 자살 시도의 가능성은 항우울제 변호를 위한 강력한 선전 도구가 되어 왔다. 위에서 언급된 같은 통계 자료를 한 웹사이트에서 해석하였는데, 건강한 장소 닷컴(HealthyPlace.com)[24]의 '아이들의 우울증'에서, '아이들의 자살 위험'이라는 세부항목에 있다. 이 사이트를 2000년 3월에 시작한, 웹사이트의 입안자들은 일년도 안 돼 오직 입소문만으로, 이곳이 인터넷에서 가장 커다란 소비자 정신건강 사이트가 되었다고 하였다.

> 만약 아이가 주요 우울증 장애라면, 아이가 자살 하려는 가능성이 7배가 된다. 우울한 아이들의 22%는 자살을 시도한다. 다른 식으로 보면, 자살을 시도하는 아이들과 청소년들이 보일 수 있는 기분 장애는 8배, 불안장애는 3배, 약물남용은 6배의 가능성이 있다고 한다. 자살 행동의 가족사와 접근 가능한 총은 또한 위험을 증가시킨다. 자살을 시도하는 아이들과 청소년들의 다수 (거의

23 Centers for Disease Control and Prevention, National Center for Injury Prevention and Control. Web-based Injury Statistics Query and Reporting System(WISQARS): www.cdc.gov/injury/index.html (accessed June 2009).
24 Healthy Place, America's Mental Health Channel: www.healthyplace.com/(accessed August 2009).

90%)가 정신의학의 문제를 가지고 있다. 75% 이상이 전년도에 정신과와 접촉하였다. 다수의 이러한 자료가 제시된다면, 자살 위험은 주의 깊게 정기적으로 평가되어야만 한다. 아이들이 죽음에 대해 곰곰이 생각하거나 죽는 것이 약간 나을 것 같다고 생각한다면, 이 아이들은 보다 자살을 시도할 가능성이 높다.

'약간 나을 것 같은' 구절은, 우울증 관련 자살 주제에 대한 소탈한, 언덕 위의 집, '우리 모두 거기에 함께 있다' 식의 접근을 환기시킴으로써 독자들을 안심시키지만, 통계 자료의 제시는 어떤 점에서 지나치게 공들이고 표리부동하며, 아이의 자살의 심각성을 단지 겁주는 전략으로 이용하고 있다. 웹사이트가 원인과 위험을 주장할 때 얼마나 쉽게 '아이들'에서 '청소년들'로 전환하는지에 주의하라. 우울증과 자살이 통계적으로는 아니지만 논리적으로는 연결되어 있다는 제안에 역시 주의하라. 내가 언급한 것처럼, 사춘기 이전 아이들에게서 자살 혹은 자살 시도의 발생정도가 드물고, 매우 소수의 아이들만이 MDD로 진단되고, 그런 이유로 '8배의 가능성'은 아주 작은 소수임에 틀림없지만, 이것을 MDD로 진단된 청소년들을 함께 묶어보면, 90%라는 놀라운 통계 자료가 나온다. 공포를 유발하려는 요점이 무엇인가?

답은 '우울한 아이들 치료하기'라는 다음 부분에 있다. 여기서 가벼운 우울증에서 중간 정도의 우울증의 경우, 일반적으로 심리치료가 먼저 시행되어야만 하고, 만약 반응이 없다면 항우울제가 첨가되어야 한다고 말한다. 여기서 반응이 무엇인지 규정되지 않았다. 심한 우울증의 경우 치료 초기부터 약물을 추천해야만 하고, 우울한 아이들과 청소년들을 위해 추천된 최우선 약물은 SSRIs다. 이것이 삼환계 항우울제보다 저항력이 좋고 부작용이 적기 때문이다. 다급하면 이성도 없는 것 같다. 불행히도 건강한 장소 닷컴에서 설명하였듯이 처방의 강압적 논리는 아이의 우울증에서 정신의학 개입의 공통적 특징이 되었다. 함께

다 모으면, 웹사이트의 논리는 아이(혹은 청소년)의 치료되지 않은 우울증은 통계적으로 자살 위험이 있고, 그러므로 치료하지 않는 위험은 약물 사용의 위험과 비교하여 측정해야만 한다고 주장하는데, 이 약물의 안정성과 효능은 아이가 아니라 성인에게만 검사된 안정성과 효능이라는 것이다. 이런 종류의 추론은 범법자의 논리와 비슷하다 — 무언가가 틀렸다고 입증할 수 없다면, 그것은 사실임에 틀림없거나 혹은 '그 동안에' 사실이라고 가정해야만 한다고 주장하는데 있어 전문가. 이것은 또한 선전의 논리로, 이런 이유로 건강한 장소 닷컴 웹사이트의 후원자들이 AstraXeneca Pharmaceuticals, Eli Lilly(Cymbalta), Forest Labs(Lexapro), Pfizer Labs, GlaxoSmith Kline, Wyeth Pharmaceuticals(Effexor)라는 것이 놀랍지 않다.

현재의 논쟁을 완결하기: SSRIs(혹은 아이들에 대한 어떤 약물이든)의 이점과 안정성을 평가하는데, 문제는 몇몇 아이들이 잠재적 독성을 견디는 데 더 나은가가 아니고, 연구들의 50퍼센트 이상에서 통계적으로 위약보다 낫지 않다는 — 위약에 비해 불리한 작용의 위험은 2배에서 3배로 증가(Ryan, 2005) — 약물에 아이들을 어쨌든간에 노출시켜야만 하는지 여부다.

이것이 가장 주요한 과학상의 쟁점이다 — 통계적인 이점. 임상 시험에서뿐만 아니라 추천된 치료 과정에서 SSRIs가 위약보다 임상적 이점을 이미 보였다고, 얼마나 자주 가정하는지 놀라울 정도다(밑에 참조). 하나의 예외가 프로작이다. 휘딩턴(Whittington)과 동료들(2004)이 한 연구에서, 5–18세 연령 집단을 대상으로 SSRIs 대 위약을 평가한 RCT 연구들에서 위험과 이익에 대한 메타분석을 하였고, 발표 자료는 SSRIs에게 호의적인 위험-이익 프로파일을 제시하였는데, 발표되지 않은 자료를 첨가하면, 프로작을 제외하고, 이 약물들로 청소년 우울증을 치료하면 위험이 이익보다 더 크다는 것을 발견하였다.

삼환계 항우울제 사용에서 눈에 띄는 뻔뻔한 부인과 혼란은 SSRIs와도 되풀이되고 있으며 그 규모가 더 커졌다. 위에서 언급한 것처럼, 필립스(Phillips)와 동료들(2003)에 따르면, 영국 소아, 청소년 정신과의사들의 90%가 아이들에게 항우울제를 처방하고, 항우울제는 모든 아동 장애의 전체 처방들의 30%를 차지한다(Clark, 2003).

그러나 SSRIs는 작용한다!

영국 의학 저널에 아이들에 대한 SSRIs의 치료적 이점을 의문시하는 비판적인 검토에 대하여 반작용하는 의사들의 수많은 반응들이 있다.

> ‹SSRIs에 대한 비판 활동›이 전 세계의 수많은 나라들에서 주요 우울증을 보인 수천명의 아이들과 청소년들에 대한 여러 해의 임상의 경험에 불구하고 퍼지고 있다. 문제 있는 설계로 이루어진 연구들에 근거하여 잠재적으로 치명적 결과를 갖는 조건으로 아동 치료를 거부하는 것은 너무나 충격적이고 무책임하다.

> 이러한 경우 결론은 이익의 증거가 존재하지 않지만, 이익이 없다는 것도 존재하지 않는다. 실행 가능한 대안이 현장에서 별로 없다면 잠재적으로 유용한 약물을 불필요하게 퇴짜를 놓지 않는 것이 중요하다.

> 약물 중독 어머니와 그녀의 다섯 번째 남자친구와 사는, 성적으로 활동적인 우울한 14세의 아이와 직면하면, 내가 의사로 할 수 있는 모든 것은 상담에 의뢰하고 데포프로베라(Depo Provera:

> 일종의 주사하는 피임약 – 역주)를 놓고, 프로작을 주는 것이다. 어쨌든 나는 나에게 가능한 수단들만을 사용할 수 있다. 우울증은 아마도 생화학적인 듯 한데, 프로작에 대한 '대안'이 술, 마리화나, 크랙 혹은 불법적 약물임을 잊지 말아야 한다.

SSRIs의 분명치 않은 이익의 증거에 대해 왜 이리도 방어적인 반응을 보이는가? 오직 과학의 관점에서만 이러한 반응들을 본다면, 미묘한 그리고 명백한 방식에서, 비합리적이다. 첫째는 일화적인 의견들을 넘어서는 증거의 요구를 부인한다. 두 번째는 빙빙 돌리기인데, 유사하게 증거에 의존하지 않고 일화적인 마법에 의존한다 – 이익의 증거는 없지만 그럼에도 불구하고 이익은 있다. 그리고 세 번째는, 진심어린 감정과 실용주의에 근거한 듯하지만, 아직 켈러 교수의 유언비어 퍼뜨리기를 그대로 따라한다: "당신은 대안이 무엇인지 고려해야만 한다는 거죠, 그렇죠?" 어느 누구도 아동정신 전문가들이, 특히 약물 치료 이외의 다른 치료를 제공할 위치에 종종 있지 않는 지역보건의들, 항우울제를 사용하여 우울증을 다루는 데서 직면해야 하는 엄청난 책임감을 부인할 수 없다. 이러한 치료을 의문시 하면서, 티미미(2009)는 다음과 같이 지적한다:

> 높은 위약 반응을 고려하면, 의사들은 고통에 빠진 젊은이들에게 항우울제를 처방하고 차후에 향상을 보고, 그 다음에 약물로 인한 향상이라고 할 것이다. 이 높은 위약 반응은 그래서 처방을 강화할 것이고, 고통 받는 젊은이들을 만나는 많은 의사들은 SSRIs가 효과가 없을지도 모른다는 것을 받아들이기 어려웠다(Timimi, 2007, p. 751).

그래도 아직 SSRIs에 관하여 아이들의 향상에 대한 교사들, 부모들,

아동 치료사들의 일화적 보고들이 흔하다. 이것은 치료적 효과, 혹은 위약 혹은 약리학과 관계없는 무작위 효과인가? 휘딩턴과 동료들(2004)은 같은 약리학 기제를 공유하는 다른 SSRIs가 아동기 우울증에서 다른 위험 – 이익 비율들을 나타나는데 놀라워하였는데, 이 비율들이 일반적으로 성인들에서는 임상적으로 동등한 것으로 간주되고 있다. 이 발견은 항우울제가 어떤 아이들에게는 작동하지만 다른 아이들에게는 작용하지 않으며, 당연히 이것은 신뢰할 수 없는 결과를 낳는다. 그렇지 않으면, SSRIs는 단순히 분산 효과를 갖는 화학적 치료라는 의미다 – 삼환계 항우울제와 유사하다. 이 연구에서 저자들은 무반응자들은 유해한 약물 반응의 위험에 여전히 있다고 긴급히 덧붙였다.

소아과 임상의들은 방어하다가 SSRIs에 대한 지속적 의존을 두 가지 방식에서 정당화하려고 시도하였다. 2000년 초에 파록세틴이 어떤 환자들에게 자살 경향성을 유도할 수도 있다는 가능성에 대한 논쟁이 터져 나오자, 한숨 돌리기 위해 잠시 쉬었다. 활자로, 새로운(나에게는) 문구가 탄생하였다 – '임상적 등가상태(clinical equipoise)', '임상적 등가상태의 자리가 이 문제에서 채택되어야만 한다'는 진술에서처럼 말이다. 다시 말해서, 그 문제에서 더 명확해질 동안 새로운 어떤 것도 지금 하지 마라. '경고와 감시는 전체적인 위험을 보다 감소시킬 것이다', '최적의 자살 감소 전략이 구축되어야 한다'(Haely & Whitaker, 2003) 같은 다른 문구들은 모두 주요한 임상적 위기를 책임져야 하는데 있어 애매한 말을 하고 도덕적 실패를 시사한다.

또 다른 형태의 정당화가 대안들에 대한 연구가 별로 없다는 지적에서 나오고 있다. 아동심리치료의 대안은 종종 두 가지 이유에서 선정되었는데, 첫째, 무작위 대조군 연구(RCTs)가 아직 관례대로 착수되지 않았거나, 착수되었다고 해도 유효성을 증명하지 못하였거나, 둘째, 아동심리치료가 시간 소모가 크고 그러므로 비용에 비해 효과적이지 않을 경우다. 이 시점에서 이 의견들의 궤변과 위선으로 인해 우리는 연민을 거두어들인다 — 경고성 주의를 피하여 일하고, 치료의 선택과 씨름하는데서 오는 어려움에 대하여. 만약 그들이 심리치료의 이익을 보여주는 RCTs의 과학적 절차, 동료 논평, 발표, 복제 때문이라고 한다면, 왜 그들은 항우울제에 같은 기준을 충분히 요구하지 않고 '처방을 실행'하는데 만족하는가?

고통스러운 진실은 2000년 이후 양호한 일화적 보고는 설득력 있는 임상적 증거에 의해 입증되지 않았고, 통제 기관으로부터 분명한 경고에도 불구하고, 우울한 아이들과 청소년들의 높은 비율이 SSRIs, 특히 프로작, 사이프라밀(Cypramil), 졸로프트(Zoloft)를 어떤 타당한 이유 없이 처방받을 가능성이 높고, 이 관행들은 조절되거나 뒤바꾸기에 너무 부담이 되는 임계 질량에 도달하였다. 이것은 이 약물들과 관련된 정신건강계에서 도덕적 실패의 척도를 나타내고, 소아 정신과의사와 일반 대중 모두 아이들 경우 SSRIs의 실적이 입증되었다는 집단적 환상에 이끌렸다는 것을 반영한다.

이 실적에 균열이 드러났을 때, 새로운 임상적 주문이 마련된 것에 주목할 만하다 — '가벼운 우울증부터 중간 정도의 우울증에서 심리치료는 먼저 시도되어야만 하고, 반응이 없다면 그 다음에 SSRIs가 처방되어야 한다.' 아이들의 경우 이것은 안정성과 이익의 문제를 단순히 날조하고 있다. 얼마나 많은 개업한 소아정신과의사들(혹은 지역보건의들)이 우울증으로 진단된 경우 최우선 치료로 심리치료에 의뢰할까? 미셸(Michels, 2000)은 이 문제를 직업상의 문제로 진단하였다. 요즘은 첨단의 약물들로 무장한 소아정신과의사들은 수년 동안 그들의 준 — 심리학에 근거한 진단과 치료를 못 마땅하게 여겼던 동료 의사들 사이에서 그들의 지위를 향상시켰다. 이제 그들은 우울증 치료에 대한 순수하게 생의학적 접근을 위한 증거에 근거한 정당화와 지지를, 특히 새로운 약물에 대한 연구로부터의 증거들, 자랑할 수 있다.
젊은 환자들과 그들의 부모들에게 이러한 발달은 축하보다 경고의 이유가 되어야만 한다. SSRIs에 대해 불리한 반응을 보인다면 보조의 기분 안정제를 처방하는 것이 원칙인 곳에서, 한 십대가 불행히도 양극성 장애로 진단받는 그런 상황을 생각해보라!

13장

프로이트의 우울증

1923년, 처음 진단받았을 때와 그의 죽음 사이에, 프로이트는 구강암으로 일련의 수술들을 겪어야 했다 – 16년에 걸쳐 전부 33번의 수술. 그는 골초였으며 – 24세부터 하루에 20개의 시가들 – , 흡연을 그의 생산성에 필수적인 동반자이고 뿐만 아니라 삶에서 가장 위대하고 가장 값 싼 즐거움으로 여겼다. 그가 금연을 시도했을 때, 심계항진, 부정맥, 경조증(시력 포함), 우울증 그리고 죽을 것 같은 공포가 발달하였다. 디지털리스(강심제용 – 역주)가 그의 심장 속도를 통제할 때, 그의 우울증은 악화되었다. 그는 말하기를, '온종일 신경증을 걱정해야 하는 의사가 타당한 혹은 건강염려증적 우울증으로 고통 받는지 여부를 모르는 것은 짜증스럽다'(Jones, 1953, I, p. 340). 14개월 후 프로이트는 흡연을 다시 시작하였다. 그의 니코틴 중독을 평가하며, 그는 역시 골초였던 그의 아버지가 81세 고령까지 살았다며 안심하였다. 그의 아버지와 관련된 흡연의 신경증적 토대에 관한 어떤 해석도 존스 같은 전기 작가들은 하지 않았는데, 비록 포기에 관한 우울증이 흡연의 위험보다 플리츠 – 친구이며 아버지 인물 – 와의 다소 청소년기 싸움의 결과라고 보았지만 말이다(Schur, 1972, p. 42).

대체로 프로이트는 그의 윗 턱에 맞는 5개 보철을 끼었다. 보철을 아침에 끼고 저녁에 제거해야만 했으며, 말하고 먹을 때 그에게 계속 고통을 주었다. 그는 암을 '친애하는 오래된 암종'이라고 언급하면서, 언젠가 마리 보나파르트에게 최근의 치료에 대해 알리면서 그는 '라듐은 다시 무언가를 조금씩 갉아먹기 시작했다… 그리고 나의 세계는 이전에도 그랬다지만, 무관심의 바다 위에서 떠도는 고통의 작은 섬이다'라고 썼다.

심리적으로 프로이트의 개인 의사 맥스 슈어(1972, p. 60)는 프로이트가 불안보다는, 쇠퇴기에 거의 우울적 성질을 갖는 과도한 기분 변화로 더 괴로워했다고 믿었다. 그는 또한 죽음과 51세라는 지정된 나이의 임종－플리츠와의 친밀한 관계의 유산－에 대해 강박적으로 곱씹어보는 프로이트의 성향을 설명하였다. 플리츠는 죽음 같은 사건들을 예측하는 생명－수비학적 주기에 관한 기묘한 이론을 발전시켰다.

프로이트의 삶에서 우울증으로 고통 받던 시기를 서술하는 데, 그의 전기뿐만 아니라 동료들, 가족들과 그리고 그들 간의 서신들로부터 자료를 광범위하게 모아, 우울증의 폭발들이 일어났던 기간의 다양한 전후 사정들과 사건들을 설명하려고 한다. 전기의 많은 이야기 거리들이 과거에 셀 수 없이 많은 책들과 저널에 보고되었지만, 나의 지식으로는, 누구도 우울증에 명확한 초점을 두지 않았다. 나의 목표는 "/과 죄책감을 포함한 고통스런 어린 시절 경험이 프로이트에게 어떻게 우울증의 길을 형성하였는지 보여주는 것으로, 그의 우울증은 아버지의 죽음과 함께 성인기 초기에 시작되었다. 우울증이 그를 자극하여 체계적 자기분석을 하도록 하였고, 이 분석은 우울증에 대한 그의 지적 이해를 이끌고, 많은 기본적인 개념들－정신분석의 기반이 된－의 발견을 부채질하였다. 다음에 나오는 다른 저자들, 클라인과 비온과 공통적으로, 죽음 같은 외상 사건들, 질병, 갈등적 관계, 죄책감, 이주 그리고 전쟁이, 창의적 충동과의 격심한 투쟁과 함께, 우울증의 병인에 중요한 역할을 하였을 것이다.

초기 프로이트

아주 많이 원한 첫 번째 아이, 아들, 그리고 어머니의 특별한 사랑을 받는 사람으로 – 그녀의 '보다 특별한 시기(Sigi)' – 프로이트는 차후 그의 지적 작업과 야망을 부채질한 이 모든 권리와 특권들을 즐겼다. 그러나 프로이트가 한살 반일 때 남동생 줄리어스가 태어났고 그의 특별한 지위는 박탈되었다. 그는 남동생에 대해 깊이 분개하였으며, 그 다음에 태어난 여동생 안나에게도 그러했는데, 줄리어스가 위장의 문제로 생후 6개월에 죽었다. 나중에 프로이트는 플리츠에게 말하기를, '나는 나의 남동생을 맞았다네… 적대적인 소망과 거짓없는 아동기의 질투로; 그리고… 그의 죽음은 내 안에 ‹자기›비난의 싹을 남겼네'(Freud – Flisse, 3 October 1987, p. 268).

프로이트의 자기분석으로의 힘든 연구에서, 특히 그의 꿈들에서 반영되듯, 앙지외(Anzieu, 1986)는 꿈에서의 다른 인물들에 대한 프로이트의 경쟁과 죽음 소망을 동생 줄리어스에 대한 영속적인 죄책감과 연결하였다. 그는 또한 1898년 12월 6일의 꿈에서 프로이트는 줄리어스에 대한 죄책감을 어머니에게 돌렸으며, 이것은 어머니가 남동생을 잘 돌보았다면 그는 생존했을 거라는 것을 암시한다는 그린스테인(Grinstein, 1980)의 주장을 언급하였다.

아마도 그의 죄책감의 '싹'은 줄리어스를 향한 경쟁과 양가감정에서 유래하고, 그의 갑작스런 소멸이 뒤따르며, 이것이 아마도 유사한 사건과 상황에 대한 프로이트의 추후 우울적 반응을 다소 결집시켰을 것이다. 프로이트는 자기 분석 동안, 줄리어스와 조카 존에 대한 사악한 소망들이 그의 모든 추후 교우 관계에서 신경증적 부분을 결정하였다고 말하였다. 자기 비난의 심리학은 프로이트가 그의 저작들을 통해 아주 설득력 있게 탐구하는 주제가 되었으며, 우울증에서 자기 비난의 역할은 '애도와 우울증(1917)'에서 최종적인 서술이 이루어졌다. 이 서술은 프로이트 자신이 고통 받은 우울증의 유형 혹은 본질을 확인할 수 있게 할 것이다.

우울증에 관하여 프로이트의 초기 삶에서 고려할만한 두 가지 요인들이 있다. 첫째, 그의 어머니 아말리아는, 남편보다 십년 젊은, 프로이트가 열 살이 될 때까지 거의 계속 임신하였다 – 그 시간 동안에 다섯 명의 딸들과 또 다른 한명의 아들이 있었다. 어머니의 반박할 수 없는 특별한 아들로 불렸음에 불구하고 끝없는 대체의 연속과 어머니 사랑에 대한 경쟁으로 씨름해야만 했다. 둘째, 어렸을 때 프로이트는 보모, 모니카가 있었는데, 아버지와 비슷한 나이였고, 그는 그녀에게 매우 애착되어 있었다. 줄리어스가 죽었을 무렵, 그가 한 살 반이었을 때 그녀는 갑자기 사라졌다. 프로이트 40대에 그는 어머니에게서 보모가 해고 당했고, 가족의 돈을 훔쳐 감옥에 갔다는 사실을 들었다 – 어머니가 신고한 대로, 프로이트는 그녀가 약간의 동전과 프로이트의 장난감을 훔쳤다는 말을 들었다. 이 두 개 요인들이 프로이트 안에서 경로의 아이디어를 지원하며, 죄책감에 근거한 우울증과 격심한 양가감정, 경쟁에서 오는 우울증, 이 요인들은 후에 애도와 우울증의 심리학에 대한 통찰에 두 개의 초석을 제공하였다. 앙지외(1986)가 덧붙인 또 다른 요인은 아프거나 상실한 대상에 대한 동일시다.

코카인 에피소드

프로이트는 두 시기 동안 코카인을 실험하였는데, 1884–1887 (Jones 1953, I, p. 86) 그리고 1892년 후기부터 1990년대 중반이나 후반까지 계속되었다 (Thornton, 1984). 그는 28살로 마르타 베르타이스 (Martha Mernays)와 약혼하였고, 비엔나에서 성공한 신경과 전문의로 자리 잡으려고 애쓰고 있었다. 멀리 떨어진 도시에서 부모와 살고 있는 약혼녀에게, 그는 확실히 전율의 상태에서 편지를 썼다.

> 당신에게 화 있으리! 나의 공주, 내가 ‹예정된 방문› 간다면, 나는 당신이 붉어질 정도로 키스하고 당신이 포동포동해질 때까지 먹일 거요. 당신이 앞에 있다면, 누가 더 강한지 알 수 있을 것이오, 충분히 먹지 않는 온순한 소녀와 코카인을 복용한 크고 거친 남자. 최근의 심한 우울증으로 나는 다시 코카인을 복용하였는데, 적은 양으로도 나는 경탄할 정도로 최고조에 올라갔다오. 나는 이 마법의 물질에 대한 찬미가를 위해 문헌들을 모으느라고 참으로 바쁘다오(Jones에서 인용, 1953, I. p. 93).

젊은 프로이트는 마르타와의 긴 약혼 기간 동안 두드러지게 주기적 우울증과 불안 발작에 시달린 것으로 알려졌다(Jones, 1953, I, p. 93). 코카인에서 그는 그녀의 부재로 인한 우울적 반응에 대한 강력한 항우울제를 발견하였다. 그가 순수한 농축된 코카인을 빈번하게 그리고 종종 많은 양을 복용하였다는 점을 고려하면, 코카인 금단 증상, 특히 우울증으로 고통 받았다는 것이 확실하다. 이러한 순환은 아마도 중독을 가져왔을 것이다.

그때 프로이트의 불안은 경력 문제, 재정적 문제를 해결하는 것과 관련 있었다. 그의 과학적 야망은 강하였지만, 그는 신경과 전문의로서 생계를 유지해야만 했고, 당시 비엔나의 전문직 환경에 많은 사람들이 몰려 거센 장애에 부딪혔다. 그는 특히 반유태주의와 문득 문득 맞닥뜨릴 때 자신이 외부인처럼 느껴졌다. 그의 과학적 작업의 성공적 첫 작업은, 그가 아직 학생일 때 착수한, 고환의 존재를 증명하기 위해 400마리 장어를 해부하는 것이었다. 그러나 코카인과의 경험으로 그는 항우울 특성을 가진 이 새로운 경이로운 약물을 널리 알리고픈 생각을 가졌다. 그는 그 주제에 대한 논문을 하나 발표하였지만 – Uber Coca, 1984년 7월 –, 그는 불행히도 약물의 마취 성질을 부각시키는데 실패하였고, 프로이트 자신이 약물을 처음 소개해준 동료 칼 콜러(Karl Koller)에게 그 분야를 넘겨주었다.

같은 해 콜러는 의학 사회(Billrothhaus)에 보고서를 제출하여, 코카인이 섬세한 눈 수술을 위한 보편적인 마취제로 사용할 수 있는 방법을 설명하였다. 이러한 유형의 국부 마취제가 안과, 치과, 의료 현장의 다른 영역으로 퍼지면서 그의 성공은 보증되었다. 수 년 후 콜러가 프로이트 아버지의 녹내장을 진단하고, 프로이트의 도움을 받으며, 눈 수술 전에 국부 마취제로 코카인을 시행하는 이야기를 하면서, 존스는 프로이트의 패배를 강조하는 듯 보였다. 프로이트가 오랜 세월 코카인을 했다는 몇몇 증거들이 있다. 손튼(Thornton, 1984)은 40세 이후 프로이트의 성생활을 망친 것은 그의 코카인 사용이었다고 주장하였다.

아버지의 죽음

1896년 10월, 프로이트가 40세였을 때, 그의 아버지 제이콥이 81세의 나이로 자연사하였다. 괴로움에 가득 찬 프로이트는 플리츠에게, 몇몇은 분석가라고 부른, 편지를 썼다.

> 〈그〉 노인의 죽음은 나에게 깊게 영향을 주었네… 나는 그를 매우 소중하게 여겼네… 깊은 지혜와 환상적인 낙천성이 특유하게 섞여서 그는 나의 삶에 중요한 영향을 주었네. 그가 죽을 때쯤 그의 삶은 오래전에 끝났지만, 나의 내적 감각에서 이 사건이 전체 과거를 다시 깨웠다네. 나는 지금 아주 뿌리째 뽑힌 느낌이라

네(Freud–Flisse, 2 November 1986, p. 202).

프로이트가 사용한 '뿌리째 뽑힌'이라는 독일어 단어는 *entwurzeltes*로, 벌거벗은, 노출된, 날 것이라는 의미다.

프로이트는 그의 아버지를 존경했지만, 그는 의식을 주관하지 않아 (그의 아버지가 실은 바라던 대로) 장례 절차를 망쳐버렸고, 그로 인해 가족들은 사회적 곤경에 처하였다. 장례식 날 밤에 그는 꿈을 꾸었는데(눈을 감으라 꿈), 아버지를 죽이고 싶은 유아의 소망으로 해석하였다(Anzieu, 1986, p. 172). 어떤 이들은 정신분석이 이 꿈으로부터 시작되었다고 말하는데, 프로이트가 이 꿈의 복잡한 의미와 우울한 효과에 강렬한 인상을 받아 즉각적으로 자기를 분석하였기 때문이다 – 자기분석. 자기분석은 아버지를 위해서뿐만 아니라 체계적인 자기 탐색동안 떠오른 아동기의 우울한 사건들을 위한 애도의 수단이 되었다. 자기분석이 우울증을 가져올 때도 있었고, 분석과 거기서 나온 창의적인 증거가 우울증의 승화로서 작용하는 때도 있었다. 자신의 감정에 근거하여 프로이트는 나중에 꿈의 분석(1900, p. 317) 2판 서문에서, 나의 아버지의 죽음은 '한 남자의 삶에서 가장 중요한 사건이고 가장 결정적인 상실이다'라고 말하였다.

자기 작업과 출판에서의 우울증

극단적인 지루함 속에서 시간을 보내고, 이것 저것 바꾸고, 펼쳐진 책들을 자르고, 혼자 카드나 체스를 하고, 그러나 오랫동안 집중할 수 없었으며, 의식은 억제되고 가려졌고, 일에 있어서 감정적으로 둔탁해졌다. 이것들은 존스(1953, I, p. 336)가 1890년대 동안 프로이트의 기분을 기술하는 증상들 중의 일부로, 프로이트가 표현한 '깊은 내적 위기'에 도달한 시기였다. 존스에 따르면, 이것은 분명히 심한 우울증이었고, 그 시기가 아버지의 죽음, 친구이며 멘토인 플리츠로부터 고통스런 철수, 그리고 자기분석의 시작과 연결될 수 있다 – 프로이트는 '그 어떤 때보다 힘들다'고 설명하였다.

그의 정신을 빼어간 개인적 이슈들 중 최고는 그의 아버지가 학대자인지의 여부였다. 근친상간적 갈망을 그리는 꿈들을 사용하여, 그는 이것은 그런 경우가 아니라고 스스로 설득하였지만, 초라한 결과는 신경증의 원인에 대한 이론의 근본 원리의 포기였다 – 아동기에 불쾌한 수동적 성적 경험에 뒤이어 즐거운 적극적 성적 경험. 그러나 이 힘든 시기에 오이디푸스 콤플렉스를 발견하였을 뿐만 아니라 정말 놀라운 작업들, 꿈의 분석(1900), 성욕에 관한 세 편의 에세이(1905)가 출판되기 시작하였다.

그러나 그의 첫 번째 책의 출판은 우울증의 새로운 발작을 가져왔다. 개인적인 자기탐구의 보든 공들인 작업과 함께 그는 책의 완성을 전적으로 고통스러운 급락으로 경험하였다. 그는 지적 자산보다 정서적 자산을 손에서 놓은 것 같은 기분이라고 말하였다. 그의 우울증은 얼마 안 되는 판매량(첫 6개월 동안 오직 351개)과 리뷰의 시큰둥한 반응으로 혼란스러웠다. 비전문 저널에서 '관대한' 그러나 생색내는 한 개의 리뷰를 읽고, 그는 '분노로 폭발'할 지경이었다(Newton, 1995, p. 222). 대신 그는 성마름과 낙담의 식물성 상태로 들어갔고, 또 다른 책을 쓸 계획을 유보하였다. 플리츠에게 쓴 편지에서, 프로이트는 '지난 6개월처럼 나는 자네와 같은 곳에서 살기를 끊임없이, 열렬히 갈망한 적도 없었네… 자네도 알다시피 나는 깊은 내적 위기를 통과하고 있다네… 이것이 얼마나 나를 늙게 하는지 자네는 알걸세'(Freud – Flisse, 23 March, 1900).

유사하게, 프로이트는 토템과 터부와 자아와 이드를 완성한 후에

게이(Gay, 1995)가 '산후 우울증'이라고 설명한 것으로 괴로워하였다. 창의적인 작업으로 씨름하거나, 혹은 외롭거나 환멸을 느끼거나 자신감이 없을 때, 프로이트는 종종 동료들과 친구들에게 위안과 안심을 구하였다(Schur, 1972, p. 222). 이러한 기분에서 그는 자기 일을 폄하하거나 혹은 패배를 인정할 용의가 있다고 주장하였다. 그의 서신들에는 이런 예들이 널려있다 – 창의적 충동과 씨름하는데 대한 위로와 공감에 대한 호소 그리고 간곡한 권고. 그러나 일단 그는 속마음을 털어놓고 나면 대개 회복하였고, 종종 극적으로, 가끔 '거짓 소동' 같은 신경증의 인상을 주기도 하였다. 그러나 이것은 공평하지 않았다: 라이히(Reich, 1968)는 프로이트 같은 선구자들은 동료들과 협력자들이 필요하지만, 그들이 언제나 시간이 있는 것이 아니며, 혹은 종종 그들 자신의 일로 가득 바쁘며, 그리고 이것은 수많은 시간의 외로움과 누군가의 방문을 불안하게 기다리는 것으로 이어진다고 말하였다. 언젠가 그는 프로이트가 '갇힌 동물처럼' 방안을 혼자서 왔다 갔다 하는 것을 거리 아래에서 보았다.

제1차 세계대전

베르가스(Bergasse 19)에 – 지금은 프로이트 박물관 – 인상적인 사진 한 장이 전시되어 있는데, 58세 프로이트가 군복을 입은 두 아들, 마르틴과 에른스트와 앉아 있는 사진이다. 분위기는 마치 막 농담을 주고받은 양 편안하고 유쾌해 보였고, 그들의 공통적 자세는 남자다움이 넘쳐보였다. 아들은 둘 다 어둠에 싸여있고 아버지는 환하게 밝은 모습이 으스스한, 심지어 불길한 분위기를 주었다. 두 아들 모두 전투에 이미 참가하고 있었고, 1916년 그 해 아마도 전방에서 휴가를 온 듯 보였다.

몇 년 전, 프로이트가 아직 의학 훈련을 받고 있고 아들들과 같은 나이였을 때, 그도 일 년의 군대 훈련을 위해 소집되었다. 외관상 할 일은 별로 없었고, 그는 철학책들을 읽고 존 스튜어트 밀을 독일어로 번역하면서 대부분의 시간을 보냈다. 가장 흥미로운 부분은 그의 24살 생일날 허가 없이(무단이탈) 부재하여 체포당한 일이다! 6년 후 이제 자격을 갖추어, 그는 모라비아에서 하는 기동 훈련에 한 달 동안 다시 소집되었다. '전쟁놀이'의 지루함과 허위뿐만 아니라 상급 장교들을 조롱하는 평가는 1886년 9월 1일 브로이어에게 보낸 편지에 담겨 있었지만, 그는 확실히 시키는 대로 하였는데, 편지에 언급했듯, 아직 막사에 틀어박히지 않았기 때문이었다. 그의 불만은 비온에 의해 되풀이되었고, 그 역시 1차 대전에서 반대편에서 싸웠으며, 전쟁의 바보짓과 어리석음을, 특히 수백 명의 군인들을 죽음으로 보내는 명령을 아무 생각 없이 하는 장교들을 몹시 비난하였다.

프로이트의 아들 마르틴은 포병대에 들어가 러시안 전방에 배치되었고, 에른스트는 갈라시아에서 전투에 참여하였다. 프로이트의 둘째 아들 올리버는 군대를 위해 터널과 막사들을 짓기 위해 기술자로 소집되었다. 프로이트는 그의 모든 아들들이 죽는 꿈을 꾸었다. 놀랍게도 꿈처럼 그는 마르틴이 같은 날 팔에 상처를 입은 것을 알았다. 꿈은 사랑하는 이들을 멀리 떨어진 국경으로 보낸 사람들이 느낄 수 있는 공포, 무력감, 적막감을 보여주었다. 모든 사람들이 빠른 승리를 바랬지만 충돌은 쉬지 않고 계속 되었고, 프로이트는 전쟁이 수행되는 야만적인 방식에 점점 더 오싹해졌다.

클락(Clark, 1982, p. 376)에 따르면, 프로이트는 우울증과 함께 1915년에 접어들었다. "지금은 내가 극야에 있는 것같이 태양이 떠오르기를 기다리고 있다네", 라고 그는 아브라함에게 속내을 털어놓았다. 환자들의 수요는 말라가고 그는 강의하며 '초심리학'에 대한 일련의 글들을 쓰는 것으로 시간을 보내야만 했다. 그의 기분은 의부 형제인 엠마누엘이 영국으로 가는 중 기차에서 떨어져 죽었다는 소식을 듣고 절망으로 바뀌었다. 아브라함에게 보내는 다른 편지에서, 그는 쓰기를:

> 삶이 내게 고통을 주고 있네… 내 시간은 다 지나갔다고 생각하네, 그리고 나는 평상시보다 더 우울하지는 않다네… 그리고 내 작업이 자네와 페렌찌 같이 솜씨 좋은 사람들에 있다는 확신에 위안을 받네(Freud－Abraham, 20 May 1977, p. 261).

끔찍한 4년이 지나고 정전이 마침내 1918년 11월 11일에 이루어졌다. 이 일이 상당히 안도를 주었지만, 그의 아들 마르틴은 아직도 프로이트와 연락이 되지 않았다. 12월에 편지들이 왔고, 프로이트는 마르틴이 이탈리아의 감옥에 갇혔다는 것을 알았다. 마르틴이 돌아오기까지 또 한 해를 참아야만 하였다. 그의 아들들이 생존하였지만, 그럼에도 불구하고 프로이트 가족은 전쟁에 뒤이어 커다란 그리고 예기치 않은 상실을 겪어야 했다.

프로이트는 개인적 죽음에 대한 오래된 공포에 고통스러워했고, 끔찍한 몇 년 동안 자녀들의 안전에 대한 유사한 격심한 공포가 생겼다. 전쟁이 발발할 때 그와 오스트리아 헝가리 동료들은 그들의 미래에 열광적이었지만, 곧 전쟁에 참여한 사람들이 생존할 가능성이 매우 낮다는 것이 확실해졌다. 마침내 믿기 어려운 80만 오스트리아 헝가리 군인들이 사라졌고, 프로이트 가족 중의 오직 한 명－그의 누이 로사의 아들－이 이탈리아에서 죽었다.[25]

프로이트는 전쟁이 완전히 파괴적이고, 문명화된 인간의 자부심을 뺏어가고, 인간성이 근본적으로 선하다는 것이 환각이었음을 보여주었다고 여겼다. '내가 환멸을 느꼈다고 말할 때 모든 사람들이 내가 의미하는 바를 즉시 알 것이다,'라고 프로이트(1915a)는 가장 만연한 인상을 요약하여 말하였다. 그는 1천5백만 명 이상이 죽어버린 이 세계 대전이 인간의 강박과 파괴의 쾌락을 노출하였고, 인간의 약점과 문명을 위한 적합성에 의문이 생긴다고 하였다. 그의 초심리학 논문들 중의 하나에서, 그는 죽음 충동의 아이디어를 발달시켰는데, 그것은 파괴성 혹은 자기 파괴로 실행될 수 있는, 특히 개인적 문제의 극복에 대한 저항에서, 성격의 파괴적 힘이다(Freud, 1920).

소피와 그녀의 아들 하이넬레의 죽음

소피는 프로이트 집안의 5번째 아이로, 프로이트의 '일요일의 아이'로 알려졌으며, 프로이트의 히브리어 교사의 조카 이름을 따서 명명하였다. 그녀는 가정적인 아이요 청소년이었고, 1912년 약혼의 발표와 함께 집을 떠났다. 다음 해 그녀는 맥스 할버슈타트와 결혼하였는데, 그는 함부르크에서 온 사진사로 프로이트의 사신을 여러 장 찍었었으며, 그 중에서 무표정한 프로이트가 시가를 들고 있는 암갈색의 유명한 사진도 있다.

그들의 첫 번째 아들 에른스트가 1914년 3월 11일 태어났다. '작은

25 아들과 전쟁에서 생존한 다른 친척들에 대한 프로이드의 엄청난 걱정과 우울증은 1938년 3월 나치의 비엔나 점령으로 재 점화되었다. 안나가 게슈타포에 체포되었을 때 그의 극도의 고통은 안나에게 집중되었다. 가능한 고문과 그녀의 전반적 안전에 대한 불안과 공포로 슈어는 그녀에게 베로날(최면 진정제)를, 자살이 요구된다면, 제공하였다. 그녀가 풀려나기 전 12시간은 프로이드에게 완전한 고문이었고 명백히 이 사건이 프로이드로 하여금 비엔나를 떠나도록 만들었다(Roazen, 1972, p. 625). 떠날 때 당국은 그에게 어떤 식으로든 부당한 대우를 받은 적이 없다고 쓰도록 요구하였다. 서류에 서명하면서 그는 뛰어나게 첨가하였다, "나는 모든 사람들에게 게슈타포를 가장 높이 추천할 수 있다"(Gay, 1995, p. 625).

에른스트'로 알려진 그가 어머니의 오고 감을 다루기 위해 실패를 사용하는 것을 관찰하고 프로이트는 상징적 놀이의 '다 – 포르트'의 개념화하는데 영감을 받았다(Freud, 1920). 헬무스(Hug – Hellmuth)는 에른스트의 발달을 감독하였으며, 그녀는 아동과 정신분석 작업을 가장 초기에 한 대표적 인물들 중의 하나다. 4년 후에 또 다른 아들, '하아넬레'로 불린 하인츠 루돌프가 슈베린, 북부 독일의 도시에서 태어났다.

소피 할브슈타인 – 프로이트는 1920년 1월 25일, 전쟁 후 유럽을 휩쓴 스페인 독감 유행병으로 죽었다. 이틀 후 프로이트는 피스터 목사에게 편지를 썼다:

> 오늘 오후 우리는 함부르크에서 인플루엔자 폐렴이 우리의 상냥한 소피를 빼어갔다는 소식을 들었습니다. 아주 건강한 가운데, 유능한 어머니와 다정한 아내로서 충만하고 활동적인 삶으로부터 빼어갔습니다, 이 모든 일들이 사일에서 오일 사이에 벌어졌으며, 마치 그녀가 한 번도 존재하지 않았던 것같이… 내일 그녀는 화장될 것입니다, 우리의 가엾은 일요일의 아이!(Freud – Pfister, 20 January 1920, p. 77 – 78)

'아주 건강한 가운데'라는 프로이트의 문구는 소피의 세 번째 임신을 언급하는 것이 틀림없다. 소피의 죽음 후 그녀의 아들들 중 어린 하아넬레를 프로이트의 장녀로 아이가 없는 마틸데가 데려갔다. 병약한 아이임에도 불구하고 모든 이들이 이 아이를 아주 좋아하였다. 프로이트는 그 아이를 부르기를, '매혹적인 친구… 내가 그 아이처럼 그렇게 사랑한 사람은, 단연코 결코 아이들은, 없었다고 생각하네'(Freud – Kata & Jajos Levy, 11 June 193). 그러나 아이가 '속립 결핵'으로 진단받았을 때 죽음이 가까웠음이 분명해졌다. 아이는 혼수상태에 빠지고, 가끔 깨어나 평상시처럼 이야기를 나누었다. 프로이트는 '매번 깨어났다가 다시 잠이 들면 그 아이를 또 다시 잃는 것 같았다. 나는 그런 큰 슬픔을 경험해 본적이 없었던 듯하다; 아마도 내 자신의 질병이 충격에 일조하였을지도 모른다. 프로이트가 손자 에른스튼와 아파 보이는 하아넬레와 함께 찍은 매우 감동적인 희귀한 사진이 비엔나의 프로이트 박물관에 전시되어 있다. 하아넬레는 그의 어머니가 죽은 3년 후 1923년 6월 4세 반에 죽었다.

프로이트는 다시 가슴이 찢어질 듯한 슬픔을 겪었다. 존스(1957, III, p. 96)는 이것이 프로이트가 그의 삶에서 눈물을 흘린 것으로 알려진 유일한 때였다고 논평하였다. 그 자신의 표현으로 프로이트는 다음과 같이 썼다. '근본적으로 완전히 모든 것이 의미를 잃어버렸다.' '나는 정말 이 상실을 잘 받아들이지 못하고 있고, 어떤 것도 이것보다 힘들지 않았다고 생각한다.' 3년 후에 루트비히 빈스방거가 아들을 잃었을 때, 프로이트가 설명하기를, '내게 그 아이는 나의 모든 아이들과 손자들을 대신하였고, 그 이후 그 아이의 죽음 이후 나는 더 이상 손자들을 보살피지 않았으며 또한 삶에서 어떤 기쁨도 발견하지 못 했네'(Freud – Binswanger, 15 October, 1926). 분명히 소피와 하아넬레의 근접한 죽음은 정상적인 슬픔을 절망으로 바꾸었다. 어린 하아넬레가 위안을 줄지도, 심지어 소피의 상실을 대체해줄지도 모른다는 희망과 기약마저 빼앗겨버렸다.

그 다음 달에, 페렌찌에게 그의 생일을 잊어버린 것에 대해 응답하면서, 프로이트는 어떤 무례도 의도한 바가 아니라고 명확히 하면서, '오히려 삶에 대한 지금의 염증과 연결된 거라네. 나는 전에 우울증을 앓아 본적이 없었는데 이번에 우울증이 틀림없다네'(Freud – Fernczi, 18 July 1923). 4년 후 1928년에, 에네스트 존스에게 털어놓았다, '소피는 소중한 딸이었네, 분명히, 그러나 아이는 아니었지. 3년 후에, 1923년 6월에, 어린 하아넬레가 죽었을 때, 나는 삶에 대해 영원히 염증이 났다

네.'[26]

프로이트가 언급하였듯이, 이러한 교차점에서의 우울증은 또한 건강 상태하고 관련 있었다. 하아넬레 죽기 넉 달 전에 67세의 프로이트는 구강암을 진단받았다. 그는 악성 종양을 부인하였지만 – 그의 암을 치료할 암 전문가 대신에 코전문의사를 선택하였다 – 그는 주변 사람들의 얼굴에서 불안을 보았음이 틀림없었다(Gay, 1995, p. 419). 다음 5년 동안 프로이트는 윗턱에 많은 보철들을 넣기 위해 2번의 큰 수술과 다른 작은 수술들을 받았고, 이런 모든 것들이 그의 정신 상태에 타격을 주었음이 틀림없었다.

소피와 하아넬레의 상실은 암 진단 뉴스와 함께 프로이트 특유의 미래에 대한 비관주의를 더욱 깊게 하였다. 이것을 확인해 준 것이 그의 의사 슈르(1972, p. 361)로, 그는 심리적으로 하아넬레에 대한 비통과 암 진단에 대한 반응이 결합하여, 숙명적인 우울증을 일으켰다고 하였다.

늑대들의 동행

1928년 프로이트의 72세 생일날, 그는 첫 번째 애완견을 데리고 휴가를 갔다 – 룬 유그라로 부르는 차우차우 암컷. 불행히도 일 년 쯤, 산책 중 달아나 철로에서 죽은 채 발견되었다. 존스(1957, III, p. 150)는 프로이트가 매우 고통스러워했고, 그것을 아이의 상실과, 강도는 아니지

26 존스(1957, III, p. 97)가 보고하기를, 프로이드는 마리 보나파르트에게, 소년의 죽음 이후 새로운 사람을 결코 좋아할 수 없고 단지 예전의 애착만을 유지할 수 있게 되었다고 털어놓았다.

만 질적인 면에서, 비교하였다고 전했다. 새 강아지가 구해졌고, 역시 차우차우 암컷으로 이름은 조-피로 프로이트의 새로운 동반자가 되었다. 대부분의 차우차우는 사자 같은 외양과 당당한 태도를 가지고 있어, 아마도 이런 이유로 조-피의 이름이 '특별한 암사자'였을 듯, 흥미로운 점은 프로이트가 그의 어머니에게 '아주 특별한(Sigi)'라고 불렸다는 것이다.

조-피-히브리어로 '아름다운'을 의미-는 프로이트의 모든 환자들의 친구가 되었는데, 강아지의 휴식 장소가 카우치의 발 아래였기 때문이다. 프로이트는 조-피가 환자들의 정서적 상태를 직관할 수 있다고 주장하였다: 그녀가 머물러 있다면 환자가 차분한 것이고, 만약 환자가 긴장하였다면 그녀는 방의 다른 쪽으로 옮겨갔다. 프로이트의 아들 마르틴은 프로이트가 회기를 종료하기 위해 시계를 사용한 적이 없이 오직 조-피에게만 의존하였다는 이야기를 하였다-만약 그녀가 바로 앉아 하품을 하면 50분이 다 된 것이었다. 환자들 사이에서 실제로 조-피가 분석하고 사례 보고서까지 쓴다는 소문이 돌았다.

차우차우는 그 주인에 대한 충성심으로 유명하다; 실제로 조-피는 프로이트의 서클에서 오토 랑크(Otto Rank)의 탈퇴에 대한 보상으로 프로이트에게 제공되었다(Burlingham, 1989, p. 193). 그러므로 조-피는 프로이트에 대한 소유욕이 매우 강해서, 자매인 룬이 프로이트 집으로 왔을 때 결국 그 개를 도로시 벌링햄의 집으로 데려가야만 했다. 1937년 1월 조-피가 초기에 성공적인 난소암 수술 후에 죽었다. 프로이트는 '애도만 뺀다면 전혀 실제 같지 않다네', '언제나 이것에 익숙해질지 궁금하다네. 그러나 당연히, 7년간에 걸친 친밀함을 쉽게 극복할 수 없을 걸세' 라고 소설가 아놀드 츠바이크에게 편지를 썼다. 프로이트는 너무 마음이 어지러워서 다른 집에서 기르는 룬을 당장 자신에게 데리고 오라고 고집하였다. 프로이트는 늙어가면서, 소문에 의하면 사람들보다 개와 있는 것을 선호하였고, 개들이 덜 성가시고 양가감정이 없다는 것을 발견하였다.

12월 전에 프로이트는 대단히 힘든 구강암 수술을 하였고, 그로 인해 '자물쇠 턱'을 가졌다. 그는 계속 환자들을 보았으며 절박해서 뜨거운 물병을 뺨에 대었다. 마리 보나파르트에게 프로이트가 쓴 편지에서:

> ‹또한› 단파 치료에 의해 약간 나아지고 있지만, 오래 가지는 않는다오. 나는 또 다른 한주 이 모든 것을 견디어야만 한다고 들었소. 나는 조-피가 나의 고통에 얼마나 동정심을 보이는지, 마치 모든 것을 알고 있다는 듯, 당신이 볼 수 있다면 좋겠소 (Jones에서 인용 1957, III, p. 224).

조-피의 암이 프로이트에 대한 직관과 공감의 한 예였는가?

1939년 2월 프로이트의 암은 마침내 수술할 수도 고칠 수도 없다는 진단이 내렸다. 존스(1957, III, p. 261)는 루를 그에게 데려왔을 때, 프로이트의 뺨에서 빠진 궤양화된 암에서 나는 악취로 방구석으로 물러난 루를 기술하면서 마지막의 암울함을 담았다. 프로이트는 끝이 가까웠음을 알았음이 틀림없다; 그의 친구이며 의사인 슈르는 필요한 모르핀을 주사하여 약속된 안락사를 시행하였다. 조-피와 같이 룬도 프로이트의 상태에 대해 '이해하고' 있었던 것 같다.

결론

만약 우울증이 자아의 질병이라면, 주관적으로 우울증은 다른 사람들마다 다르게 나타난다. 우울증에 대한 반응도 유사하게 다르다. 외상과 관련해서 정신분석은 어떤 사람들은 비교적 작은 외상에도 무력해지고, 어떤 사람들은 엄청난 외상에서도 자신들의 포화상태를 '예외적으로 잘' 다룬다는 것을 깨달게 되었다. 우울증에서도 마찬가지다. 어떤 사람들은 우울증을 이기지 못하는 반면, 어떤 사람들은 용감하게, 불굴의 정신으로 견디어 낸다. 보다 운이 좋은 사람들은 자신의 우울적 측면들을 창의적인 작업이나 삶의 과제들로, 예를 들면 성취를 즐기거나 아이들을 양육하거나, 승화시킬 수 있다. 프로이트는 분명 이러한 사람들의 훌륭한 예라고 하겠다. 슈르(1972, p. 710)은 프로이트의 강박적 작업에 우울증이 뒤따라 왔고, 또한 작업이 우울증으로부터의 도피를 도왔다고 – 개인적 곤경과 고통으로부터 자기 치료의 한 유형 – 말하였다. 앙지외(1986, p. 577) 역시 프로이트가 우울증에 대한 방어로 이론을 사용하였다고 주장하였다. 우리가 발견한 것은 프로이트가 개인적 악령을 다룬 – 1890년대 – 자기 분석을 할 때 가장 격심한 우울증이 일어났고, 그리고 그의 가장 현명적인 발견들을 – 꿈, 유아기의 성욕, 오이디푸스 콤플렉스에 대한 이론 – 이룬 것도 바로 이 우울증이었다. 프로이트 자신의 견해로, 그는 지속적으로 그의 이론이 무의식의 과학의 예리한 적용에서 오기보다 자신의 개인적 경험에서 온 것에 대해서 개탄하였다.

결론을 내리면, 은둔이나 요양을 요하는 기능의 전체적 상실이라는 면에서 보면, 프로이트는 우울적 와해를 겪은 적이 없다. 그는 고통스러운 죄책감으로 그의 성격이 멜랑콜릭해지는 정도로 무력해지지 않았다. 젊은이로서 그는 성공을 추구하고 미래의 아내와 이별한 동안 무력할 정도의 기분 동요를 겪었다. 그 다음 아버지가 죽었을 때 그의 애도는 임상적 특징을 보이기 시작하였다. 그의 개인적인 가족 상실의 경험이 쌓이고, 암이 그의 삶에 위협적인 배경이 되자, 그의 반응들은 우울증의 많은 전형적인 특성들을 닮아갔다 – 친밀성에 대한 관심의 상실을 시작으로, 타인과 소원함을 느끼고, 새로운 관계를 피하고, 이전 활동에 갈수록 흥미를 상실하고[27], 지루해하고, 생활 사건들을 참아내야만 했다.

그의 다른 중요한 정서적 상실들이 – 많은 상실들 – 정신분석 운동의 구성원들 안에서도 발생하였다. 브로이어, 플리츠, 아브라함, 아들러, 스테켈, 랑크, 융 – 이 모든 사람들, 그리고 한때는 의심의 여지없는 동료들, 몇몇은 잊을 수 없는 파트너들, 몇몇은 많이 사랑한 친구들(힘든 시기일 때조차)이 죽거나 이런 저런 논쟁으로 인해 맞지 않아 떠났다 – 과학적인 전환 혹은 논쟁, 언짢은 개인적 관계 혹은 정치적 개편 때문에. 이 불화에서 프로이트의 노골적인 그러나 종종 억압된 적개심이 한 부분을 차지하였다는 것을 무시해서는 안 된다 – 확실히 프로이트는 그것들을 무시하지 않았다. 프로이트는 그에게 최고였던 남자 동료들을, 주요한 인물인 가까운 친구인 플리츠, 향한 양가감정의 강렬한 갈등을 여러 번 실토하였는데, 그는 적대감으로 덮어야만 했던 에로틱한 암류의 탓으로 돌렸다.

27 37쪽에서 그는 성에 흥미를 상실했다고 고백하였다(Freud-Fliesse Letters, 17 December 1896).

14장

클라인의 우울증

그로스커스(Grosskurth, 1986) 전기가 나올 때까지 멜라니 클라인의 우울증의 존재는 그리 대중에게 알려지지 않았다. 클라인은 출간되지 않은 회고록에서 우울증을 언급하였지만, 그녀의 수많은 재발에 대해서 별로 언급하지 않았다. 영국 정신분석계에서조차도, 그녀가 결국 정착한, 오직 몇몇 사람들만이 알고 있었고, 그들 중의 소수만이 – 아마도 그녀의 가까운 동료들과 지지자들 – 그녀가 산도 페렌찌, 첫 번째 분석가와 나중에 두 번째 분석가 칼 이브라함에게 격심한 우울증으로 분석을 받았다는 사실을 알고 있었다. 아마도 그녀가 영국 정신분석학 집단에서 기반을 얻으면서 – 실제로 회원이 된 첫 번째 유럽 분석가였다 – 사람들은 유명인으로 그녀가 누구인지, 그리고 그녀가 어떻게 잠재기 이전의 아이들과의 작업을 통해 그런 혁명적인 생각에 도달하였는지를 가늠하는데 몰두하였다. 더욱이 그녀는 열정과 활기를 가지고 이러한 아이디어를 제시하였기에 사람들의 마음에서 우울증은 동떨어진 생각이었을 것이다(Segal, 1979, p. 173). 그러나 그때, 집단에서 그녀의 역할이 더욱 확고해지면서 – 그리고 보다 복잡해지면서 – 그들은 그녀가 초기의 승인과 아낌없는 찬사 경험 – 존스는 그녀를 '분별 있고, 잘 균형 잡힌, 완전히 분석된 사람'으로 프로이트에게 아낌없이 옹호하였다 – 후에 그녀의 아이디어와 방법에 날카롭고 편파적인 반대가 뒤따랐을 때, 특히 그녀 자신의 딸로부터 왔을 때, 어떻게 극복하였는지 궁금해 하였다.

그로스커스(1986)의 성취는 1983년에 발견된 서신들의 도움으로, 클라인의 잘 알려지지 않은 아동기, 젊은 어머니로서의 경험, 결혼생활에서의 몸부림, 사랑에서의 실망, 그리고 많은 상실들을 밝혀냈다 – 이 모든 것들은 그녀의 우울증에 대한 논의에 영향을 줄 수 있다. 더불어, 이러한 우울증이 그녀의 창의적 생산물 – 발달적 이론에, 정신분석학 이론에 전반으로, 뿐만 아니라 분석의 치료적 목표 같은 주제 – 에 어떤 역할을 하였는지에 대한 분석이 있어야 한다. 그러므로 나는 클라인의 삶에서 다소간 지속적인 요소인 우울증에 기여하고 유지한 생활사를 설명하기 위해, 그로스커스의 작업과 서신들에 광범위하게 의존할 것이다.

죽음과 비극

멜라니는 라이츠(Reizes) 집안의 네 번 째 그리고 가장 어린 아이였다. 그녀가 태어났을 때 언니 에밀리는 6세였고, 엠마누엘, 오빠는 5세, 그리고 가장 어린 언니 시도니는 4세였다. 일반의였던 그녀의 아버지는, 두 번째 결혼에서, 그녀가 태어났을 때 55세였다. 비록 그녀가 가장 어렸고, 이것이 그녀를 특별하게 만들었지만, 다른 사람들의 말에 의하면 그녀는 아버지의 총애하는 아이가 아니었다. 그럼에도 그는 그녀에게 그와 같이 되라고 하고 의학을 공부하라 격려했으며, 그녀의 열망에 기름을 부었다 – 이른 나이에 그녀는 정신의학을 공부할 계획을 세웠다(Grosskurth, 1986. p. 160). 그러나 18세에 약혼하고, 아버지의 죽음 일 년 후에 그녀는 자신의 야심을 버렸다 – 평생 유감스러워했던 낙담(Segal, 1979).

멜라니가 4세 때, 아마도 오랜 질병으로 인해, 시도니가 죽었다. 이러한 질병들은 가족의 끊임없는 걱정거리였음이 틀림없으며, 아버지가 의사라는 점을 고려하면, 이것이 부모들의 많은 주의와 에너지를 뺏어갔을 것이다. 시도니는 자신의 임박한 죽음을 명백하게 깨닫고, 그녀의 어린 여동생에게 읽기와 쓰기를 가르치기 위해 많은 시간을 썼다. 그녀는 그녀가 알고 있는 모든 것을 멜라니에게 남긴다고 생각하였다(Segal, 1979, p. 29). 회고록에서 그녀는 언니의 죽음에 대한 큰 슬픔을 끝내 극복하지 못하였고, 그녀 어머니의 고통이 그것을 늘렸다고 느꼈다. 그로스커스(1986, p. 15)는 암울하지만 진실인 논평, 즉, 이것이 멜라니의 삶에 산재해 있는 긴 일련의 죽음의 시작이었다고 덧붙였다. 그녀의 아버지가 죽었을 때, 그녀는 17세였는데, 큰 슬픔에 관련해서, 사별을 제시하는 증거가 거의 없다는 점에서 (그녀는 아버지가 자신과 놀아준 적이 있는지 기억할 수 없었다) 그로스커스(1986, p. 11)는 멜라니와 그녀 아버지의 관계는 그리 깊지 않았다고 결론지었다.

반대로 그로스커스는 멜라니와 그녀의 오빠 엠미누엘과의 관계, 그의 최종적인 비극적 운명에 거의 한 장을 할애하였다. 그녀는 그를 가족의 버릇없는 왕자로 묘사하며, 그의 그런 지위는 그의 기대 수명을 줄인 아동기의 질병으로 나왔다고 하였다. 어린 나이에 그는 성홍열을, 그다음 류마티즘성 열을 앓으며서 심장이 약해졌다. 그가 회복하는 동안, 그의 어머니가 가족 여행에 함께 가도록 허락하면서 상황은 악화되었다. 그는 손실이 큰 재발을 일으켰고, 이것은 훗날의 파멸을 이끌었다.

1983년에 발견된 가족 편지들을 이용하여, 그로스커스는 불확실한 미래를 직면한, 이것을 허영, 자기파괴, 자신의 재능에 대한 잘못된 인식을 위한 알리바이로 사용한 젊은이의 모습을 그렸다. 그는 예술적인 허세를 가진 반면 – 글쓰기, 그림, 음악 –, 처음에 그의 아버지처럼 의학을 공부하려고 등록하였다. 그러나 몇 달 후 엠마누엘은 그만두고 예술 학교로 옮겨갔다. 그 후 곧 그는 비엔나를 떠나기로 결심하였다. 한 아이를 이미 잃고 또 다른 아이가 좋지 않은 예후를 받은 상황에서 이러한 결정은 틀림없이 어려웠을 것이지만, 가족은 그가 자신의 예술적 흥미를 추구하게 놓아주어야 한다고 결정하였다 – 덜 혹독한 날씨의 이점을 가진 유럽 국가들에서. 이 젊은이는 차후에 방랑하는 생활방식을 갖게 되었고, 이것은 어머니의 비용으로 유지되었다. 그로스커스(1986, p. 18)에 따르면 이것은 죽음의 선고였다.

엠마누엘의 편지를 보면, 멜라니와 그녀의 오빠 간에 강한 유대에는 의심의 여지가 없다. 그들의 어머니는 그 유대의 근친상간적 특성을 질투하면서 동시에 두려워하였다. 그로스커스(1986, p. 31)는 외국에서의 엠마누엘의 불안정과 다른 사람들의 삶에 대한 외설적인 관심, 특히 멜라니의 약혼자 아서와의 관계를 포함하여 다른 여자들의 애정 생활에 대한 관심을 부각시켰다. 여기서 그는 침범적인 어머니 리부사와 매우 흡사하게 보이는데, 그녀를 향한 그의 엇갈리는 감정은, 그가 그녀의 비용을 – 생명력 – 어떻게 도박과 다른 무절제에 사용하는 지에서 제시되듯이, 매우 강하였다. 이와 같은 역동에 이르면, 그로스커스(1986)는 클라인 가족에서 만연한 복잡함을 잘 이해하지 못 하는 듯하다. 전반적으로 가족에 대한 그녀의 통찰력 있는 분석에도 불구하고 한쪽 부모와 다른 가족들이 시한부 삶으로 고통 받는 아이와 직면할 수 있는 끔찍한 딜레마를 이해하지 못하고 있었다. 엠마누엘의 조적 우울증이라는 그녀의 진단은 정확할 것 같지만, 그녀는 그의 생활 상황의 비극, 가족원들에게 예기된 죽음이 갖는 멜랑콜릭한 효과, 뿐만 아니라 이것이 낳는 죄책감, 무력감, 불길한 예감을 놓치고 있었다.

1902년 12월 엠마누엘은 스페인을 거쳐 이태리로 여행 갔고, 그의 편지들은 병리적인, 자기 파괴적인 상태를 나타냈다. 그로스커스(1986, p. 35)는 그때쯤 그는 모르핀과 코카인의 치명적 결합물에 중독되었다고 추측하였다. 제노바에 도착하여 그는 멜라니의 메모를 발견하였고, 그에 대한 반응으로 짧은 답장에 대해 엽서로 책망하였다. '이

인색함은 내게서 유머를 뺏어갔고 그리고 지금도 아직 그래.' 불행히도 몇 시간 후에 그는 죽었다 – 호텔 방에서 심부전을 겪다가 침대에 쓰러진 채 발견되었다. 그녀는 회고록에 썼다:

> 죽었을 때 그는 25세였다. 여기서 다시 ‹시도니에서와 같이› 나는 그런 느낌을 가졌다, 누군가 의학에 대해 좀 더 잘 알았더라면, 그가 좀 더 오래 살게 무언가 할 수 있지 않았을까… 내 기억에서 그는 여전히 젊고, 강한 마음의 소유자로, 내가 알고 있는 대로, 자신의 의견이 강하고… 예술에 이해가 깊고, 많은 방식으로 그에 대한 열정을 가진, 내가 가졌던 가장 친한 친구
> (Grosskurth에서 인용, 1986, p. 19).

독자는 시도니와의 비교가 건강에 대한 가족의 고통스런 공포를 건드리고 있다는 것을 알 수 있다. 이 예에서 그녀의 오빠는 그가 바로 죽기 전 '인색함'에 대한 그의 질책으로 멜라니에게 어떤 참회의 죄책감도 면해주지 않았다.

결혼과 출산에서의 우울증

1903년 아서 클라인, 화학 기술자와 결혼한 후 클라인은 임신하여 딸 멜리타를 스위스의 작은 마을 로젠버그의 부부의 새 집에서 낳았다. 회상록에서 그녀 자신을 모성에 던져놓았지만, 행복하지 않은 마음 상태에서 빠져 나올 방법을 찾지 못했다고 자세히 이야기하였다. 그녀의 마음 상태가 아직 엠마누엘을 애도하는데서 오는 건지 궁금할 것이다.

3년 후, 그녀의 다음 임신 기간과 후에, 그녀는 주요 우울증을 겪었

다. 1907년에 아들 한스가 태어났다. 가족은 폴란드의 작은 마을 크랍피츠로 이사하였고, 거기서 아서는 수익성 좋은 직업을 확보하였다. 이때 클라인의 어머니 리부사가 가사 일을 돕기 위하여 비엔나에서 옮겨왔다. 이 일은 클라인을 더 깊은 우울증으로 빠지도록 촉진시켰고, 리부사는 그녀에게 친구를 방문하고 조용한 장소에서 이완하고 쉬라고 강력히 권함으로써 감당하려고 하였다. 클라인이 크랍피츠에서의 2년 동안 대부분의 시간을 집에서, 그녀의 새 아기로부터 떨어져 지냈다는 것을 의미 한다 – 스파 치료를 받고, 바다 공기를 찾아 장기의 여행을 갔다. 이러한 부재들은 건강에 대한 가족 안에 이미 존재하는 불안을 악화시켰음이 틀림없다. 더욱이 이러한 것들이 아서의 외도를 멜라니가 알아채고 악화된, 부부 간의 이미 긴장된 관계를 더욱 고조시켰을 것이다.

리부사가 제안한 이러한 '다양한' 치료들과 방침들에도 불구하고, 멜라니의 증상들은 전혀 나아지지 않았고, 결국 1909년 5월 그녀는 두 달 반 동안 병원에 입원하였다. 그녀는 생모리츠에 있는 다른 클리닉으로 옮아갔고, 거기서 그녀의 상태는 방광 감염으로 악화되었다. 그녀의 어머니는 그녀 옆에 있었고, 임신을 의심하였다. 그 해 말에 아서는 보다 작은 마을로 이동하였고, 멜라니가 이 이동에 대해 괴로워하자, 그녀를 위해서 그는 대신 부다페스트로 옮겨가도록 조치하였다. 국제도시에 새로운 집을 잡자 그녀의 증상이 경감되었고, 다음 2년 동안 지속되었다. 그러나 1913년 말 클라인은 다시 임신하였고, 출산에 관한 이전 경험을 고려할 때, 우울증의 유령이 가족들의 뇌리를 떠나지 않았다. 1914년 11월 에릭이 태어났고, 클라인은 재빨리 유모를 고용하였다.

그러나 이때 멜라니의 어머니가 병이 들었고; 몇 달 사이에 그녀는 서서히 약해지다 1914년 11월 6일에 죽었다. 이것은 멜라니의 우울증으로부터의 회복을 망쳤지만, 그곳은 적어도 부다페스트였고, 그리고 멜라니 클라인이 분석가와 지지자로 페렌찌와 관련된 곳은 부다페스트였을 것이다.

그로스커스(1986)는 멜라니의 결혼 생활에서 침범적이고, 지나치게 염려하고, 죄책감을 유도하는 어머니의 존재가 그녀를 우울증에 빠지게 했다는 견해에 확고하였다. 질식시키고, 불화를 일으키고, 질투하고, 손상을 입히는 인물로서의 극히 호의적이지 않은 묘사가 지면을 날아 흩어지는데, 이것은 클라인 자신이 회상록에서 보여주는 그녀의 어머니의 모습과 아주 대조적이다. 그러나 이때, 나는 그로스커스(1986; 3장)이 상황을 정확히 진단하였다고 생각한다. 그녀는 표면적인 자기희생의 역동이 가족구성원들 사이에서 무성하게 자라는 책임공방과 동맹을 맺었다고 정확히 기술하였다. 그녀는 멜라니의 회상록에서 어머니의 임종을 지키며, 닭고기 스프 만드는 법을 배우고, 그다음 리부사가 멜라니 앞에서 스프를 억지로 먹은 것에 대한 기억을 자세히 이야기하였다. 클라인은 아마도 천진난만하게, 그러나 약간 부정직하게, 그녀의 어머니가 자신의 명예를 위해 살려고 노력했다고 판단하였다(Grosskurth, 1986, p. 65).

판단은 고사하고, 부모의 임종에서 어떻게 느껴야만 하고 혹은 어떻게 행동해야만 한다고 누가 명령할 수 있을까? 또 클라인은 닭고기 스프의 제스처가 단순히 선물 그 이상이라는 것을 인식하고 있는 듯하다. 그녀는 남겨진 느낌이었다고 전해지며, '내가 그녀를 위해 무언가 더 했어야 했는데 하는 죄책감과 함께, 그리고 우리는 이러한 느낌이 존재한다는 것을 안다. 나는 그녀의 침대 곁에 무릎을 꿇고 용서를 청하였다'(Grosskurth, 1986, p. 65).

사랑, 죄책감, 보상의 '다른' 면

나는 그로스커스가 언급하는 '책임공방'이란 지칠 줄 모르는 증여에 부채가 첨부되어 오는 피학적 보살핌의 하나라고 제안한다. 부채는 필요한 존재가 되는 것에 대한 요구로, 이것은 다른 사람의 실제적 요구에 대비하고자 하는 소망을 대체하고, 그 결과는 상호의존적 관계로 들어간다. 어머니의 용서를 구하면서 클라인은 주어진 것은 결코 다시 갚을 수 없으며, 그 안에 담겨진 증여는 보답에 대한 절대적인 기대라고 하였다.

더욱이 어머니가 약해지고 병들며, 혹은 어머니, 할머니 노릇하는 과정에서의 통증과 고통을 불평할 때 죄책감은 강화되었다. 실제로 그로스커스(1986, p. 29, 46, 57)는 리부사가 아이들이 아플 때 자신의 위통에 대해 불평하는 경우를 여러 번 인용하였다. 게다가 아이가 무례하거나 배은망덕해보지지 않도록 아이 쪽에서 어떤 당연한 항의도 억제되어야만 하였다. 그녀의 어머니가 스프를 겨우 삼키는 것을 보면서, 어떻게 클라인이 자신이 어머니에게 평생 동안의 짐이었다고 느끼지 않을 수 있겠는가? 그리고 어떻게 자신이 어머니에게 결코 보상할 수 없다고 느끼지 않을 수 있겠는가?

나는 이러한 형태가 아이의 조기 사망의 가능성 때문에 이 가족 안에 정해졌다고 생각한다. 시도니와 엠마누엘은 질병 때문에 낮은 기대 수명을 가졌고, 그래서 그들이 스스로 선택하지 않은 짧은 삶의 숭고한 희생을 하였다. 이것은 보통 가족원들에게 극심하게 고통스러운 영향을 주고, 아마도 아버지가 일반의일 경우 더욱 그러할 것이다. 아픈 시도니가 죽었을 때 멜라니는 겨우 4살이었지만, 그러나 그녀는 죽기 전에 언니가 그녀에게 남겨준 '선물들'을 결코 잊은 적이 없었다. 엠마누엘은 자신이 그녀의 가장 좋은 친구라고 멜라니가 믿도록 만들었다. 그는 그녀와 그의 모든 개인적인 사고와 경험을, 특히 다른 가족들에 대한 불평을 나누었다. 대신에 그는 그녀의 완전한 헌신과 사랑을 기대하였고, 이것이 결여된 경우 그는 '일부러 상처 주는 말이나 행동을 할 수 있었다'(Grosskurth, 1986, pp. 27–31). 예를 들면, 그녀의 아서 클라인과의 약혼은 그의 안에 있는 못된, 질투하는 부분을 끌어냈다. 그로스커스는 그의 편지들을 통하여 그의 소유욕과 그녀의 약혼을 취소시키려는 시도에 대한 풍부한 예들을 제시하였다. 엠마누엘은 베니스에서 편지를 썼다:

> 내가 너에게 반복할 필요가 있니? 내가 할 수 있는 모든 사랑과 상냥함을, 그리고 내 안에서 소중히 아낄 필요가 있는 것을, 어머니와 너에게 집중하였다… 그리고 어떤 식으로든 두 사람 중 하나를 잃는 것보다 내게 더 크고 파괴적인 재앙은 있을 수 없다는 것을 (Grosskurth, 1986, p. 34).

이것은 확실히 뒤틀린 의사소통이다. 어머니와 누이가 그를 유기한다면 그에게 닥칠 재앙을 강조함으로써, 뜻밖의 무언가가 그에게 생긴다면 그들에게 비참한 결과를 그는 이용하고 있다. 이것은 죽음을 위해 계획된 메시지는 아닌가? 이러한 의무는 엄청난 이상화를 통해서만 확실히 감당할 수 있지만, 그러나 평생의 부채에서 나올 길은 없을 것이다. 당신 역시 충성심을 확보하는 수단으로, 당신 자신의 삶에서 유사하게 자기 희생을 실천하는 길로 빠지지 않는 한은 말이다. 이것이 바로 사랑, 죄책감, 보상의 다른 면으로, 클라인은 거기에 대해 별로 쓰지 않았다.

프로이트같이, 클라인도 만년에 일부 동료들과 유사한 죄책감 소통을 하였는데, 특히 그들의 지지가 흔들리고 있다고 그녀가 느낄 때 그러했다. 그녀는 그들을 대신하여 너무나 애쓰고, 너무나 많이 희생하고, 그들을 지금까지 이 자리에 있게 하였다는 것을 암시하였다 – 그런데 그들이 갈라지거나 혹은 다른 독립된 노선을 추구하는 식으로 어떻게 지금 그들의 감사를 보여줄 수 있는가? 그들은 단순히 감사해하지 않거나 무례한 것이 아닌가? 알프레드 비온(Wifred Bion)은, 클라인과의 분석 동안, 그 체제 밑에서 그의 집단 작업에 관한 흥미 때문에 괴로워하였다. 그는 언젠가 서덜랜드(D.J.Sutherland)에게, 클라인이 '지지하지 않는', 어쩌면 적대적이기까지, 그의 집단 작업에 대해, 그리고 보다 심각한 작업에서 그가 주의를 다른 데로 돌리고 있다는 암시를 느꼈다고 말하였다(Sutherland, 1985, p. 55).

물론 비온은 어머니 죄의식과 관련된 그 자신의 문제를 가졌고, 15장에서 다루겠지만, 1955년 제네바 회의에 클라인, 다른 동료들과 참석하면서 아내에게 보낸 편지에 훌륭한 이야기가 있었다(Bleandonu, 1994, p. 104). 클라인은 그에게 매우 우호적이었고 – 그가 아내를 그리워하는 것에 측은히 여겼다 – 그렇지만 그녀는 그가 그녀와 함께 시간을 보내길 바랐다. 그러나 몹시 고통스러운 그는 '학파의 장'의 그런 요구가 주는 부담으로, 더욱이 그는 필사적으로 수면이 필요하였기에, 자신이 짜증이 났다고 서술하였다. 흥미롭게 비온은 클라인의 요구에 대해 불평하는 방식이, 성인기에 어머니가 그와 대화하고자 할 때 어머니의 요구에 대해 불평하는 방식과 같았다. 그는 어린 나이에 영국의 기숙사 학교로 자신이 보내진 그의 '희생'에 있어 어머니를 결코 용서하지 못한 듯하고, 그리고 그는 나중에 일을 더 심각하게 만들었는데, 후에 화해하려는 어머니의 시도를 그와 그의 성인기 성취에 대한 부담스러운 요구로 보았기 때문이다. 이것은 분석가와 내담자가 자기희생을 가장하여 죄의식을 투사하는 각자의 성향의 면에서, 그들이 어머니의 전이를 어떻게 타결하는지에 관한 흥미로운 추측을 이끈다.

아브라함의 죽음과 클레첼의 거절

베를린에서의 봄. 그 해는 1925년이다. 클라인은 아들 에릭을 데리고 그곳으로 이사하였고, 그녀와 남편 아서는 이혼을 고려하고 있었다. 그녀는 베를린 학회에 가입하였고, 1923년 2월에 정식 회원이 되었으며, 아브라함과의 분석을 시작하였다. 그녀는 댄스 수업에 등록하였고, 그의 댄스 상대인, 유부남인 체르켈 클뢰첼(Chezkel Kloetzel)과 사랑에 빠졌다. 분명히 그의 외모는 그녀의 오빠 엠마누엘과 너무나 흡사하였지만, 그들이 꾸며낸 비밀 이름은 큰 아들 한스의 이름이었다! 클라인의 수첩 일기와 그들 간에 주고받은 일련의 편지들에 근거하여 그로스커스(1986, pp. 141–150)는 불륜 관계를 충분히 입증하였다.

이 편지들은 상반 간에 애정과 사랑의 진실한 표출을 보여준다. 그러나 그해 6월에 애정 관계는 흔들리는 듯 보였다. 클라인의 일기에 표제 '우울증'이라는 부분에 그녀는 관계가 서서히 멀어지고 있다고 기록하였다. 7월 말에 클뢰첼은 바다로 여행을 갔고, 배에서 만난 누군가와 사랑에 빠졌다고 그녀에게 편지를 보냈다. 그는 돌아와서 그녀가 댄스 수업을 계속 할 생각이라면 새로운 댄스 상대를 구하라고 하였다. 클라인은 산산이 부서졌지만, 거절당한 사람으로서 그녀는 답장에서 그때 일어난 모든 고통스런 과실들과 숨겨진 비난들과 함께, 탈출구를 찾기 위해 마음의 평정을 유지라고 노력하였다. 클뢰첼은 남아프리카의 케이프타운으로의 임박한 전근을 이용하여 자신을 그 일에서 완전히 배제시켰다. 그럼에도 그들은 계속 연락을 하고 있었던 듯, 1933년에 그가 런던으로 일자리를 찾아 왔다. 그러나 그는 일자리를 찾지 못하고 팔레스타인으로 이주하였다.

그 무렵 아브라함이 병이 들어 괜찮을 때만 환자를 볼 수 있어서, 그녀의 심한 고통은 악화되었다. 다섯 달이 안 되어, 1925년 말에 아브라함은 죽었고, 그의 죽음은 전체 정신분석 학계에 충격파를 일으켰다. 클라인으로서 특히 고통스러운 부분은 그녀가 그의 어린 두 아들을 분석하고 있었다는 것이다.

클라인이 4살 때부터 1925년 12월까지 멜라니 클라인의 삶에 벌어진 일련의 사건들을 연대기 순으로 기록한다면, 상실과 비탄의 면에서, 그녀의 삶이 얼마나 가차없이 비참하고 불운한지 깊이 생각하지 않을 수 없다. 비록 짧았지만, 클뢰첼과의 관계는 행복의 분출을 불어넣지만, 그 외에는 매우 우울한 토양을 가진 곳이었다 – 임박한 죽음, 실제적 상실과 애도의 끊임없는 체험들이 흔적을 남겼다.

그녀가 슬픔에서 자유로운 적이 있었을까? 그녀는 어쩌면 불운이 따라다니는 것일까? 어떤 구원이 있었을까? 명백히, 그렇다 – 그녀는 이미 런던에서 일련의 강연을 시작하였고, 에니스트 존스가 자신의 아이들을 분석해달라며 초청한 그곳에서 결국 정착하였다. 거기서 그녀는 선두적인, 쟁점이 되는 인물이 되는 쪽으로 나아갔다. 그러나 슬프게도 이러한 변화가 한 번 더 상처 조직을 할퀴는 또 다른 비극에서 그녀를 구해주지는 못하였다.

한스의 죽음

1934년 런던으로 옮긴지 7년 후, 클라인의 두 번째 아이 한스는 지금은 슬로바키아의 북쪽 근처 루좀베르크(Ruzomberok: 장미의 마을)에서 살고 있었다. 거기서 그는 종이 공장의 기술자로 일하고 있었다. 이 마을은 여러 가지 면에서 중요하다. 한스가 어린 아이일 때 루좀베르크 근처에 있는 타트라산에 위치한 기숙학교를 다녔다. 그때 그는 방학동안 어머니에게 분석을 받았고(베를린에서), 그는 사례연구에서 '펠릭스'로 등장하였다(Klein, 1932, 2장).

그러나 성인이 되어 루좀베르크로의 귀환은, 우연이든 무의식적 음모이든, 그에게 치명적인 결과를 가져왔다. 이야기를 이어 맞추어 보면, 그로스커스(1986, p. 219)는 한스가 타트라산을 거닐다 길이 무너지면서 죽었다는 식으로 결부시켰다. 그는 27살이었고, 실제로 엠마누엘이 죽을 때와 같은 나이였다. 클라인은 슬픔을 가누지 못하여, 부다페스트에서 행해진 장례식에 참석할 수 없었다. 엠마누엘처럼 한스는 혼자 죽었고, 유사한 추측이 그의 죽음에 대해 일어난다 – 이것이 사고이었나 자살이었나? 가차 없이 클라인은 또 다른 우울증으로 빠졌고, 그녀의 지지자들이 부인하였지만 그것은 임상적 우울증이었으며, 그녀에 대한 많은 걱정이 생겼다(Grosskurth, 1986, p. 218 – 219). 그러나 그녀는 안전망이 있었고, 그해 초 실비아 페인(Sylvia Payne)과의 분석을 시작하였다.

이 상실로 클라인은 아마도 비애와 자책의 가장 끔찍한 누적과 직면하였을 것이다. 그녀의 집은 영국이지만, 그녀는 틀림없이 과거로 빠져들었을 것이다. 한스를 임신한 동안 그리고 후에 그녀는 첫 번째 심각한 우울증에 시달렸다. 휴식을 찾아, 어머니의 독촉에, 그녀는 때때로 일주일 간격으로 아이들과 떨어져 있어야 했다. 그녀는 한스의 한 살 생일에 함께 하지 못하였다. 그 다음 아서의 직장과 멜라니의 건강에 의해 살던 곳을 떠나야 하는 수많은 이동들이 있었다. 이 사건들은 이미 있었던 결혼 생활의 긴장에 힘을 더했고 결국 이혼으로 이어졌다.

너무 자주 변하는 상황으로 죄책감이 멜리타와 한스의 정신 건강에 대한 클라린의 염려를 자극하였고, 차후 그들을 분석하도록 하였다. 그때 아동 분석은 우선적으로 문제의 본질을 평가하고, 예방의 근거를 규정하는 것으로 이루어졌다. 그러나 그녀 남편의 비판적인 눈에, 그녀가 한스를 '실험'하였다지만, 이 비난은 역설적인 면이 있다. 우리가 한스의 분석을 면밀히 조사하면(펠릭스 사례), 그의 아버지가 장기 출장에서 돌아온 후 아들에게 잔인하게 굴었고, 그것이 한스의 증상에 일조하였다는 것을 알 수 있다. 그러나 자신의 아이들을 분석함으로서, 결혼 생활의 반목의 분위기에서, 클라인은 자신의 어머니의 본보기를 영속시키는 위험을 무릅썼다 – 죄책감에 기반을 둔, 과도하게 염려하는 관심을 제공하여, 부속된 부채에 대한 의무감을 생성시킨다. 아마도 이것이 딸 멜리타가, 폭발적으로 방출한 것을 약간 설명한다. 그녀는 어머니처럼 분석가가 되었고 – 아마추어 정신분석가가 아니라 – , 어머니의 '닭고기 스프'를 공개적으로 거부하였고, 그것에 대해 어떤 죄책감도 수치심도 느끼지 않기로 결심하였다.

결론

클라인은 반복된 상실, 실망 같은 생활사건뿐만 아니라 임신 같은 생활주기 사건들과 결합한 우울적 삽화에 시달렸고, 이것은 이전 우울증의 재점화로 인해 그녀의 우울증이 불변의 형태와 질을 가지게 되었음을 의미 한다. 토대는 그녀 4세 때 언니 시도니의 죽음으로 정해졌다. 비록 아버지가 그녀가 십대일 때 돌아가셨지만, 그녀는 그의 죽음에 대해 크게 상처받지 않았다. 그 후에 우울증의 급성 단계의 도화선은 출산 경험, 사랑하는 엠마누엘의 죽음, 어머니의 죽음, 분석가 아브라함의 죽음, 사랑에서의 거부, 그리고 아들 한스의 비극적 죽음 같은 생활 사건들이었다.

그녀의 첫 임신과 첫 아이의 출산은, 우울증을 이끌었고, 엠마누엘의 죽음을 재빠르게 일깨우면서 일어났다. 아이는, 여아라는 존재, 아마도 시도니의 기억과 상실을 되살렸을 것이다. 이어서 완전한 우울적 붕괴는 다음 아이, 한스와 함께 왔다. 그러나 부다페스트로의 운 좋은 이사로 인한 우울증의 완화는 어머니의 죽음으로 무효화되었다.

우울증의 전문가였던 아브라함과 분석에 들어가면서 회복의 또 다른 기회가 오는 듯하였지만, 이것 또한 그의 죽음으로 갑작스럽게 끝났다. 하나의 상실로부터의 회복이 막 이루어지는데, 또 다른 상실이 거부권을 행사하였다. 예를 들면, 클레첼과의 비참한 애정 관계를 고려해보자. 이것 역시 베를린에서의 그녀의 회복의 한 부분이었지만, 이것은 괴롭고 잔인한 거부로 끝났다. 이 애정관계의 종료는 어떤 점에서는 예고된 것인가? 클레첼이 그녀 생애의 하나뿐인 사랑, 엠마누엘을 닮았다는 점에서 혹은 그에게 한스라는 비밀 이름이 기괴하게 붙여졌다는 점에서? 아마도 가장 치명적인 형태로, 불운을 불가피하게 끌어들이는 거미줄처럼, 우울증이 예고의 방식으로 작용하는 것으로, 프로이트의 '운명 신경증(fate neurosis)'과 유사한데, 질병이 자가 재생을 위해 재앙이 계속 되기를 갈망하는 것이다.

클라인의 우울증이 그녀의 창의적 생산과 이론적 탐색의 방향에서 어떤 역할을 하였는가? 많은 작가와 예술가처럼, 클라인이 개인적 경험으로 저술했다는 것은 틀림없지만, 의문은 우울증에 대한 그녀의 개인적 경험이 새로운 아이디어와 개념을 발전시키는 데 도움이 되었을까? 그로스커드(1986, p. 215)는 그녀가 고통 받을 때 그녀의 최고의 논문들을 썼고, 그녀의 작업은 그녀의 구원이었다고 하였다. 다시 말해서, 비탄, 조적 우울증, 죄책감, 보상 같은 주제에 관한 저작에서 그녀는 극도의 고통을 승화시켜 우울증을 극복할 뿐만 아니라 이 주제들에 관해 새로운 통찰을 얻었다. 이것은, 한스의 죽음 전과 후 동안에, 그녀가 실비아 페인을 전문적으로 만날 때, 사실인 듯하다.

최고조의 우울증 기간 동안에, 클라인(1935)은 가장 절찬받는 논문들 중의 하나를 썼고 – '조울적 상태의 심리발생에 대한 기고문' – 의심할 여지없이 그녀의 개인적 경험이 그녀의 주제에 기여하였음이 틀림없다. 몹시 겸손한 제목, '기고문…'은 그 획기적인 내용과 일치하지 않는데, 이것은 클라인 이론 그리고 일반적으로 대상관계 이론의 관점에서 그렇다. 비교적 냉철한 시작에 뒤이어, 곧 독자들을 정신없게 빠져들게 하는 강렬한 글이 폭포처럼 쏟아진다. 그 강렬함은 독자들에게 새로운 혹은 향상된 아이디어를 긴급하게 전달하려는 작가의 흥분되는 기분을 담은 많은 이탤릭체의 문구들이 일으키고 있다. 특히 조증에 대한 설명이 그 강렬함을 전해주는데, 그 주제와 흡사하게, 독자는 아이디어의 흐름에 뒤지지 않으려고 애를 써야만 할 정도다.

클라인의 동료들은, 그녀의 상실에 대해 잘 알고 있고, 1934년 8월 루체른 회의에서, 한스의 죽음 후 단지 석 달 반 만에, 그 논문을 발표하였을 때 어떤 반응을 보였을지 궁금하다. 그러나 이 논문의 많은 에너지는 일반적인 유아기 우울적 자리의 개념을 주요 특징으로 하여, 보다 논리 정연한 이론적 구조를 제안하는데 쏟고 있다. 클라인은 주장하기를, 우울증은 생활주기 내내 작동하고, 이것은 유아기의 정신적 투쟁에 뿌리를 두고 있으며, 만약 발달적으로 잘 극복하지 않으면 성인에서 수정된 형태로 자기 복제를 한다. 만약 그녀가 개인적 경험에서 이야기한다면, 생활주기 내내 우울증을 위한 기질의 개념은 한결같이 그녀의 경험과 일치한다.

한스의 죽음에 대한 그녀의 개인적 경험 일부는 5년 후 위장된 형태로 그녀의 논문 '애도 그리고 조울적 상태와의 관련성(1940)'에서, 페더(1987) 에 의해 강조된 것처럼, 나타난다. 이것은 아들에 대한 어머니의 애도 기간 동안의 회복 과정을 기술한 사례 연구의 형태를 취한다.

> A부인은, 학교에서 갑자기 죽은 어린 아들의 충격적인 상실 후, 처음 며칠 동안, 편지들을 분류하고, 아들의 것들을 간직하고, 다른 것들을 버렸다. 그녀는 그를 회복시켜 그녀 안에 안전하게 지키려고 무의식적으로 노력하고 있었으며, 이도 저도 아니거나 혹은 적대적으로 느껴지는 것들은 버렸다(Klein, 1935, p. 323).

A부인의 반응은 처음에 눈물이 나지 않고 꿈을 꾸지 않는, 정서적 무감각을 보였다. 그 다음 꿈이 나타났는데, 꿈꾸는 사람은 아들의 죽음을 예상하는 검은 옷의 한 어머니를 향한 적대감을 느꼈다. 꿈은 A부인의 어린 시절과 역시 젊은 나이에 죽은 재능 있는 그녀의 오빠와의 관계에 대한 기억을 가져왔다. 꿈을 통하여 오빠에 대한 사랑과 존경과 함께, 그

녀 또한 그를 그리고 그와 어머니의 관계를 질투하고 있다는 것이 드러났다. 실제로, 방어적으로, 꿈은 A부인의 어머니와 그녀의 아들의 상실의 결합을, A부인의 현재 상실과의 결합이 아니라, 주목한다. 두 반응이 발생한다 – 아들을 상실한 어머니에 대한 공감 그리고 오빠와 그의 어머니와의 특별한 연결의 극복. 그러나 꿈에 대한 이해는 A부인에 대한 중요한 통찰로 인도한다 – 오빠를 향한 그녀의 죽음 소망은 그녀의 자신의 아들에 대한 유사한 감정을 속이고 있었다. 비탄의 심연을 극복하기 위해 그녀는 이러한 감정들을 다루어야만 한다. 이런 이유로 이 사례에서 분석 과정은 어떻게 클라인의 아들 한스의 죽음이 엠마누엘의 상실을 다시 깨웠고, 어떻게 현재의 상실을 극복하는데 이전의 상실의 특성들을 극복하는 것이 필요한지를 반영한다. 다시 말해서, 현재의 상실로부터 회복하는데, 성인은 '대상'을 처음으로 회복하는 것이 아니며, 이 회복은 하나의 전체로서 내적 세계를 재건할 수 있도록 해준다 – 이것이 애도의 성공적인 작업의 특징이다. 이러한 것들이 이 논문의 중대한 결론들이다.

요약하면, 유아기의 우울적 자리의 총체적 이론은 병리에 관한 이론일 뿐만 아니라 건강에 관한 이론이다. 불안, 공격성, 파편화, 죄책감, 분열–편집 기제, 대상 상실, 시기심에 대한 클라인의 친숙한 주안점과 함께, 그녀는 또한 좋은 대상, 통합, 상징 형성, 지식애, 희망, 보상, 즐거움과 감사의 능력 같은 개념들을 그녀의 이론화의 중심에 두었다. 흥미롭게 후반의 개념들은, 그녀가 가장 행복했거나 혹은 가장 창조적이었던, 그녀의 삶의 시간들과 필연적으로 동시에 일어나지 않았다. 그러므로 추론을 통해, 우울증에 관한 그녀의 저술과 단지 정서적 혼란과 불행의 기간들을 동일시하는 것은 너무나 단순하다고 하겠다. 변증법적 방식에서 이론화하는 그녀의 습관은 독특하고, 놀랍도록 현대적이다 – 그녀의 논쟁을 순환시키며, 논의하는 주제가 무엇이든, 주체와 대상, 내적에서 외적, 리비도와 공격성 사이에서 왔다갔다함으로써, 때때로 독자를 곤경에 빠뜨리는 방식이다. 특징상 원초적 시기심이라는 그녀의 가장 논란이 많은 개념, 그녀의 마지막 중요한 이론적 개념은 좋은 대상을 중심의 주제로 간주하며, 질병과 건강 간의 치명적인 끌림을 나타낸다. 그리고 그녀가 마지막 발표 논문, '외로움의 의미에 대하여(1963)'를 썼을 때, 그녀는 상실이 들끓는 격동의 과거와 화평을 이룬 듯하였고, 그리고 그녀는 내적 외로움이, 정신 질병 동안 가장 확연한, 세상과의 실제 관계로 향한다면 어떻게 경감될 수 있는지를, 비록 결정적은 아니지만, 설명할 수 있었다.

15장

비온의 우울증

비록 몸이 죽어도 영혼이 영원히 살 것이라지만
나는 진심으로 그러지 않기를 바란다. 그러지 않기를
(윌프레드 비온, 1986)

1959년 2월 어느 날 런던 언더그라운드에서 이동하던 중 비온은 기절하였다; 그의 전기 작가 제라드 브린도뉴(Gerard Bleandonu, 1994)는 이것을 '그를 계속 쫓아다니는 우울증으로의' 귀환이라고 진단하였다. 심장병과 당뇨병이 제외되었고, 그는 식이요법에 들어갔는데, 회복기간 동안 그는 '연결에 대한 공격(Attacks on the linking ‹Bion, 1959›)'이라는 논문을 작업하였다. 그러나 곧 그는 그의 작업에 대한 의심으로 괴로워하였다 – 나는 그 순간 나의 논문에 관해 우울해졌고, 가장 위풍당당한 암말의 둥지에 몰래 접근하는 것을 피하며 일하는 것인지 궁금했다(Bion, 1985, p. 129). 이것은 프로이트가 삶의 힘든 사건들 후에 그의 작업의 질에 대한 우울증의 유사한 발작을 떠올린다.

이것이 브린도뉴의 전기에서 비온의 우울증의 경향성에 대한 유일한 언급이라는 점은 주목할 만하다. 그렇지만 비온의 인생사에게 일련의 불운한 사건들을 생각해보면, 통계적으로, 조금도 과장하지 않고, 이러한 경향성은 이 사건들에 대한 자연스러운 반응이라는 인상을 지울 수 없다. 비온의 우울증을 탐구하는데 내가 자세히 조사하려는 것은 이러한 사건들로, 내가 선택한 사건들은 비온의 많은 독자와 지지자들에게는 친숙한 사건들로, 브린도뉴가 말한 '그를 계속 붙어 다니는 우울증'의 의미를 밝혀줄 것이다 – 영국의 사립학교에 다니기 위해 8살 때 인도로부터의 추방; 두 세계 대전의 경험; 그의 첫 약혼녀의 거부; 첫 딸의 출생 후 첫 번째 아내의 죽음; 그의 모든 스승들, 분석가들과의 양가적 관계, 나는 이것을 전이 주제와 연결하려고 한다.

남학생의 불행

비온이 8세 때, 부모는 그가 태어나고 자란 인도에서 대런던의 동쪽 변두리에 있는 비샵 스토트퍼드 대학으로 보냈다. 그 해는 1906년이었고, 어머니가 긴 기차 여행과 바다 여행에 그와 동반하였다. 자서전에서 그는 학교에서의 이별을 다음과 같이 설명하였다:

> 이와 같이 나는 운동장에 있게 되었을 때… 그녀에게 메마른 작별의 키스를 하고, 나는 어머니와 나를 분리하는 울타리와, 넓은 세상의 경계인 도로 위로, 그녀의 모자가 위 아래로 움직이는 것을 볼 수 있었는데, 초록색 울타리의 물결 위로 계속 움직이는 기묘하게 장식된 부인용 모자 케이크 같았다. 곧이어 그녀는 가버렸다(Bion, 1986, p. 33).

그는 이것이 그에게 가한 '무감각하고 멍한' 충격을 회상하였다. 차후 어머니와의 관계를 회상하며, 감정에 관해서라면 그녀를 '끔찍한'이라고 기술하였다. 그녀는 '별난' 사람이었다.

> 그녀가 나를 안아 무릎에 앉히면, 나는 기묘하고 따뜻하고 안전하고 안락함을 느꼈다. 이어서 갑자기 차갑고 소름끼치는, 그것은 마치 몇 년 후 학교 예배 끝에, 문들이 열리고 한 줄기 차가운 밤공기가 설교로 열이 오른 예배실 안으로 탄식하듯 부드럽게 부는 것과 같았다(Bion, 1986, p. 9).

대조적으로 그는 아동기 시절의 아버지를 세심하고 인정 많은 남자로 경배하였을 뿐만 아니라 왕족들과 호랑이 사냥을 조직하는 맹수 수렵가로 떠받들었다. 이 이미지의 무게는 어느 날 아버지와의 기차 여행 동안 이 어린 소년을 덮쳤다. 그들은 살아 있는 어린 염소를 먹이로 쓰는 호랑이 덫을 발견하였다. 비온은 즉각적으로 그 염소와 자신을 동일시하고 혼란스러워하였다 – 그 때에 두려움을 모르는 아버지 이상형에 부응하는데 실패하며 그는 부서지는 것 같았다.

그는 새로운 학교를 '섬뜩한', '암울한' 장소로 여겼다. 그는 첫날 밤 침대보를 머리 위까지 덮고 울다가 잠 들었다. 그는 인도와 영국의 대조를 가장 격심하게 느꼈다; 그는 단조로운 이슬비를 싫어하였고, 우기동안 폭우 후 밝은 햇살이 나오는 펀잡 지방의 열기와 흙먼지의 강렬함을 그리워하였다. 그의 내적 기후 역시 공격을 받았고, 그는 이 내적인 암울함을 물리치려고 부단하게 노력하였다. 그는 특히 학교생활의 지루함과 압력으로 마모되는 느낌이었고, 하루가 끝나고 침대에 혼자 있는 것을 아주 소중하게 여겼다. 그는 또한 외로움, 비참함, 씁쓸함 그리고 부모에게 버림받았다는 느낌으로 괴로워하였다. 해소용으로 그는 자위에 빠져들었는데, 5세부터 바닥에 엎드려서 '꿈틀꿈틀' 하면서 강렬한 성기의 쾌감을 경험한 후 자위에 '꿈틀꿈틀'이라고 이름 붙였다. 모든 소년들에게, 비온은 '꿈틀꿈틀'이 그들 삶에서 이 지독한 기간 동안 '유일하게 상쇄하는 것'이라고 하였다(Bion, 1986, p. 47).

비온의 어머니는 기숙학교를 여러 번 방문하였지만, 그가 불행한

지 그녀가 물어보면, 그는 외로움이나 향수병을 전혀 느끼지 않는다고 부인하였고, 대신 그는 학교를 '좋아한다'고 말하였다. 이것은 어쩌면 그가 영국의 학교로 간다고 처음 알려졌을 때의 일에 대한 앙갚음일지도 모른다. 그때 비온은 어머니의 슬픔을 알아챘지만, 그가 '슬프지 않아요?'라고 물었을 때, 어머니는 '물론 아니야! 내가 왜 슬프겠니?'라고 답하였다(Bion, 1986, p. 21). 하나의 거짓말은 또 다른 거짓말로 보답될 수 있다. 그녀는 정서적 상실을 부인하였고 그는 그녀에게 같은 방식으로 되갚아주었다. 그녀의 질문에 대답할 때, 솔직하게 말하는 대신, 그는 자신 안에 모두 간직하면서 어머니는 그것을 감당할 수 없다고 믿었다. 밤에 자신의 고통에 관하여, 그는 소리 내지 않고 우는 법을 배웠다고, '나는 울지도 않고 웃지도 않았던 어머니처럼 될 때까지'라고 비꼬아 논평하였다(Bion, 1986, p. 34).

어머니의 감정 부인을 이처럼 일찍 자각하는 것이, '연결에 대한 공격'의 다음 절에 설명된, '담기(containment)'에 관한 아이디어에 어떻게 영향을 주었을지 그저 추측할 수 있을 뿐이다;

> 투사적 동일시는 ‹환자가› 느낌들을 담고 있을 정도로 충분히 힘이 있는 개인 안에서 자신의 느낌들을 조사할 수 있게 한다. 이 기제의 사용을 부인하는 것은, 유아의 감정들의 저장소로서 기능하는 어머니의 거부에 의해서든 혹은 어머니의 그런 기능을 허용할 수 없는 환자의 증오와 시기심에 의해서든, 유아와 어머니의 연결의 파괴를 이끌고, 결과적으로 모든 학습이 의존하는 호기심의 충동에 심각한 장애를 이끈다(Bion, 1959, p. 106 - 107).

물론 비온은, 같은 방식으로, 나중에 정신분석학계에 유사한 검사를 받게 한다. 종종 신비한 주제와 함께 난해한 글을 통하여, 그는 그들이 그의 아이디어를 수용적으로 흡수할 수 있을지, 혹은 그들이 아이디어들을 '미쳤다'고 할지 그리고 정신분석의 총체에 진입을 허용할지를 알기 위하여 정신분석학계를 철저히 조사하였다. 비온은 신비주의자의 분석에서 이것에 대해 썼다.

당신의 조국은 당신을 필요로 한다!

학교를 마치고 6개월 무렵, 그의 18세 생일 바로 전, 비온은 부모와 또 다른 긴장된 이별에 직면하였다. 입대하려는 첫 번째 시도가 실패한 후, 그는 아버지의 도움으로 1916년 1월 군대에 입대하여, 세계대전으로 알려진 전쟁에 참여하려고 하였다 – 사상자의 무시무시한 숫자 때문에 그렇게 불린다. 이 전쟁이 아마도 프로이트의 아들 마르틴과 에른스트가 또한 반대편에서 전투에 참가하였던 전쟁이다. 학교라는 기관에서 군대라는 조직으로의 빠른 이동은 세심하고 명민한 비온에게 유사한 공포와 갈등을 일으켰다. 차가움, 축축함, 안개, 도처의 진창, 무슨 일이 일어나기를 끝없이 기다라는 것은 아마도 학교에서의 단조로운 일요일을 상기시켰을 것이다 – 그러나 이번에는 죽음의 냄새가 났다.

비온은 탱크 운전병으로 벨기에 폴랑드르에서 하급사관으로 전투에 참가하였다. 그는 그의 경험과 생각을 정전 후 곧바로 쓴 전쟁 회고록 긴 주말(The Long Weekend)에 연대순으로 기록하였다(Bion, 1986). 이 회고록에서, 그의 자서전적 시리즈 중 첫 번째, 캉브레 전투의 참전을 기록하였다 – 그의 청춘에서 중대한 사건. 그의 탱크는 포탄에 심하게 부딪혔고, 동료들과 포병들이 독일 참호에서 그들의 위치를 확보하려고 애썼다. 그들은 무기가 다 떨어질 때까지 공격받았고, 그때 시포스 하일랜드의 1개 중대가 합류하였다. 지휘관이 머리에 총을 맞고 죽었을 때, 비온은 잠시 중대를 지휘하도록 명령받았다.

비온은 영웅으로 불리어졌고, 빅토리아 십자 훈장에 추천되었다. 그는 어떤 개인적 용맹도 부인하였지만, 그에게 주어진 두 개의 상을 받아들였다 – 무공 훈장, 그 다음에 레지옹 도뇌르. 전쟁 말에 그는 버킹검 궁에서 행해지는 수여식에 참여하였고, 어머니는 밖에서 그를 기다렸다. 격분한 어머니로부터의 애정의 어떤 신호도 이제 무시하려는 수동적으로 적대적인 아들 사이에 친숙하고 난처한 장면이 펼쳐졌다. 빈정거리는 자전적인 메모에서, 그는 어머니가 수여식을 직접 보지 못한 것이 애석하다며, '영광스런 순간'은 그보다 그녀에게 훨씬 더 가치가 있었을 것이라고 주장하였다(Bion, 1986, p. 190). 아들의 생존에 대한 어머니의 안도와 즐거움을 가볍게 여기고, 혼자 영광스러워 하는 것은, 그것이 배제한 것을 고려한다면 특히 잔인한 듯하다 – 전쟁에 간 아들들, 견디어야한 하는 어머니들의 고통과 무력감, 비온의 경우 너무 간절히. 그는 어머니가 전쟁 동안 그의 끔찍한 희생으로부터 자기애적 '이득'을 얻었을 것이라고 암시하였다 – 아마도 같은 방식으로, 그의 눈에는, 어머니가 그가 가장 증오한 기숙학교에서의 그의 학업으로 '득을 보았다' 전쟁 회고록을 어머니에게 헌정한 것은 신랄함이 공격적으로 드러난 맥락에서 이해될 수 있다.

그의 깊은 노여움의 증거는 작별에서 특징적으로 드러났다. 수여식 몇 주 후에, 어머니와 아들은 그의 유럽으로의 귀환에 앞서 또 다른 작별을 직면하였다. '이것은 그야말로 우리의 얼굴 근육을 억지로 훈련시키는 것과 같다'고 비온은 워털루 역으로 가기 전 그들의 과장된 상호작용을 설명하였다(Bion, 1986, p. 191). 몇 달 후 또 다른 기차에서의 출발 장면에서, 유사한 생뚱함과 함께, 그가 바라는 것은 오직 어머니로부터 벗어나 전장으로 어서 돌아가는 것뿐이었다. '나는 그녀가 나를 없애고 싶다는 비슷한 소망을 가졌으면 좋겠다'(Bion, 1986, p. 266). 그는 인도로부터의 추방에서 역할을 한 어머니를, 특히 그녀가 슬픔을 억누르고 그것을 거짓 감정으로 대체한 것을 분명히 용서하지 않았다. 이제 그는 떠나는 사람이 되었고, 남겨진 사람이 아니라, 마음의 정신병의 상태를 설명하는 데 있어 그를 유명하게 만든 기제(투사적 동일시)를 통해, 충격과 유기라는 자신의 과거 감정을 그녀에게 전달하려고 하였다. 필요한 그러나 낙담시키는 부모를 향한 적대감은 종종 우울증과 연결되었다(Jacobson, 1971).

전쟁에 관한 설명에서 비온(1986)은 그의 끔찍하고 잔혹한 시련으로 깊이 괴로워하는 것이 분명하다. 그는 모든 군인들이 대학살에 참혹하게 노출되고, 모든 군인들이 죽음을 예상한다고 언급하였다. 전방으로 떠나기 전, 그는 자신의 모든 귀중한 책들과 소유물을 친구들에게 나누어주었다. 일 년을 그 난리 통에서 살아낸 후, 그는 '자신의 생존 기회의 할당량을 소진한 건 아닌지' 의문이 들었다(Bion, 1986, p. 247). 그는 '포화 아래' 노출되는 공포와 잠시 쉴 틈도 없는 데서 '포탄에 맞아 산산조각'나는 사람들의 실제 부상을 언급하였다. 그는 수많은 죽음으로 그들이 단절되고 새로운 얼굴들로 대체될 수 있다는 점을 예상하지 않고는 애착 형성이 불가능하다고 말하였다. 그 무렵에 정신을 잃어버리는 것에 대한 비온의 공포는 해리의 경험에서 설명되었다 – 삶에 흥미를 잃고, 절망감에 빠지고, 죽기를 기대한다. 그때 사관 / 군인 체계에 대한 비온의 독설은 기숙학교 체계의 만행에 대한 비난과 비슷한데, 기숙학교에서 '교사들과 학생들은 벗어나려고 몸부림치는 바로 그 순간에 우리가 보지 못한 거미줄에 마찬가지로 잡혔다'(Bion, 1986, p. 920).

그의 전기 작가 브린도뉴(1994)는 비온의 전쟁 경험과, 차후의 작업에서 초점을 둔 주제와 개념들 간의 상관관계에 대해 숙고하였다 – 견딜 수 없는 감정의 경험, 진실과 거짓말의 주제, '이름없는 공포'의 개념 같은 주제들. 그가 총제적인 정신적 와해에 쓰러지지 않았다는 점을 고려하면, 특히 제1차 세계대전 동안, 이것이 아마도 이러한 와해에서 정신병 환자의 자아는 결코 현실로부터 완전히 철수하지 않는다는 믿음을 형성하게 했을지도 모른다. 다음 진술도 역시 전쟁의 파괴에서 살아남은 어떤 사람의, 비온에 의한 정서적 평가로서 읽힐 수 있다: '그들은 동물이 급박한 지진을 알아차린다고 말한다. 인간은 급박한 정서적 격변에 예민하다'(Bion, 1979, p. 102).

흥미롭게 비온은 한 젊은이와의 우정에 대해 언급하였는데, 퀘인턴은 어느 날 갑자기 휴가를 떠나 돌아오지 않았다. 몇 달 후 그는 대대에 연락을 하여, 자동차 사고로 병원에 입원하였고, 후에 '전쟁 신경증(shell shock)'으로 진단받아 정신병원에 들어갔었다고 설명하였다. 비온 자신의 설명에도, 브린도뉴의 전기에서도, 비온 자신이 전쟁 신경증에 시달렸을지도 모른다는 잠깐의 언급이 있다. 전쟁 후 역사를 공부하기 위해 퀸스 칼리지 옥스포드에 등록했을 때, 그는 악몽에 시달렸고, 땀에 흠뻑 젖어 깨어났다. 이 악몽의 주제들은 보통 전쟁과 관련된 것이었고, 깨었을 때 그를 미칠 것 같은 상태로 만들었다(Bion, 1985, p. 16).

비온은 1921년에 학위를 받았지만, 늦은 등록으로 대학 우등코스 졸업 학위를 놓치는 바람에 고등 교육기관으로의 진입에 실패하였다. 대신 그는 직업을 찾아다녔고, 정말 거짓말같은 장소에 이르렀다 – 비샵 스토트포드에 있는 그의 증오하는 학교. 거기서 2년 동안 그는 인기 많은 교사와 스포츠마스터가 되었지만, 어느 날 갑자기 해고되었다. 불운한 비온은 한 어머니에 의해 자신의 아들에게 성적으로 접근하였다며 고발당하였다. 충격으로 그는 성욕 이슈를 둘러싼 남학생 시절 죄책감으로 되던져졌고, 그는 그 사건에 대해 이의를 제기하지 않았다(Bleandonu, 1994, p. 37).

사랑을 거부당하다

여기서 애정의 거부에 대한 외상을 다루는 것이 우연의 일치는 아니다. 이 일은 비온이 20대 후반 무렵 외과 전문의가 되기 위해 의학 연구에 자리 잡았지만 재정적 안정은 확실하지 않던 때 일어났다. 그는 한 젊은 여성을 만나고 있었는데, 그녀는 야생 장미 한 상자를 보내 그의 관심에 응답하였고, 그녀의 이러한 제스쳐는 그를 완전히 압도하였다. 그는 답장을 보냈고, 그들이 가끔 만난 런던에서 청혼을 하자 그녀는 그것을 받아들였다. 몇 주 후 그녀가 편지로 결혼 약속을 파기하며, 비온은 충격에 휩싸였다. 그녀는 영원한 충절을 서약하지 않았는가? 그는 장미와 끔찍한 배신의 의미에, 특히 그녀가 다른 누군가와 내내 사랑에 빠졌다는 사실을 발견하였을 때, 집중하였다. 또한 그는 나중에 바닷가 마을에서 다른 남자와 있는 그녀와 우연히 부딪친 일을 자세히 이야기하였다. 그녀는 그에게 사과 하나를 주었고, 그것은 아마도 일종의 화해의 몸짓이었을 것이다 – 그러나 비온의 피는 솟구쳤고 살인 충동을 느꼈다. 그는 그 남자를 쏠 군대 리볼버를 휴대하지 않은 것을 유감스러워했다. '그 뒤에 나는 관절을 고칠 수 없게 그녀의 무릎을 관통시켰을 것이다'(Bion, 1985, p. 30). 끌어당겼다 버리는 경험은 따뜻하다 갑자기 차가워지는 어머니의 능력의 고통스러운 반향이었음이 틀림없다. 그러나 결코 용서할 수 없는 배신을 한 창녀로서 '어머니'가 중심에 놓인 활인화에 또한 오이디푸스적 차원이 크게 울리다.

그때 의학 공부를 하면서 비온은 심리치료를 찾았다. 그의 명백한 이유는 옥스퍼드에서 학업과 스포츠의 실망에 대한 불안을 이해하기 위한 것이었다(Bleandonu, 1994, p. 4). 자서전에서 비온은 FiP박사라는 별명을 붙인, '과거에서 깊이 느껴라 박사(Dr. Feel - it - in - the - past)', 그의 치료자를 아주 경멸하였다. 6년이나 치료받은 그는 현재의 어려움을 과거의 외상에 연결시키는 FiP박사의 방법을 비판하였지만, 약혼녀가 그를 버렸을 때 '자신에게로 퇴각'하였다는 해석에는 특별한 예외를 두었다. 다른 사람들의 말에 따르면, Dr. FiP는 분석적으로 작업하였는데, 물론 우리는 알 수 있는 방법이 없지만, 그는 상실에 대항하여 자신을 위안하려고 비온이 자위하였다고 이야기한 것 같다. 확실히 치료의 이 단계쯤에서 치료를 찾는 분명한 이유가 성욕 이슈를 포함한 과거와 관련된 보다 개인적 문제의 분석으로 갔다. 그러나 수년 후에 그것에 대해 글을 쓰면서 그는 계속 희화화하였다. '당신의 여자가 경쟁자와 오늘 도망쳤다면, 걱정하자마라, 과거에서 깊이 느껴라'(Bion, 1985, p. 35). 어머니 전이에서 공감을 피한 것은 분석가인 듯하다.

그러나 결국 FiP박사는 호랑이 사냥꾼으로서 아버지의 이상화된 그림을 가진 비온의 마음을 맞추지는 못했던 것 같다. 그 무렵 비온은 치료비용을 내는 어려움과 Dr.FiP가 그에게 얼마나 큰 빚을 가져왔는지 불평하였다. 그가 자신을 향상시키고 빚을 지지 않으려는 노력에 대한 보답은 부적절한 환경적 지원이었다고 다시 암시한다. 멜라니 클라인과의 분석에서 비용에 대한 유사한 불평이 있었다. 예를 들면, 그는 아파서 빠진 회기에도 그녀가 비용을 청구하는 것은 도저히 말도 안 된다고 생각하였다. FiP박사가 그에게 젊은 환자를 보냈을 때, 박사와의 대단원이 도래하였다. 이것은 즉시 비온에게 일종의 부적절한 행위라는 의심을 가져왔다: 그는 구전 연계가 의도되었다고 의심하였지만 그의 치료자는 그것을 부인하였다. 그럼에도 불구하고 비온은 그 기회를 재빨리 잡았고, 도덕적 우위를 주장하며, 그의 치료를 종료하였다. 이것은 분명히 일종의 행동화였다. 이것이 모교에서 비온이 해고되기 전 고발당한 '부적절한 행위'와 무슨 관련이 있는가?

이러한 회상들은 기억된 내 모든 죄와 천재의 다른 측면(All My Sins Remembered and The Other Side of Genius ‹Bion, 1985›)라는 제목의 책에 나와 있다. 이 제목은 처음에는 농담처럼 역설적으로

들리지만, 자조적으로까지, 그러나 의도는 비온의 나쁘고 추한 면만 아니라 좋은 면도 보여주려는 것이다. 그렇더라도 첫 번째 절에서 과거의 어떤 시간들에 대한 신랄함과 분노의 깊이를 감추려고도 하지 않는다. 비록 비온의 목적이 그의 '죄들'을 드러내는 것이었지만, 저술의 분위기는 저자가 다른 사람들을 용서한다는 느낌을 전혀 주지 않는다. 또한 그의 대상들이 실제로 그에게 도움을 주었을 때 그가 인정하기를 꺼려하는 것에 대해 독자들이 의문을 갖도록 한다. 두 개의 예외가 있는데 하나는 그의 유모 – 인도의 어린 시절 보모로 그가 애정을 가지고 회상하는 – 와 두 번째 아내 프란체스카다. 프란체스카와 딸에게 보내는 편지들은 애정과 기쁨으로 넘쳐나지만, 그의 취약성과 강한 의존 욕구를 보여준다. 후에 이 결혼으로 두 명의 아이들, 줄리앙과 니콜라를 얻었을 때 그는 58세였다. 그러나 드러나는 것은 과거와 현재 간의 분명한 분열로, 삶의 도전들과 씨름하면서 그의 격리감이 어떻게 내적 대상을 향한 전반적 양가감정의 원인이 되었는지에 관해서 인식이 별로 없다.

또 다른 전쟁, 더 깊은 상실

1939년 영국은 다시 전쟁을 하였고 비온은 충실하게 참가하였다. 그 사이 그는 유니버시티 칼리지 런던에서 의학 훈련을 마쳤고, 타비스톡 클리닉에 들어가, 1937년에 전쟁이 날 때까지 존 릭맨(John Rickman)과 2년 정도 훈련 분석을 하였다. 릭맨은 나무랄 데 없는 자격을 가졌는데, 프로이트, 페렌찌, 멜라니 클라인에게 분석을 받았다. 그러나 그의 새로운 분석에서 '과거에서 깊이 느껴라' 접근에 대한 오래된 동일한 양가감정이 나타났고, 그 기간 동안 어머니의 죽음으로 악화되었다. 어머니에 대한 그의 반응에 대한 정보가, 자서전에도 전기에도 거의 없다. 비온의 어머니를 향한 끈질긴 양가감정을 고려해 보면 놀라울 일도 아니다. 그렇지만 그는 어머니의 임종을 지켰고, 쇠약해져가면서 탁자위에 놓인 봄꽃들이 꽂힌 꽃병에 대한 어머니의 반응을, 어떤 역설적인 신랄함이 있지만, 간결하게 설명하였다. '나는 더 이상 그것을 들 수가 없구나' 그녀는 말하였다, '네가 나대신 들고 있겠니?' (Bion, 1986, p. 266).

유니버시티 칼리지에 있는 동안 그는 여배우 베티 자딘을 만나 곧 결혼하였다. 전쟁동안 비온은 군대 정신과의사로서 여러 곳에 파견되었고, 그곳에서 육군을 위해, 병원이 아니라 부대 근처에서 치료하는 아이디어를 포함하여, 새로운 방법을 도입하려고 노력하였다. 전쟁이 거의 끝나갈 무렵 알프레드와 베티는 첫 아이를 기대하고 있었다. 그 무렵 비온이 마지막으로 노르망디에 파견되고, 첫 딸이 태어났다는 소식을 들었다. 비극적으로 그의 아내 베티는 폐색전증으로 삼일 후 죽었다.

브린도뉴(1994)에 따르면 비온은 아이의 출생 때 그곳에 있지 못한 것에 대해 자신을 결코 용서하지 않았다고 한다. 또한 그는 전기에서 이 일이 비온의 '기억된 죄들'에서 가장 큰 죄가 아닐까 생각하였다. 한 구절에서 비온은 울부짖었다, '나는 베티에게 아기를 갖자고 애원했다: 그렇게 하자는 그녀의 승낙이 그녀의 목숨을 앗아갔다'(1985, p. 70). 누구도 이 남자의 고통을 상상할 수 없을 것이다. 그의 죄책감은 그가 또한 딸의 어머니를 박탈하였다는 믿음으로 더 심각해졌다. 차후 그는 제대하고, 런던 주변의 작은 집에 정착하여, 딸의 양육을 도울 수 있는 가정부를 고용하였다. 다음 해에 분석가로서의 훈련을 재개하고, 그의 집단 작업에 주력하였다. 비온은 아직 애도에 차 있었다. 동료 서덜랜드에게 한번은 그가 말하였다, '당신은 당신이 거기서 나왔다고 생각하죠; 그 뒤에 모든 것이 돌아오는 그런 날이 있어요. 그리고 그것을 다시 체험하죠'(Sutherland, 1985). 그러나 그는 대체로 비온이 늘 고통을 마음속에 담아두었다고 서술하였다.

나쁜, 미친 혹은 슬픈

> 나는 언제나 듣는다 – 내가 언제나 했던 것처럼 – 내가 클라인 학파고 내가 미쳤다고. 이런 종류의 논쟁에 흥미가 있을 수 있는가? (Bion, 1992, p. 377)

비온은 거의, 설사 하는 일이 있다 해도, 자화자찬에 빠지지 않았고, 자기 풍자를 선호하였다. 그는 자신을 소심하고, 뚱하고, 겁이 많은 사람으로 묘사하였다. '나의 성격은, 내가 힐끗 보면, 끔직하다 – 나의 소원과는 정반대로' (Bion, 1985, p. 214). 브린도뉴(1994)는 이것을 '죄책감으로 물들은 자기애적 몰두'라고 하였다. 일종의 도덕적 실패 같은 것이 부적절감과 자기 실망감을 설명하는 그의 논평에서 암시되었다; 이것들은 우울증의 서명 표시다.

어떤 점에서는 비온은 억지로 기숙학교 교육의 속담에 나올 것 같은 산물이 되었는데, 그곳은 대담한 자립성의 외양 이래, 정서적 고난, 방치, 비참한 운명 – 참고 견뎌내야 하는 – 에 대한 장황한 불평으로 드러나는 엄청난 취약성이 곪아 터졌다. 이 방치는 차후 성인의 환경에 투사되었나. 비온의 경우, 이러한 환경들은 교사들, 기관들, 약혼녀들, 분석가들을 포함하고, 모두 어떤 식으로든 그를 실망시킨 듯하다. '기억된 모든 내 죄'에서 그는 자문한다, '당신은 어떻게 삶을 알게 되었나요?' 복수형으로 그는 답하였다, '그들은 힘든 길을 찾았어요, 인도에서 영국으로 감으로서, 성적 행위를 하지 않음으로서, 무공 십자훈장을 쟁취함으로서, 21살에 자립하여 자신의 생계를 책임지고 그들이 좋아하는 것을 자유롭게 함으로서' (Bion, 1985, p. 30). 이 암울한, 거기에 고통스런 자기 평가는 분개와, 지지받지 못하고 그래서 삶의 책임을 부당하게 져야 하는 느낌의 결합에서 나온다.

그의 지적인 힘의 절정에, 1955년부터 1965년 10년 동안에 그는 새로 결혼하고 새로운 가정을 꾸렸으며, 오랫동안 열망한 전문적인 자립을 드디어 실현하였다. 이것은 영국 학계에서 클라인학파, 무소속 그리고 현대 프로이트 학파로 분리 된 후 몇 년 사이, 비온의 아이디어가 흡수되고, 내부와 외부의 관계에 대한 관점이 공유되었다는 점으로 알 수 있다. 그 때 그는 행복하였는데, 아마도 그가 자신을 위해 무언가를 얻었기 때문일 것이다. 내적으로 이 환경은 그가 공포와 분개없이 보다 스스럼없이 자신일 수 있었음을 의미 한다.

비온의 우울증은 성인기까지 지속된 초기 사랑 대상을 향한 강렬한 양가감정과 연결될 수 있다. 브린도뉴(1994, p. 277)는 전기의 뒤 부분에 비온의 부모에 대한 언급이 없다는 사실을 강조하며, 성인으로서 비온은 자신을 사실상 부모 없는 존재로 만들었다고 시사하였다. 이것은 어쩌면 과거의 부당함에 대한 승리를 반영하는지도 모른다. 그러나 그의 내적 대상을 향한 양가감정은 '삶을 알아 가는' 일에서 곤경과 혼란에 직면할 때마다 재 점화되었다. 기숙학교 생활, 전쟁에 참전, 그의 상실과 실망들, 프로이트처럼 돈에 대한 걱정, 직업적으로 자리 잡으려는 몸부림 같은 사건들이 그에게 끔찍하게 부담을 주었다 – 그리고 자책과 결합된 노여움을 유산으로 남겼다.

그의 양가감정은 역시 그의 분석가들 FiP박사, 제임스 해드필드, 존 릭맨, 멜라니 클라인 같은 현재의 좋은 대상들을 향해서도 눈에 띠었다. 비록 그는 그들이 모두 일종의 '상식'을 보였다고 믿었지만, 그럼에도 불구하고 그들에 의해 다른 방식으로 '이용당하고' 혹은 궁지에 몰렸다고 느꼈다 – FiP박사, 해스필드과는 성인 안의 아이에 대한 그들의 관심을 신뢰하지 않았고, 릭맨과는 분석가가 그와 사랑에 빠졌다고 암시하고, 클라인과는 그는 경쟁적이었고 그녀가 특정 방향으로 그가 발전하기를 원한다는 믿음으로 이뤄졌다. 비온은 쉽게 다른 사람들의 지식 체계에 의해 간섭받는다고, 특히 그들이 이해하기 쉬운 평이한 지식을 제시하면, 느끼는 것 같다. 이것이 어쩌면 마음의 귀납적 이론들에 대해 끌리는 원동력인지도 모르며, 이런 이론들은 지식의 수사적인 측면을 덜 강조하고, 지식의 발견 차원을 더 강조한다 — '이해'의 주장이 언제나 잠정적이기에 깨지기 쉽고 가끔은 좌절스런 과정 — 좌절을 참을 수 있을 때조차도 말이다.

그의 성격에 대한 다른 사람들의 설명은 그럼에도 불구하고 우울한 측면들을 드러낸다. 그는 '철수된', '터놓지 않는', '할 말만 하는', '퉁명스러운', '음울한', '비판에 과민한' 등등 같은 묘사로 다양하게 그려지고 있다. 이것이 그가 재치가 없다는 소리는 아니다; 반대로 그는 극단적으로 냉소적으로, 예정된 강연 전 저녁에 '나도 내가 말해야만 하는 것을 어서 빨리 듣고 싶구만'이라고 말하였다. 그는 확실히 그의 재치를 남을 공격하는 대신에 피학적으로 사용하는 경향이 있었다. 청중들에게 그는 난해하고, 신비롭고, 알기 어렵고, 장난끼 있고, 즉흥적으로 보였다. 그는 또한 '그의 머릿속 아주 먼 곳으로부터' 당신에게 오는 듯하다고 묘사된 적도 있었다. 그러나 당신이 그의 '고정된' 얼굴 표정을 보면, 우울증을 생각하지 않기는 어렵다. 그러나 비온이 찾는 것이 단순한 것이라면 — 자립적이고 궁극적으로 개인적인 자기, 그 안에서 그는 자신의 사고를 혼자만 간직할 수 있고, 그리고, 아마도 그가 상상했을, 제국주의 인도의 쇠퇴기에서 성장하는 아이로서의 삶을 마음껏 살아 갈 수 있는.

1968년 런던에서 로스앤젤리스로 떠날 때 그는 아마도 끊임없는 책임감, 희생, 이상화의 수명 곡선으로부터 휴식을 바랬을 것이다 — 그는 이미 정신분석 런던 클리닉의 소장, 영국 정신분석학회의 회장이었고, 훈련과 출판 위원회에서 일하고 있었다. 더욱이 그는 자신이 노력으로 구축한 삶의 과제로부터 마침내 풀려나는 것을 꿈꾸었다. 그가 영국을 떠날 무렵 의미심장한 추측은 멜라니 클라인의 죽음에 뒤이어 그에게 떨어질지도 모를 지도력의 부담을 모면하고자 한다는 것이다. 그러나 불운한 비온에게 그러한 운명은 없다 — 그는 천사의 도시에서 초기에 익명의 시간을 즐겼지만, 다시 '일종의 구원자 혹은 절대자의 역할에 억지로 떠밀린, 자신을 발견하였다(Bion, 1992, p. 376).

역자의 말

사람들은 왜 우울증을 앓을까? 도대체 우울증은 무엇일까? 임상 현장에서 가장 많이 접하는 것이 우울이다. 사람들이 모두 우울증이라기보다 그저 심하게 아프고 힘들면 우울해지기 마련이다. 모든 일에 흥미를 잃고 무력한 심신으로 일상적인 일조차 매일 엄청난 노력을 들여 살아야 하는 사람들. 그들을 옆에서 지켜보는 것만으로도 힘들다. 누구도 그들의 삶을 대신 살아줄 수는 없다. 그저 그들이 끝없이 놓고 싶은 유혹을 받는 삶의 끈을 당분간 함께 잡아줄 뿐이다. 그들이 다시 자기의 삶의 끈을 잡을 때까지 견뎌주고 기다려줘야 한다. 그런 일을 하는 사람들에게 조금이라도 이 책이 도움이 되었으면 좋겠다.

이 책은 그리 두껍지 않다. 두껍지 않다고 해서 책이 다루는 문제들마저 가벼운 건 아니다. 오히려 놀라울 정도로 거의 모든 걸 담으려고 했다. 저자는 현재 우울증을 둘러싼 문제들, 예를 들면, 치료의 어려움, 낮은 관해율, 재발의 높은 가능성, 약물 치료의 타당성 등을 언급하며 우울증에 대한 새로운 이해가 필요한 때라고 주장한다. 저자는 이론으로 다시 돌아가서 우울증의 병인론, 발달적 통로, 구조를 보자고 주장한다. 영국의 대상관계 이론이 중심이지만 프로이트의 '애도와 우울증(1917)'을 시작으로 초기 대상관계 학자인 아브라함, 클라인, 위니캇, 페어베언이 우울증을 어떻게 설명하고 있는지에 초점을 맞췄다. 특히 우울증과 조증이 이루는 순환성 구조에 대해 학자들의 의견을 비교하며 우울증의 구조를 파악하려고 하였다. 또한 우울증에서 몸과 마음의 연결을 다루며 내적 곤경이 어떻게 신체적 증상으로 전환되는지 그 과정을 설명하려고 시도하였다.

그래서 저자는 정신분석적 이론으로 돌아가 우울증의 구조를 다시 보고자 한 것이다. 질환에 대한 개념 혹은 정의에 따라 치료 방법은 달라질 수밖에 없기 때문이다. 그렇다고 저자가 초기의 대상관계 이론만을 고집하는 건 아니다. 분명 거기에 현재의 경향과 발견들을 고려하려고 노력하였다. 더불어 저자는 꿈 분석과 사례 분석을 포함하고 마지막에 프로이트, 클라인, 비온의 삶, 작업과 우울증의 관계까지 탐색한다. 다만 앞에서 프로이트와 클라인의 우울증 이론은 소개하면서 비온의 우울증 이론을 따로 제시하지 않은 것이 흥미롭다. 우울증에 무관심했다는 페어베언의 이론까지 짧게 7장에서 다루면서 말이다. 어쨌든 이 책에서 이 모든 것들을 다루었다는 것이 놀랍지 않은가. 이 책은 우울증에 관심 있고 우울증을 앓고 있는 사람들을 도와주는 사람들에게 작은 빛이 될 수 있을 것이다. 이 책이 나오기까지 기다려 준 눈 출판사의 임말희 대표에게 감사한다. 그리고 무엇보다 오랜 시간 정신분석을 고집해 온 한국정신분석상담학회의 교수님들 그리고 묵묵히 함께 길을 걸어온 다른 선생님들에게 감사드리는 바이다.

색인

ㅇ

ㅊ

참고

A

Abraham, H. C. and Freud, E. L. (1965). *The Letters of Sigmund Freud and Karl Abraham 1907–1926.* New York: Basic Books.

Abraham, K. (1911). Notes on the psycho-analytical investigation and treatment of manic-depressive insanity and allied conditions. In *Selected Papers of Karl Abraham.* London: Hogarth Press, 1927.

— (1924). A short study of the development of the libido. In *Selected Papers of Karl Abraham.* London: Hogarth Press, 1927.

Abram, J. (2007). *The Language of Winnicott: A Dictionary of Winnicott's Use of Words,* 2nd edn. London: Karnac.

American Psychiatric Association (APA) (1994). *Diagnostic and Statistical Manual of Mental Disorders* (DSM-IV). Washington, DC: APA.

Anzieu, D. (1986). *Freud's Self-Analysis.* London: Hogarth Press and the Institute of Psychoanalysis.

B

Baumer, F. M., Howe, M., Gallelli, K., Simeonova, D. I., Hallmayer, J. and Chang, K. D. (2006). A pilot study of antidepressant-induced mania in pediatric bipolar disorder: Characteristics, risk factors, and the serotonin transporter gene. *Biological Psychiatry* 60, 1005–1012

Beck, A. T. and Alford, B. A. (2009). *Depression: Causes and Treatment,* 2nd edn. Philadelphia, PA: University of Philadelphia Press

Beck, A. T., Freeman, A. and Davis, D. D. (2004). *Cognitive Therapy of Personality Disorders.* New York: Guilford Press.

Bibring, E. (1953). The mechanism of depression. In P. Greenacre (ed.) *Affective Disorders.* New York: International Universities Press.

Bion, W. R. (1959). Attacks on linking. *International Journal of Psychoanalysis* 40, 5–6.

– (1962). A theory of thinking. *International Journal of Psychoanalysis* 43, 306–310.

– (1965). *Transformations.* London: Heinemann.

– (1979). *A Memoir of the Future. Book Three: The Dawn of Oblivion.* Perthshire: Clunie Press.

– (1985). *All My Sins Remembered and the Other Side of Genius.* Abingdon: Fleetwood.

– (1986). *The Long Weekend.* London: Free Association Books.

– (1992). *Cogitations.* London: Karnac

Blatt, S. J. (1974). Levels of object representation in anaclitic and introjective depression. *Psychoanalytic Study of the Child* 29, 107–157.

Blatt, S. J. and Blass, R. B. (1992). Relatedness and self-definition: Two primary dimensions in personality development, psychopathlogy, and psychotherapy. In J. Barron, M. Eagle and D. Wolitsky (eds) *The Interface between Psychoanalysis and Psychology.* Washington, DC: American Psychological Association

Blatt, S. J. and Ford, R. Q. (1994). *Therapeutic Change: An Object Relations Perspective.* New York: Plenum Press.

Blatt, S. J., D'Affiitti, J. P. and Quinlan, D. M. (1976). Experiences of depression in normal young adults. *Journal of Abnormal Psychology* 85, 383-389.

Blatt, S. J., Quinlan, D. M. and Chevron, E. (1 990). Empirical investigations of a psychoanalytic theory of depression. In J. Masling (ed.) *Empirical Studies of Psychoanalytic Theories,* Vol. 3. Hillsdale, NJ: Analytic Press.

Blatt, S. J., Quinlan, D. M., Pilkonis, P. A. and Shea, T. (1995). Impact of perfectionism and need for approval on the brief treatment of depression: The National Institute of Mental Health Treatment of Depression Collaborative Research

Program revisited. *Journal of Consulting and Clinical Psychology* 63, 125–132.

Blatt, S. J., Zuroff, D. c., Quinlan, D. M. and Pilkonis, P. (1996). Interpersonal factors in brief treatment of depression: Further analyses of the NIMH Treatment of Depression Collaborative Research Program. *Journal of Consulting and Clinical* Psychology 64, 162–171.

Bleandonu, G. (1994). *Wilfred Bion: HisLife and Works, 1897–1979.* London: Free Association Books; New York: Guìlford Press.

Bleichmar, H. (1996). Some subtypes of depression and their implications for psychoanalytic treatment. I*nternational Journal of Psychoanalysis* 77, 935–961.

Bowlby, J. (1960). Grief and mourning in infancy. *Psychoanalytic Study of the Child* 17, 9.

— (1980). *Attachment and Loss: Loss, Sadness and Depression,* Vol. 3. New York: Basic Books.

Brown, G. W. and Harris, T. (1978). *Social Origins of Depression: A Study of Psychiatric Disorder in Women.* London: Tavistock

Burlingham, M. J. (1989), *The Last Tiffany: A Biography of Dorothy Tiffany Burlingham.* New York: Atheneum.

C

Centers for Disease Control and Prevention, National Center for Injury Prevention and Control. Web-based Injury Statistics Query and Reporting System(WISQARS). www.cdc.gov/injury/wisqars/index.html (accessed June 2009).

Chang, K. D. and Ketter, T. A. (2001). Special issues in the pharmacotherapy of paediatric bipolar disorder. *Expert Opinion in Pharmacotherapy* 2(4), 613–622.

Clark, A. F. (2004). Incidences of new prescribing by British child and adolescent psychiatrists: A prospective study over twelve months. *Journal of Psychopharmacology* 18, 115–120.

Clark, L. A. (2005). Temperament as a unifying basis for personality and psychopathology. *Journal of Abnormal Psychology* 114(4), 505–521.

Clark, R. W. (1982). Freud: *The Man and the Cause.* London: Paladin.

Cooper, J. and Murray, L. (1 998). Postnatal depression. *British Medical Journal* 316, 1884–1886.
Corveleyn, J., Luyten, P. and Blatt, S. J. (eds) (2005). *The Theory and Treatment of Depression: Towards a Dynamic Jnteractionism Model.* Leuven: Leuven University Press; Mahwah, NJ: Lawrence Erlbaum.

D

Deutsch, H. (1933). *The Psychology of Manic-Depressive States, with Particular Reference to Chronic Hypomania in Neuroses and Character Types.* New York: International Universities Press.
– (1951). Abstract of panel discussion of mania and hypomania. *Bulletin of American Psychoanalytic Association* 7(3).

E

Elkin, 1. (1994). The NIMH Treatment of Depression Collaborative Research Program. In A. E. Bergin and S. L. Garfield (eds) *Handbook of Psychotherapy and Behaviour Change,* 4th edn, pp. 114–142. New York: Wiley.
Eysenck, H. J. (1959). *Manual of the Maudsley Personality Inventory.* London: London University Press.
Eysenck, H. J. and Eysenck, S. B. (1975). *Manual of the Eysenck Personality Questionnaire.* London: Hodder and Stoughton.

F

Fairbairn, W. R. D. (1949). Steps in the development of an object-relations theory of the personality. In W. R. D. Fairbairn (1952) *Psychological Studies of the Personality.* London: Routledge and Kegan Paul.
– (1952). *Psychological Studies of the Personality.* London: Routledge and Kegan Paul.
– (1958). On the nature and aims of psychoanalytic treatment. *International Journal of Psychoanalysis* 39, 374–385.
Fava, G. A. (2002). Long-term treatment with antidepressant drugs: The spectacular achievements of propaganda.

Psychotherapy and Psychosomatics 71, 127–132.

Fenichel, O. (1945). *The Psychoanalytic Theory of Neurosis.* New York: Norton.

Fonagy, P. (1991). Thinking about thinking: Some clinical and theoretical considerations in the treatment of a borderline patient. *International Journal of Psychoanalysis* 76, 39–44.

Freud, S. (1892). Melancholia : From pre-psychoanalytic publications and unpublished drafts. *S. E. 1,* 200–206.

— (1900). *The Interpretation of Dreams. S. E. 4–5.*

— (1905). *Three Essays on the Theory of Sexuality. S. E. 7,* 125–245.

— (1911). Formulations on the two principles of mental functioning. *S. E. 12,* 218–226.

— (1915a). Thoughts for the times on war and death. *S. E. 14,* 275–300.

— (1915b). Instincts and their vicissitudes. *S. E. 14,* 111–140.

— (1917). Mourning and melancholia. *S. E. 14,* 239–258.

— (1920). Beyond the pleasure principle. *S. E. 18,* 7–64

— (1921). Group psychology and the analysis of the ego. *S. E. 18,* 67–143.

— (1925). Negation. *S. E. 19,* 235–239.

— (1926). Inhibitions, symptoms and anxiety. *S. E. 20,* 87–174.

— (1930). Civilization and its discontents. *S. E. 21,* 59–145.

— (1933). *New Introductory Lectures to Psychoanalysis. s.E. 22,* 3–182.

Furman, E. (1974). *A Child's Parent Dies: Studies in Childhood Bereavement.* New Haven, CT: Yale University Press.

G

Gay, P. (1995). *Freud: A Life for our Time.* London: Macmillan.

Goodwin, F. K. and Jamison, K. R. (2007). *Manic-Depressive Illness. Bipolar Disorders and Recurrent Depression,* 2nd edn. New York: Oxford University Press.

Goodyer, I., Dubicka, B., Wilkinson, P., Kelvin, R., Roberts, c., Byford, S. et al. (2007). Selective serotonin reuptake inhibitors (SSRIs) and routine specialist care with and without cognitive behaviour therapy in adolescents with major depression: Randomized controlled trial. *British Medical Journal* 335(7611), 142.

Grinstein, A. (1980). *Sigmund Freud's Dreams,* 2nd edn. NewYork: International Universities Press.

Grosskurth, P. (1 986). Melanie Klein: *Her World and Her Work.* London: Maresfield Library.

H

Harrington, R. (2002). Affective disorders. In M. Rutter and E. Taylor (eds) *Child and Adolescent Psychiatry: Modern Approaches,* 4th edn. Oxford: Blackwell Scientific.

Harrington, R., Whittaker, J., Shoebridge, P. and Campbell, F. (1998). Systematic review of efficacy of cognitive behaviour therapies in childhood and adolescent depressive disorder. *British Medical Journal 316*, 1559–1563.

Hazell, P., o'Connell, D., Heathcote, D. and Henry, D. (2002). Tricyclic drugs for depression in children and adolescents. *Cochrane Database of Systematic Reviews* 2002(2), CD002317.

Healthy Place, America's Mental Health Channel. Available at www.healthyplace.com/ (accessed 2 August, 2009).

Healy, D. and Whitaker, C. (2003). Antidepressants and suicide: Risk-benefit conundrums. *Journal 01 Psychiatry and Neuroscience* 28, 331–337.

J

Jacobson, E. (1946). The effect of disappointment on ego and superego formation in normal and depressive development. *Psychoanalytic Review* 33, 129–147.

— (1953). Contribution to the metapsychology of cyclothymic depression. In P. Greenacre (ed.) *Affective Disorders.* New York: International Universities Press.

— (1971). *Depression.* New York: International Universities Press.

Jones, E. (1927). Introductory memoir. In *Selected Papers of Karl*

Abraham. London: Hogarth Press.
— (1953). *Sigmund Freud: Life and Work,* Vol. I. London: Hogarth Press.
— (1957). *Sigmund Freud: Life and Work,* Vol. III. London: Hogarth Press.
Jureidini, J., Doecke, c., Mansfield, P., Haby, M., Menkes, D. and Tonkin, A. (2004a). Efficacy and safety of antidepressants for children and adolescents. *British Medical Journal* 328: 879–883.
Jureidini, J., Tonkin, A. and Mansfield, P. (2004b). TADS study raises concerns. *British Medical Journal* 329, 1343–1344

K

Kierkegaard, S. (1843). *Either/Or: Fragment of a Life, Part 1.* London: Penguin, 1992.
Kirsch, I. (2009). *The Emperor's New Drugs: Exploding the Antidepressant Myth.* London: The Bodley Head.
Kirsch, I., Moore, T. J., Scoboria, A. and Nicholis, S. (2002). The emperor's new drugs: An analysis of antidepressant medication data submitted to the U.S. Food and Drug Administration. *Prevention and Treatment* 5, Article 23.
Kirsch, I., Deacon, B. J., Huedo-Medina, T. B., Scoboria, A., Moore, T. J. and Johnson, B. T. (2008). Initial severity and antidepressant benefits: A metanalysis of data submitted to the Food and Drug Administration. *PLoS Medicine* 5(2), e45 EP
Klein, M. (1932). The psychoanalysis of children. In The Writings oi Melanie Klein, Vol. 2. London: Hogarth Press, 1975.
— (1935). A contribution to the psychogenesis of manic-depressive states. In *The Writings of Melanie Klein,* Vol. 2. London: Hogarth Press, 1975.
— (1936). Weaning. In *The Writings 0f Melanie Klein,* Vol. l. London: Hogarth Press, 1975.
— (1940). Mourning and its relation to manic-depressive states. In *The Writings of Melanie Klein,* Vol. 2. London: Hogarth Press, 1975.
— (1963). On the sense of loneliness. In *The Writings of Melanie Klein,* Vol. 3. London: Hogarth Press, 1975.
Knekt, P., Lindfors. o., Härkänen, T., Välikoski, M.,

Virtala, E., Laaksonen, M. A. et al. (2008). Randomized trial on the effectiveness of long-and short-term psychodynamic psychotherapy and solution-focused therapy on psychiatric symptoms during a 3-year follow-up. *Psychological Medicine* 38, 689–703.

Kraepelin, E. (1902). Clinical Psychiatry. New York: Macmillan.

— (1921). *Manic-Depressive Insanity and Paranoia.* Edinburgh: E. and G. Livingstone.

Kupfer, D. F., Frank, E., Perel, J. M., Cprnes, c., Mallinger, A. G., Thase, M. E. et al. (1992). Five-year outcome for maintenance therapies in recurrent depression. *Archives of General Psychiatry* 49, 767–773.

Kutcher, S. (1997). *Child and Adolescent Psychopharmacolcology.* Philadelphia, PA Saunders.

L

Lacan, J. (1949). The mirror stage. In P. du Gay, J. Evans and P. Redman (eds) *Identity: A Reader.* London: Sage, 2000

Laplanche, J. (1976). *Life and Death in Psychoanalysis.* Baltimore, MD: Johns Hopkins University Press.

Leichsenring, F. and Rabung, S. (2008). Effectiveness of long-term psychodynamic psychotherapy: A meta-analysis. *Journal of the American Medical Association* 300, 1551–1555.

Lenzer, J. (2004). Journalists on Prozac. *British Medical Journal* 329(7468), 748 Lewinsohn, P. M., Clarke, G. N., Seeley, J. R. and Rohde, P. (1994). Major depression in community adolescents: Age at onset, episode duration, and time to recurrence. *Journal of the American Academy of Child and Adolescent Psychiatry* 33, 809–818

Libby, A. M., Orton, H. and Valuck, R. J. (2009). Persisting decline in depression treatment after FDA warnings. *Archives of General Psychiatry* 66(6), 633–639.

M

McCullough, J. P., Klein, D. N., Keller, M. B., Holzer, C. E., Davis, S. M., Kornstein, S. G. et al. (2000). Comparison of DSM-III-R chronic major depression and major depression superimposed on dysthymia (double depression): Validity of the distinction. *Journal of Abnormal Psychology* 109(3), 419–427.

Martin, A., Young, C., Leckman, J. F., Mukonoweshuro, C., Rosenheck, R. and Leslie, D. (2004). Age effects on antidepressant-induced manic conversion. *Archives of Pediatrics and Adolescent Medicine* 158, 773–780.

Meltzer, D. (1960). Lectures and seminars in Kleinian psychiatry (in collaboration with Esther Bick). In A. Hahn (ed.) *Sincerity and Other Works: Collected Papers of Donald Meltzer.* London: Karnac, 1994.

— (1963). A contribution to the metapsychology of cyclothymic states. In A. Hahn (ed.) *Sincerity and Other Works: Collected Papers of Donald Meltzer. London:* Karnac, 1994.

— (1984). *Dream-Life: A Re-examination of the Psychoanalytical Theory and Technique.* Perthshire: Clunie Press.

Michels, R. (2000). Psychoanalysis and its discontents. In P. Brooks and A. Woloch (eds) *Whose Freud? The Place of Psychoanalysis in Contemporary Culture.* New Haven, CT: Yale University Press.

Mulder, R. T. (2002). Personality pathology and treatment outcome in major depression: A review. *American Journal of Psychiatry* 159, 359–371.

N

Nagera, H. (1970). Children's reactions to the death of important objects. *Psychoanalytic Study of the Child* 25, 360–400.

Newton, P. M. (1995) Freud: *From Youthful Dream to Midlife Crisis.* New York: Guilford Press.

O

Ogden, T. (2001). Reading Winnicott. *Psychoanalytic Quarterly* 62(2), 299-323.

— (2003). What's true and whose idea was it? *International*

Journal of Psychoanalysis 84(3), 651–606.

P

Paykel, E. S. (2008). Partial remission, residual symptoms, and relapse in depression. *Dialogues in Clinical Neuroscience* 10(4), 431–437.

PDM Task Force (2006): *Psychodynamic Diagnostic Manual* [PDM]. Silver Spring, MD: Alliance of Psychoanalytic Organizations.

Pedder, J. R. (1982). Failure to mourn, and melancholia. *British Journal of Psychiatry* 141, 329–337.

— (1987). Some biographical contributions to psychoanalytic theories. *Free Associations* 1K, 10–116.

Peterson, T. (2006). Enhancing the efficacy of antidepressants with psychotherapy *Journal of Psychopharmacology* 20(3) Supplement, 19–28.

Phillips, T., Salmon, G. and James, A. C. (2003). Prescribing practices in child and adolescent psychiatry: Change over time 1993–2000. *Child and Adolescent Mental Health* 8, 23–28.

Pichon-Rivière, E. (1971). EI Processo Grupal. Del Psicoanàlisis a la psicologia social. Buenos Aires: Nueva Vision. Review by Manfredi, S.T. *Rivista di Psicoanalisi* 36, 480–488.

R

Radó, S. (1928). The problem of melancholia. *International Journal of Psychoanalysis* 9, 420–438.

Reich, W. (1968). Interview with Eissler, K. In M. Higgins and C. M. Raphael (eds) *Reich Speaks of Freud: Wilhelm Reich Discusses his Work and his Relationship with Sigmund Freud.* New York: Farrar, Straus and Giroux, 1968.

Rey, J. H. (1986) The psychodynamics of psychoanalytic and psychoinguistic structures. *Journal of the Melanie Klein Society,* 4. Reprinted in J. H. Rey *Universals of Psychoanalysis in the Treatment of Psychotic and Borderline States,* edited by J. Magagna. London: Free Association Books (1994a). Universals of Psychoanalysis in the Treatment of Psychotic and Borderline States,

edited by J. Magagna. London: Free Association Books.
(1994b). Further thoughts on that which brings patients to analysis. *British Journal of Psychotherapy* 21(2), 241–256.

Richards, D. A., Hughes-Morley, A., Hayes, R. A., Araya, R., Barkham, M., Bland, J. M. et al. (2009). Collaborative Depression Trial (CADET): Multi-centre randomised controlled trial of collaborative care for depression–study protocol. *BMC Health Services Research 2009* 9, 188.

Roazen, P. (1972). *Freud and his Followers.* London: Penguin.

Roazen, P. and Swerdloff, B. (1995). Heresy: Sándor Radó and the Psychoanalytic Movement. Northvale, NJ: Jason Aronson.Rochlin, G. (1953). The disorder of depression and elation. *Journal of the American Psychoanalytic Association* 1, 438–457.

Rodman, F. R. (2003). Winnicott: *Life and Work.* Cambridge, MA: Perseus.

Rosenbluth, M., Blatt, S., Kennedy, S. H. and Bagby, R. M. (2005). *Depression and Personality: Conceptual and Clinical Challenges.* Arlington, VA: American Psychiatric Association Publishing.

Rosenfeld, H. (1959). An investigation into the psychoanalytic theory of depression. *International Journal of Psychoanalysis* 40(1), 105–129.
– (1964). On the psychopathology of narcissism: A clinical approach. In H. Rosenfeld, *Psychotic States.* London: Hogarth Press.

Roth, T. and Fonagy, P. (eds) (2006). *What Works for Whom: A Critical Review of Psychotherapy Research.* London: Guilford Press.

Rubens, R. L. (1998). Fairbairn's theory of depression. In N. Skolnick and D Scharff (eds) *Fairbairn Then and Now.* New York: Analytic Press.

Rutter, M. and Taylor, E. (eds) (2002). *Child and Adolescent Psychiatry: Modern Approaches,* 4th edn. Oxford: Blackwell Scientific.

Ryan, N. D. (2005). Treatment of depression in childrern and adolescents. *The Lancet* 366 (9489), 933–940.

S

Sandler, J. and Joffe, W. G. (1965). Notes on childhood depression. *International Journal of Psychoanalysis* 46, 88–96.

Schneck, C. D., Miklowitz, D. J., Miyahara, S:, Araga, M., Wisniewski, S., Gyulai, L. et al. (2008). The prospective course of rapid-cycling bipolar disorder: Findings from the STEP- BD. *American Journal of Psychiatry* 165, 370–377.

Schur, M. (1972). *Freud: Living and Dying.* New York:International Universities Press.

Segal, H. (1979). Klein. London: Karnac Classics.

– (1991). Dream, *Phantasy and Art.* London: Tavistock.

Solms, M. (2007). Psychoanalytic Approaches to Depression. Education Day opening address to *8th International Neuro-Psychoanalysis Congress, Psychoanalytic Perspectives on Depression.* AKH Vienna, July 2007.

Solomon, A. (2002). *The Noonday Demon: An Anatomy of Depression.* London Vintage.

Spitz, R. (1946). Anaclytic depression. *Psychoanalytic Study of the Child* 2, 313–342.

Stiles, W. B., Barkham, M., Mellor-Clark, J. and Connell, J. (2008). Effectiveness of cognitive-behavioural, person-centred, and psychodynamic therapies in UK primary-care routine practice: Replication in a larger sample. *Psychological Medicine* 38, 677–688.

Sutherland, J. D. (1985). Bion revisited: Group dynamics and group psychotherapy. In M. Pines (ed.) *Bion and Group Psychotherapy.* London: Tavistock.

T

Taylor, D. (2008). Psychoanalytic and psychodynamic therapies for depression: The evidence base. *Advances in Psychiatric Treatment* 14, 401–413.

Teasdale, J. D., Segal, Z. V. and Williams, J. M. G. (1995). How does cognitive therapy prevent depressive relapse and why should attentional control (mindfulness) training help? *Behaviour Research and Therapy* 33, 25–39.

Thornton, E. M. (1984). *The Freudian Fallacy. An*

Alternative View of Freudian Theory. Garden City, NY: Dial Press.
Timimi, S. (2004). Rethinking childhood depression. *British Medical Journal* 329, 1394–1396.
— (2007). Should young people be given antidepressants? No. *British Medical Journal* 335, 751.

U

United Kingdom NHS NICE (National Institute for Health and Clinical Excellence) (2005). Guidelines on Depression in Children and Young People, September 2005.
United Kingdom NHS NICE (National Institute for Health and Clinical Excellence) (2009). Press Release on Updated Guidance on the Treatment and Management of Depression, October 2009

W

Weiss, E. (1944). Clinical aspects of depression *Psychoanalytic Quarterly* 13, 445–461.
Westen, D., Heim, A. K., Morrison, K., Patterson, M. and Campbell, L. (2002). Simplifying diagnosis using aprototype matching approach: Implications for the next edition of the DSM. In L. E. Beutler and M. L. Malik (eds) *Rethinking the DSM: A Psychological Perspective.* Washington, DC: American Psychological Association.
Whittington, C. J., Kendall, T., Fonagy, P., Cottrell, D., Cotgrove, A. and Boddington, E. (2004). Selective seratonin reuptake inhibitors in childhood depression: Systematic review of published versus unpublished data. The Lancet 363(9418), 1341–1345.
Whybrow, P. C. and Mendelsí J. (1969). Toward a biology of depression: Some suggestions from neurophysiology. *American Journal of Psychiatry* 125 (45), 1491–1500.
Winnicott, D. W. (1935). The manic defence. In D. W. Winnicott, *Through Paediatrics to Psycho-Analysis.* London: Hogarth Press and the Institute of Psychoanalysis, 1975.
— (1948). Paediatrics and psychiatry. In D. W. Winnicott,

Through Paediatrics to Psycho-Analysis. London: Hogarth Press and the Institute of Psychoanalysis, 1975.
— (1954). The depressive position in normal emotional development. In D. W. Winnicott, Through Paediatrics to Psycho-Analysis. London: Hogarth Press and the Institute of Psychoanalysis, 1975.
— (1960). Ego distortions in terms of True or False self. In D. W. Winnicott (ed.) *The Maturational Processes and the Facilitating Environment.* New York: International Universities Press, 1965.
— (1963). Casework and mental illness. In D. W. Winnicott (ed.) *The Maturational Processes and the Facilitating Environment.* New York: International Universities Press, 1965.
— (1969). Development of the theme of the mother's unconscious in psychoanalytic practice. In C. Winnicott, R. Shepherd and M. Davis (eds) *D. W Winnicott: Psychoanalytic Explorations.* London: Karnac, 1989.
— (1975). *Through Paediatrics to Psycho-Analysis.* London: Hogarth Press and the Institute of Psychoanalysis.
— (1988). *Human Nature.* London: Free Association Books; New York: Schocken.
— (1989). Fear of breakdown. In C. Winnicott, R. Shepherd and M. Davis (eds) *D. W Winnicott: Psychoanalytic Explorations.* London: Karnac.
World Health Organization (WHO) (2001). *The World Health Report 2001: Mental Health: New Understanding, New Hope.* Geneva:
World Health Organization. World Health Organization (n.d.). *Depression Fact Sheet.* Available at www.who.int/mental_health/management/depression/definition/en/ (accessed November 2009).

Z

Zetzel, E. R. (1953). The depressive position. In P. Greenacre (ed.) *Affective Disorders.* New York: International Universities Press.
— (1960). Introduction: Symposium on 'Depressive Illness'.

International Journal of Psychoanalysis 41(4-5), 476–480.

우울증의 대상관계: 프로이트에서 비온까지 (Object relations in depression)

초판 1쇄 인쇄 2014년 12월 2일

지은이 | 트레버 루베
옮긴이 | 양혜영

펴낸이 | 임말희
인쇄 | 영진문원
펴낸곳 | 눈 출판그룹
디자인 | 김자라(www.guandem.com)

출판등록 | 2012년 5월 23일 제321-2012-000122호
주소 | 서울특별시 서초구 서초동 효령로 60길 23 11 서전빌 3층
전화 | 02)3394-4745
팩스 | 02)3394-4749
이메일 | malheeklarayim@gmail.com
홈페이지 | www.nun.or.kr

값 | 20,000원
ISBN | 978-89-94347-42-4

파본이나 잘못된 책은 바꿔드립니다.

 이 책의 국립중앙도서관 출판시도서목록(CIP)은 e-CIP 홈페이지(www.nl.go.kr/ecip)에서 이용하실 수 있습니다(CIP2014032576).